中西医治疗心力衰竭：理论与实践

曹　敏　王佑华　主编

科学出版社
北　京

内 容 简 介

本书由一批长期从事医、教、研一线工作的，对心力衰竭有深入研究的中西医结合专家编写而成。全书共分十一章，分别从中、西医角度阐释了心力衰竭的病因学基础、基本机制、诊断和临床评估，重点介绍了心力衰竭的基础治疗、药物治疗、非药物治疗、中医药治疗、中医特色疗法及中医名家防治心力衰竭的经验。由于医学的快速发展，本书还突出介绍了心力衰竭的研究进展，同时介绍了心力衰竭患者的调护。

本书内容丰富，具有一定的学术参考价值，可供广大中医、中西医结合临床医师及科研人员，心血管、急诊、ICU专业的医学生，以及相关医护人员参考使用。

图书在版编目(CIP)数据

中西医治疗心力衰竭：理论与实践 / 曹敏，王佑华主编. —北京：科学出版社，2017.6
ISBN 978-7-03-052910-7

Ⅰ. ①中… Ⅱ. ①曹… ②王… Ⅲ. ①心力衰竭－中西医结合疗法 Ⅳ. ①R541.605

中国版本图书馆CIP数据核字(2017)第116457号

责任编辑：闵 捷
责任印制：谭宏宇 / 封面设计：殷 靓

科学出版社 出版
北京东黄城根北街16号
邮政编码：100717
http://www.sciencep.com
南京展望文化发展有限公司排版
上海叶大印务发展有限公司印刷
科学出版社发行 各地新华书店经销
*
2017年6月第 一 版 开本：787×1092 1/16
2017年6月第一次印刷 印张：12 1/4
字数：267 000

定价：80.00元

(如有印装质量问题，我社负责调换)

《中西医治疗心力衰竭：理论与实践》
编委会

主　　编　曹　敏　王佑华
主　　审　周　端　方邦江
副 主 编　苑素云　符德玉　刘合乙
编　　委（按姓氏汉语拼音排序）

曹　敏　上海中医药大学附属龙华医院
樊　华　上海中医药大学附属龙华医院
方邦江　上海中医药大学附属龙华医院
符德玉　上海中医药大学附属岳阳中西医结合医院
宫　萍　上海中医药大学附属曙光医院
林赟霄　上海中医药大学附属龙华医院
刘春燕　上海中医药大学附属龙华医院
刘合乙　湖北理工学院医学院
沈　艳　上海中医药大学附属龙华医院
王佑华　上海中医药大学附属龙华医院
王　宇　上海中医药大学附属龙华医院
魏易洪　上海中医药大学附属龙华医院
杨爱玲　上海中医药大学附属龙华医院
杨　娟　上海中医药大学附属龙华医院
姚成增　上海中医药大学附属曙光医院
姚　磊　上海中医药大学附属岳阳中西医结合医院
苑素云　上海中医药大学附属龙华医院
周　端　上海中医药大学附属龙华医院
朱利民　上海中医药大学附属龙华医院
朱灵妍　上海中医药大学附属龙华医院

前　言

心力衰竭是多种心血管疾病的严重或终末阶段，是全球慢性心血管疾病防治工作的重要内容。近年来，流行病学资料表明成人心力衰竭患病率为1%～2%，并随着年龄增加而增长，70岁以上的老年人患病率甚至超过10%。发达国家的老年人，心力衰竭的发病率高达10%。纽约心脏病协会心功能分级Ⅲ～Ⅳ级的患者，年病死率高达30%～40%。心血管疾病也是目前我国发病率、致残率和病死率最高的一类疾病，我国每年约有300万人死于心血管疾病，占全部死亡人数的40%左右。《中国心血管病报告2016》提出，我国心血管疾病患病率还处于持续上升阶段，从心力衰竭"事件链式、阶段式"发展的特征来看，心血管疾病及其危险因素的流行将导致事件链终点的心力衰竭患病率递增，特别是我国日趋严重的人口老龄化问题也使将来发展成为心力衰竭患者的人群更为庞大。可以说心力衰竭是21世纪最重要的心血管疾病，是心脏疾病领域最大的一个战场。

随着对心力衰竭机制研究的不断深入，治疗心力衰竭的方法也从短期改善心肌缺血、缺氧转变为长期地调控神经体液乃至尝试纠正心肌异常，其治疗方法包括药物治疗（如利尿剂、血管扩张剂、正性肌力药物等）、心脏再同步化治疗（CRT）、紧急心导管术治疗、超滤治疗、机械通气治疗、干细胞治疗和基因治疗、心脏移植治疗等。虽然，现代医学治疗心力衰竭已取得较大的进展，但依旧存在许多问题。如使用血管紧张素转化酶抑制剂（ACEI）、血管紧张素受体拮抗剂（ARB）可出现咳嗽、血压下降，β受体阻断剂可出现心率减慢，利尿剂可出现电解质紊乱等问题；同时还存在较多用药禁区，如伴有肾功能不全、肾动脉狭窄或低血压时，ACEI、ARB受到用药限制；伴有心率慢时β受体阻断剂不宜选用。而中医药治疗从整体思维、平衡脏腑阴阳的角度对心力衰竭患者辨证论治，因人制宜，以改善症状、提高生活质量及预防复发。同时，中医药早期介入治疗，在防治心力衰竭并发症方面也具有较大优势。如对于心力衰竭合并利尿剂抵抗患者，大量使用利尿剂效果不佳，同时容易出现电解质失衡，通过中医药治疗能得到显著的效果。因而中西医结合治疗心力衰竭，具有重大临床意义。

本书围绕当前心力衰竭治疗的难点与热点问题，对中、西医治疗心力衰竭关键措施的思路与方法作了详细介绍，对临床工作者有重要的参考价值。本书从中、西医的角度全面系统地阐述了心力衰竭的病因学基础、基本机制、诊断和临床评估，以及治疗、调护相关知识，并介绍了该领域重要的研究成果。书中还收录了中医学对心力衰竭的认识，重点阐述了其治则治法、辨证论治、中医特色疗法，以及中医名家防治心力衰竭的经验等内容。全书共分十一章，内容充实，注重基础理论与临床实践相结合，可供广大中医、中西医结合临床医师及科研人员，心血管、急诊、ICU 专业的医学生，以及相关医护人员参考使用。本书得到国家自然科学基金（项目编号：81202660）、上海市“杏林新星”计划、上海中医药大学中西医结合高原学科项目等课题资助，在此谨予致谢！

心力衰竭的诊疗发展日新月异，限于作者水平，书中难免有不当之处，恭请同仁不吝赐教！

曹　敏

2017 年 1 月

目　　录

第一章　心力衰竭的病因学基础

第一节　心力衰竭的病因及流行病学

心力衰竭(heart failure，HF)是由于心脏结构或功能改变所致心室充盈和(或)射血功能受损引起的一种复杂的临床综合征，其主要临床表现为呼吸困难(活动耐量受限)，以及液体潴留(肺淤血和外周水肿)。心力衰竭并不是一个独立的疾病，而是各种心脏疾病发展的终末阶段。

一、心力衰竭的病因

许多因素均可导致心力衰竭，其中心肌缺血及高血压是两个主要的因素，还包括心肌疾病、瓣膜性心脏病、肺动脉高压及先天性心脏病等。仅依靠无创性检查不能准确地确定心力衰竭的病因，目前通过对患者进行冠状动脉造影检查发现，原先不明原因所致心力衰竭的比例从42%下降至10%，而心肌缺血所致心力衰竭的比例从29%上升至52%。

1. 心肌缺血　约70%的心力衰竭患者中，冠状动脉疾病(coronary artery disease，CAD)可能是最初的病因。即使是临床诊断为非缺血性心力衰竭的患者，仍然能够找到局部缺血的证据。在心力衰竭患者的尸检中，高达25%的患者被检出有显著动脉粥样硬化。此外，某些非缺血性心力衰竭的患者疾病后期也可能发生缺血事件。

2. 高血压　高血压(high blood pressure，HBP)使患心力衰竭风险提高2～3倍。尽管高血压造成心力衰竭的风险相对中等，但还是有约1/3的心力衰竭患者是由高血压引起的。此外，高血压也是冠状动脉性疾病的一个独立危险因素。在高血压病患者中，由于外周血管阻力增加，心脏后负荷增加，导致心肌代偿性肥厚，以维持正常心输出量。高血压伴左心室肥厚不仅会出现心肌细胞增加，还包括间质细胞及血管周围细胞的纤维化。左心室肥厚除心脏后负荷增高的结果外，其中还有涉及许多机制，尤其是肾素-血管紧张素-醛固酮系统的作用。

3. 心肌病　根据欧洲心脏病学会关于心肌病分类的最新声明，将心肌病定义为非冠状动脉粥样硬化性心脏病(简称冠心病)、高血压病、瓣膜病和先天性心脏病等原因所引起的心肌结构及功能异常。心肌病可分为五种特定的类型：扩张型心肌病(dilated cardiomyopathy，DCM)、肥厚型心肌病(hypertrophic cardiomyopathy，HCM)、限制型心肌病(restrictive cardiomyopathy，RCM)、致心律失常型右室心肌病(arrhythmogenic right ventricular cardiomyopathy，ARVC)及其他未分类型心肌病。心肌病又可分为家族性与非家族性两种亚型。家族性心肌病是指同种类型心肌病可能由同一基因突变所引起；非家族性心肌病又分为特发性心肌病(无明确原因)及后天获得性心肌病(其中心功能不全是其并发症而非其特征）。

（1）扩张型心肌病：扩张型心肌病是心肌病的最主要类型。它是一种异质性疾病，其特点是左心室（有时是心房）扩张，同时可能存在右心室收缩功能受损的情况。心室壁厚度正常或减小，最终导致收缩功能不同程度受损。临床在诊断心肌病时因患者而异，一些患者没有症状，而一些患者可发展为渐进性顽固性心力衰竭。研究其病因发现，至少25%的患者属于家族性疾病，主要与常染色体隐性遗传相关。而非家族扩张型心肌病的病因包括心脏毒性药物（如蒽环类、酒精或可卡因）、心脏感染的后期阶段、炎性疾病（心肌炎）及持续性快速性心律失常等（表1-1）。

表1-1 扩张型心肌病病因

类别	病因
家族性	1. 未知基因突变
	2. 已知基因突变　肌小节蛋白、其他（如Z-带、细胞骨架、细胞核膜、闰盘、线粒体基因突变）
非家族性	1. 营养缺乏　硫胺素、左旋肉碱、硒、低磷血症、低钙血症
	2. 内分泌功能障碍　糖尿病、甲状腺功能亢进/减退、肾上腺皮质功能不全、生长激素过多、嗜铬细胞瘤
	3. 心脏毒性药物　细胞毒性药物（如蒽环类药物）、酒精、可卡因
	4. 心肌炎　感染、免疫
	5. 妊娠　围产期心肌病
	6. 心动过速性心肌病　房性快速性心律失常（如房颤-房扑、房性心动过速）、交接区性心动过速

（2）肥厚型心肌病：肥厚型心肌病定义为非负荷状态下（如高血压、瓣膜病）的心室壁厚度和质量增加，由间质浸润及代谢底物细胞内累积引起的心室肥厚也归属于此（表1-2）。

表1-2 肥厚型心肌病病因

类别	病因
家族性	1. 未知基因突变
	2. 肌节蛋白基因突变
	3. 糖原贮积病　Pompe、PRKAG2、Forbes'、Danon
	4. 溶酶体贮积病　Anderson-Fabry、Hurler's
	5. 肥厚型心肌病综合征　Noonan's syndrome、LEOPARD syndrome、Friedreich's ataxia、Beckwith-Wiedermann syndrome、Swyer's syndrome
	6. 家族性淀粉样变
	7. 其他（如脂肪酸代谢紊乱、肉碱缺乏症、磷酸化酶B激酶缺乏、线粒体细胞病、受磷蛋白基因启动子）
非家族性	1. 肥胖
	2. 糖尿病女性所生婴儿
	3. 体育训练
	4. 淀粉样　淀粉样变性、前白蛋白

非高血压病及瓣膜性心脏病所引起的左室肥厚在人群中的发病率约为1∶500，本病多为家族性，由常染色体突变主导，这些突变基因主要编码几种不同的心脏肌节蛋白。基因突变引起的心肌肥厚主要是左室不对称性肥厚，其中室间隔影响最大，并且造成心肌细

胞凋亡，而左室体积通常较小，左室射血分数(left ventricular ejection fractions, LVEF)正常。其症状主要与心室充盈受损相关，在某些情况下可能导致左室流出通道梗阻。某些病例可进展导致左室扩张及收缩功能障碍，但较为罕见(2.5%～15%)。

(3) 限制型心肌病：限制型心肌病是以心脏舒张功能严重受损，单侧或双侧心室充盈受限，舒张期容积减小，而收缩期容积正常或轻微减小，心室壁厚度正常为特征的一种心肌病。限制性心肌病的发病率较其他类型的心肌病少见。限制性心肌病可以是特发性、遗传性或全身性疾病的结果(表1-3)。

表1-3 限制型心肌病病因

类 别	病 因
家族性	1. 未知基因突变
	2. 肌节蛋白基因突变
	3. 家族性淀粉样变性　甲状腺素运载蛋白(限制型心肌病＋神经病)、载脂蛋白(限制型心肌病＋神经病)
	4. Anderson-Fabry 病
	5. 糖原贮积病
	6. 血色素沉着症
	7. 其他(如结蛋白病、弹性纤维假黄瘤)
非家族性	1. 淀粉样　淀粉样变性、前白蛋白
	2. 硬皮病
	3. 心内膜心肌纤维化　嗜酸性粒细胞增多综合征、特发性、染色体病变、药物(如5-羟色胺、二甲麦角新碱、麦角胺、水银剂、白消安)
	4. 类癌性心脏病
	5. 癌症转移
	6. 辐射
	7. 药物(蒽环类药物)

比较表1-2及表1-3可以发现，几种基因突变或间质性疾病均可导致限制型或肥厚型心肌病。

(4) 致心率失常型右心室心肌病：致心率失常型右心室心肌病是一种比较罕见的心肌病，室性心率失常及心源性猝死是其主要表现形式。

(5) 其他未分类型心肌病：心肌致密化不全(noncompaction of ventricular myocardium, NVM)是一种罕见的未分类心肌病，多认为是由于心脏胚胎期心肌纤维致密化异常导致，其形态学特征为心室内异常突出的肌小梁及交错的深陷隐窝。非致密的心内膜层与致密的心内膜层比例＞2，NVM的临床表现包括心力衰竭、血栓栓塞和各种心率失常(如室性心动过速、房颤)等。NVM多呈家族性疾病，至少有25%无症状的患者也呈现一系列的超声心动图异常。相关的几个致病的突变基因也已被确定。

4. 心脏瓣膜病　严重的主动脉瓣和肺动脉瓣狭窄引起心室后负荷增加，最终可能导致心力衰竭。瓣膜关闭不全时，持续性容量负荷过重可引起心室扩大和心功能障碍。

5. 心力衰竭的其他病因　肺动脉高压时由于肺血管的阻力升高可导致右心衰。某些先天性心脏疾病，如室间隔缺损、房间隔缺损或持续动脉导管未闭等，可由于持续性容量超负荷而导致心力衰竭。

二、心力衰竭的流行病学

1. 心力衰竭的发病率和患病率　弗雷明汉早期使用规范化标准进行研究发现，29～79 岁个体中心力衰竭的发病率在每年 1.4‰～2.3‰之间。然而，队列的固有大小限制了此报道对心力衰竭长期趋势的分析能力。在对心力衰竭发病率长期趋势的研究中，一些文献包含了门诊数据；另一些则使用了未经验证的住院病历，因此会受住院行为和编码模式改变的影响，进而混淆了发病率的时间趋势。所以这些研究的结果不同也很正常。Croft 将 1986 年与 1993 年首次使用医疗保险的心力衰竭患者住院率进行对比，发现首次心力衰竭患者住院率在增加，但他也承认这存在一些限制，如缺乏验证，发病率的确定可能不完全。从亨利福特健康系统（一个保健管理组织）得到的数据显示，心力衰竭的患病率随着时间而增加，但其长期的发病率和死亡率并没有发现任何变化。在包含门诊心力衰竭患者的弗雷明汉和奥姆斯特德县研究中，心力衰竭的发生率随时间的变化并不稳定，甚至在女性中还有所下降。

值得注意的是，尽管各研究之间可以对趋势进行解释和非正式的比较，但由于各自调整的方法不同，它们的绝对数值不可以进行比较。更重要的是，它们在老年人中趋势是不同的，来自 Kaiser Permanente 系统的数据对比了 1970～1974 年和 1990～1994 年年龄超过 65 岁的心力衰竭患者的发病率，发现对于老年人和男性来说，随着时间的推移，年龄调整后的发病率增加了 14%。弗雷明汉研究和奥姆斯特德县研究也报道了老年人心力衰竭发病率有增加的趋势，这与人口的老龄化有关。

在苏格兰，斯图尔特认为，在 20 世纪 90 年代，心力衰竭患者的住院趋势已经“稳定下来”。虽然这些结果受制于缺乏验证、仅使用住院患者的数据，但却提出了一个问题：心力衰竭患者住院率的稳定性，是否可以被逐渐提高的门诊治疗所抵消。来自安大略和苏格兰的心力衰竭发病率的时间趋势数据，在这方面提供了很多相关信息，他们提出心力衰竭发病率从 20 世纪 90 年代末开始降低。这一发现十分重要，它进一步强调了一个事实：心力衰竭患者住院率的负担，反映的是对现有疾病管理上的困难，而不是对正在增加的心力衰竭新发病例的治疗困难。

上述的大部分研究由白人受试者进行，而对于不同人群的心力衰竭患病率数据有所缺乏。在社区动脉粥样硬化风险（ARIC）和动脉粥样硬化的多民族研究（MESA）中，心力衰竭发病率在非裔美国人中比白种人要高。这说明，对不同人种进行持续的心血管病社区监控是势在必行的。

在白种人中，患心力衰竭的终身风险在 20%～30%。ARIC 研究和心血管健康研究中，报道了一项由 39 578 名参与者组成的大型多中心研究中，患心力衰竭终生风险从 45 岁到 75 或 95 岁，在白种人中为 30%～42%，在黑种人中为 20%～29%，在白种人女性中为 32%～39%，在黑种人女性中为 24%～46%。在白种人和黑种人的一生中，高血压和体重指数都可导致更高的终生风险。在鹿特丹心脏研究中，在 55 岁时，心力衰竭的终生风险男性为 33%，女性为 29%，这个数字与美国的数据是一致的。

在中国，不同地区慢性心力衰竭的发病率存在差异。据统计，我国目前 35～74 岁成人中约有 400 万心力衰竭患者，南方地区心力衰竭患病率为 0.5%，北方地区心力衰竭患病率为 1.4%，北方高于南方；农村人群心力衰竭患病率为 0.8%，城市人群患病率为

1.1%，城市高于农村。不同性别人群慢性心力衰竭的发病率也不同，对 15518 名年龄 35～74 岁城乡居民抽样调查结果显示，心力衰竭患病率男性为 0.7%，女性为 1.0%，女性高于男性，差异有统计学意义；与西方国家男性高于女性不同，可能与我国女性风湿性瓣膜病心力衰竭发病率较高有关。随着年龄增高，心力衰竭患病率明显上升。60～70 岁患者占 39.2%，70 岁以上患者占 60.8%，差异有统计学意义。文献报道，老年患者占同期因慢性心力衰竭住院总病例的 68.8%。

总的来说，根据已知数据，心力衰竭的总患病率在 1%～12%之间。各研究之间心力衰竭发病率有不同之处，主要是由于确定和判断方法的不同。然而这些方法上的差异并没有对发病率的长期趋势产生影响，它的重点在于推演。多项研究和心力衰竭流行性调查都认为，心力衰竭的发病率随着时间的推移变得稳定，甚至可能减少。即使不考虑性别、种族和地理因素，心力衰竭的终生风险性仍然很高，故控制心力衰竭的发病率，需要所有人的共同努力。

2. *心力衰竭的死亡率*　心力衰竭后 5 年和 10 年的生存率分别约为 50%和 10%，且左心功能不全会加大突然死亡的风险。苏格兰有研究显示，心力衰竭患者住院的生存率有所改善，且不同年龄和性别的患者存活率的长期趋势不同。平均存活时间的改善相对较小，由每年的 1.2 升至 1.6，且只有在大数据(66 547 名患者)中的结果有统计意义，而在临床上的改变只是微乎其微。这些数据与临床试验都认为血管紧张素转换酶抑制剂能够大幅度降低死亡率。在 Henry Ford 健康系统中，包括门诊患者，心力衰竭患者的平均生存率为 4.2 年，且不随时间有明显的改善。类似的，在超过 200 万的老年人医疗保险受益人中，早期和长期死亡率仍然很高(30 天为 115 人，1 年为 37%)。

对生存率估计的差异突出了心力衰竭流行调查的困难，也对这些评价提出了一个关键性的要求：调查应包括地理上限定的人口中所有心力衰竭的病例，并使用规范化的验证标准以产生有效的纵向趋势。在诊断提供心力衰竭鉴定结果之后，研究应该调查入院趋势，和高入院率一样，使之成为疾病严重程度的一个独立结果，并成为公共卫生负担的一个重要组成部分。弗雷明汉和奥姆斯特德县研究的数据特别强调，在这些人口中，尽管心力衰竭的死亡率已有所改善，但仍持续高发。在 1996～1999 年调整年龄后，弗雷明汉研究显示，估计心力衰竭 5 年死亡率男性患者为 59%，女性患者为 45%；奥姆斯特德县研究显示，死亡率男性患者为 50%，女性患者为 46%。据 Kaiser Permanente 研究，生存的改善更多的指老年人。在 20 世纪 70 年代中期到 90 年代中期这 20 多年间，调整年龄与并发症之后，心力衰竭诊断后的生存率得到了改善，男性患者为 33%，女性患者为 24%。在 Kaiser Permanente 研究中，生存率的改善主要与使用β-受体阻滞剂治疗有关。安大略和英格兰的数据也支持这一说法，虽然心力衰竭诊断后的生存率仍然很差，但从 20 世纪 90 年代后期就已经有所改善。总之，死亡率的趋势与心力衰竭治疗的主要改变在时间上相一致，因而说明心力衰竭的治疗是有效的，但仍有很多方面有待完成。目前，射血分数正常的心力衰竭的比例正逐年增加，而我们对它并没有特殊的疗法，因而它的患病率可能也会增加，故我们现在迫切地需要寻找新的治疗方法来治疗这一疾病。

我国目前虽然还没有心力衰竭年死亡率的确切数据，但历经 3 年的回顾性调研显示，住院心力衰竭患者的死亡率为 8.9%，明显高于同期住院心血管病患者总死亡率，而且心力衰竭死亡的平均年龄仅 66.4 岁。研究发现，高龄、有心力衰竭住院史、低体重指数

(＜19)、低血压(收缩压≤90 mmHg)、肾功能受损、贫血、糖尿病、高水平 C 反应蛋白(＞0.3 mg/dl)、低射血分数(EF≤35%)、高水平脑钠肽(brain natriuretic peptide，BNP)(≥200 pg/dl)、美国纽约心脏病学会心功能分级(NYHA)＞Ⅱ级、低脉压(≤30 mmHg)以及左室舒张末内径扩大(≥60 mm)等因素都与心力衰竭的预后高度相关。

心力衰竭导致死亡的原因仍没有定论。在社区，EF 正常的人群中很少发生心血管死亡。确实，在奥姆斯特德县 1063 名心力衰竭患者中，EF 正常者引起死亡的原因为非心血管疾病(49%)，EF 降低者死亡的原因为冠状动脉疾病(43%)。在 EF 正常的患者中，因心血管疾病死亡的比例从 1979～1984 年的 69%降到 1997～2002 年的 40%，而 EF 降低患者的改变却很轻微(70%降至 64%)。心血管疾病死亡原因分布的改变与心力衰竭伴发疾病的主要负担是一致的，这对于管理心力衰竭以及对其结果的解释至关重要。

3. 心力衰竭的住院率　由于过去 20 年心力衰竭的发病率保持稳定而生存率提高，心力衰竭的流行是一种慢性病的流行，它反映了心力衰竭患病率在老年人口中的增加以及心力衰竭患者生存率的改善。心力衰竭的发病特点是周期性发作，需要经常住院治疗，是 65 岁以上人群最常见的住院原因。每年约有 100 万人因心力衰竭而住院，且此数据持续上升。

从医疗保险和医疗补助服务中心(centers for medicare and medicaid services，CMS)数据中发现，1998～2007 年期间心力衰竭的入院率下降，而这种下降与个人心力衰竭住院次数降低有关。然而，在同一时期心力衰竭入院后的再入院率无改变，甚至有所增加。后续分析表明，首次住院后，25%的心力衰竭患者在 30 天内再次入院，且再入院患者中 35%仍为心力衰竭。VAHCS 数据也显示，由于死亡率的降低，再入院率随时间而增加。总之，这些研究表明心力衰竭患者住院的门槛可能会不断变化。然而，一旦患者因心力衰竭而住院，他们的再入院风险就不会随时间而降低，而是会因心力衰竭的加重而更频繁地再入院。

几项大型调查专门致力于心力衰竭。OPTIMIZE-HF 包括 259 家医院，已纳入超过 5 000 名心力衰竭住院患者。目前 OPTIMIZE-HF 结合美国心脏协会(AHA)治疗指南(GTWG)计划，其中包括 558 家医院以及超过 530 000 名心力衰竭的住院患者。ADHERE 纳入了超过 150 000 名急性失代偿性心力衰竭患者，记录临床表现包括住院资料、治疗和预后情况。

关于心力衰竭患者住院原因的研究数据表明，仅因心力衰竭住院可能要比全因住院的频率低得多。这一观察至关重要，因为增强治疗工作(药物、设备和疾病的基本管理)本质上是治疗疾病的核心，其目的在于减少心力衰竭的恶化。因此，特发心力衰竭住院是特发性心力衰竭治疗有效性的关键性指标，但特发疾病的干预不可能明显降低所有的心力衰竭人群的住院率，因为这些患者的并发症发生率很高。在 1979～2004 年间，全国医院出院调查数据显示，在这些住院患者中，以心力衰竭作为第一诊断的患者占 30%～35%，而在呼吸系统疾病和非心血管疾病的比例中，以非呼吸系统疾病作为第一诊断的患者正逐年增加。在 1987～2006 年间，奥姆斯特德社区，患者确诊心力衰竭后住院很普遍。至少有 83%的患者曾经住过院，但住院原因为心力衰竭的仅占住院者的 17%，62%的患者则是因为非心血管原因住院。

第二节 心力衰竭的中医病名

一、中医文献关于心力衰竭病名的记载

中医传统文献中无心力衰竭的病名，但记载有“心衰”二字。从先秦到宋代传世的中医古籍和出土的简帛类中医古籍可发现，最早记录“心衰”二字的，是西晋王叔和所著的《脉经》，其文曰：“心衰则伏，肝微则沉，故令脉伏而沉。上医来占，固转孔穴，利其溲便，遂通水道，甘液下流。亭其阴阳，喘息则微，汗出正流。肝著其根，心气固起，阳行四肢，肺气亭亭，喘息则安。”“心衰”二字没有出现在《脉经·心小肠部》，而是出现在《脉经·脾胃部》，虽所述的症状如喘息、冷汗出、水肿、脉沉伏等与心力衰竭相似，但就原文而言，是从脾立论，阐述五脏间一系列的复杂变化，而“心衰则伏，肝微则沉”是对脉象沉伏的解释，“心力衰竭”是对病机的描述，并非病名。此外，《备急千金药方·脾脏方·脾脏脉论》中亦有直接引用《脉经》“心衰则伏”的记载。

宋代《圣济总录·心脏门》中，也有“心衰”的相关描述，其文曰：“心衰则健忘，不足则胸腹胁下与腰背引痛，惊悸，恍惚，少颜色，舌本强。有余则骨痛胸中支满，胁下及膺背肩胛两臂痛”。此段是心脏疾病的总论，其后子目中列有疾病“心健忘”，曰：“健忘之病，本于心虚，血气衰少，精神昏愦，故志动乱而多忘也”。可见“心衰则健忘”中的“健忘”才是疾病名，而“心衰”是病机，具体指心的气血不足、气力衰微，与现代医学的心力衰竭有本质区别。

后世亦可见“心衰”病名，如《医参》中有“心主脉，爪甲不华，则心衰矣”，元代程杏轩《医述·医学溯源·脏腑》曰：“五脏外形，爪甲者，脉之聚也，心主脉，爪甲色不华，则心衰矣”，清代周学海《形色外诊简摩·外诊杂法·闻法》曰：“面起浮光，久哑，无外邪实证者，心衰肺瘪，所谓声嘶血败，久病不治也”。但这里所说的“心衰”多反映心之气血衰少，与现代医学心力衰竭相差甚远。

由此可见，古籍中记载“心衰”的相关内容与心力衰竭的关系并不密切或者无关，因而利用古籍研究心力衰竭，不应局限于“心衰”相关记录。中医古籍中有诸多病证的描述与现代医学心力衰竭类似，但并未出现“心衰”二字。

二、中医文献关于心力衰竭症状的记载

《黄帝内经》中虽无心力衰竭病名，但对很多症状的描写都与心力衰竭相似，其散见于“心痹”“心咳”“心胀”“水病”等病门下。从喘不得卧、悸、肿等的临床记录可见，在《黄帝内经》时代，已对心力衰竭疾病有了初步的认识，却没有形成体系，而分散于书中的不同章节内。

《素问·五脏生成论篇》曰：“赤，脉之至也，喘而坚，诊曰有积气在中，时害于食，名曰心痹，得之外疾，思虑而心虚，故邪从之。”《素问·痹论》曰：“脉痹不已，复感于邪，内舍于心……心痹者，脉不通，烦则心下鼓，暴上气而喘，嗌干善噫。”心痹属于五脏痹中的一种，因脉痹日久，而心气虚弱，若感受外邪，风寒湿之气，由脉入心，侵及心脏，导致心之气血痹阻而发病。故素体虚弱、心气不足为心痹内因，感受风寒湿邪为心痹外因。心痹的主要表现以心烦、心悸、脉沉弦或涩等症为主，且病情可突然加重，出现“暴上气而喘”。从《素

问·痹论》对心痹病因、症状等的论述来看，其与现代医学的风湿性心脏病所致心力衰竭的病因和症状相类似。

对“心咳”的描述，《素问·咳论》载：“心咳之状，咳则心痛，喉中介介如梗状，甚则咽肿喉痹。”其心痛是由咳引起的胸部疼痛，并非自发，且咽喉有梗阻和刺痛感，甚至咽喉肿痛。其产生机理为心火上炎，克伐肺金，致肺失清肃，上逆而咳。《素问·咳论》中还有“五脏六腑皆令人咳，非独肺也”及“久咳不已，则三焦受之，三焦咳状，咳而腹满，不欲食饮。此皆聚于胃，关于肺，使人多涕唾而面浮肿气逆也”的论述，说明“心咳”晚期尚可见腹满、不欲食、水肿、气促等表现，其病因为痰饮聚胃，肃降不及，而饮食不振、水肿，气逆于肺，而咳喘气促。“心咳”以心病兼咳为特征，属心肺同病，类似于现代医学的肺源性心脏病心力衰竭。

《灵枢·胀论》载：“夫心胀者，烦心短气，卧不安。”此处讲心胀病位在心，其气不通则突发心烦、气短、气喘、不能平卧等表现，与心力衰竭的临床表现极为相似。《华氏中藏经》对于心胀的症状描述较《黄帝内经》更完备。《华氏中藏经·论心脏虚实寒热生死逆顺脉证之法第二十四》曰：“心胀，则心烦短气，夜卧不宁，心腹痛，懊，肿，气来往上下行。”其在心烦、气短、不能平卧的基础上，又增加了心腹痛、水肿等症状，并且在后来的《备急千金要方·心脏方》中也有类似的记载。基于其症状上的相似性，有医家认为，心胀与现代医学所说的重度心力衰竭相似。

另有《素问·逆调论》曰“若心气虚衰，可见喘息持续不已”“夫不得卧，卧则喘者，是水气之客也”，《素问·藏气法对论篇》曰“腹大胫肿，喘咳身重”，《灵枢·天年》曰“心气始衰，苦忧悲，血气懈惰，故好卧”，《素问·水热穴论篇》曰“水病下为跗肿大腹，上为喘呼，不得卧者，标本俱病”，《素问·标本病传论》曰“夫病传者，心病先心痛，一日而咳，三日胁支痛，五日闭塞不通，身痛体重，三日不已死，冬夜半，夏日中”。其所描述的症状体征均与现代医学的心力衰竭相近，且与慢性心力衰竭之肺静脉和(或)体循环静脉淤血及组织器官缺氧相类似。

汉代张仲景在《黄帝内经》水气为病思想的指导下，进一步提出来了“支饮”“心水”两个病名。支饮为《金匮要略》中四大痰饮病证型之一。《金匮要略·痰饮咳嗽病脉证并治篇》云：“夫饮有四，有痰饮，有悬饮，有溢饮，有支饮。”因其饮停胸膈，故名支饮，表现如“咳逆倚息，短气不得卧，其形如肿，谓之支饮”，又如“膈间之饮，其人喘闷，心下痞坚，面色黧黑，其脉沉紧”，这些临床表现均与心力衰竭相似。有些医家认为，支饮应归于现代医学的肺心病、肺气肿等肺系疾病范畴，但我们从临床表现来看，支饮亦应包括现代医学的心力衰竭及先天性心脏病所致心力衰竭等。

而张仲景对于“心水”的阐发，被后世认为是中医古籍中与心力衰竭最为接近的论述。“心水”一词，见于《金匮要略·水气病脉证并治篇》：“心水者，其身重而少气，不得卧，烦而躁，其人阴肿”“水之为病，其脉沉小，属少阴”。又于《金匮要略·痰饮咳嗽病脉证并治篇》曰：“水在心，心下坚筑，短气，恶水不欲饮”“水停心下，甚者则悸，微者短气”。心水证，是由于心病日久，心之阳气不足，无力推动血液运行，而使血液瘀滞，“血不利则为水”，血液瘀积于皮下、组织、脏腑之间，而导致水肿形成，最后出现以身重肢肿、水溢肌肤、喘咳不得卧、烦躁少气、心悸等为主要表现的疾病，与西医的慢性心力衰竭相合。《水气病篇》又曰：“心下坚，大如盘，边如旋杯，水饮所作”，进一步明确了心力衰竭的“心水”病名和临床所见。

然而自汉代以后，张仲景关于心水病的认识，并未得到很好的继承与发展，仅有少数医家，仍坚持心水为一个独立的疾病，却也仅是对《金匮要略》中心水认识的基本延续和传承，少有突破。如唐代孙思邈在《备急千金要方》中云："心水者，身重（一作肿）而少气，不得卧，烦而躁，其阴大肿，反瘦"；刘完素在《河间六书》言："其肿，有短气，不得卧，为心水"；朱丹溪于《丹溪心法·惊悸怔忡六十一》亦曰："心虚而停水，则胸中渗漉，虚气流动，水既上乘，心火恶之，心不自安，使人有怏怏之状，是则为悸"。但大多数医家却将心水归为"十水"之一，而不是一个独立疾病，如《三因极一病症方论·水肿证治脉例》中所述"古方十种证候：以短气不得卧，为心水；两胁疼痛，为肝水；四肢苦重，为脾水；腰痛足冷，为肾水……小腹急满，为小肠水。各随其经络，分其内外，审其脉证，而甄别之"。这使得心力衰竭在中医内科理论体系中，没有形成自己独立的治疗体系，仅根据其临床症状而分散于心悸、怔忡、水肿、喘症、积聚等疾病之中。

历代医家缺少对心力衰竭病名描述的原因，可能有以下三点：一是多承前人之说，少有突破。自《黄帝内经》和《伤寒杂病论》后，历代医家对心力衰竭的探讨没有更深的发展，仅局限于对经典文献的阐释上；二是古代人均寿命相对较短，心力衰竭远没有现代这么流行和多发，故未将心力衰竭视为一个独立疾病加以研究；三是将心力衰竭症状分而视之，未看到与心的内在联系，将喘归咎于肺、肾，如《类证治裁·喘证论治》曰："肺为气之主，肾为气之根，肺主出气，肾主纳气，阴阳相交，呼吸乃和，若出纳升降失常，斯喘作焉"，将水肿归咎于肺、脾、肾，如《景岳全书》曰："水肿乃肺、脾、肾三脏之病。盖水为至阴，故其本在肾，水化于气，故其标在肺，水惟畏土，故其制在脾"。

三、心力衰竭中医病名的现代认识

自新中国成立以来，中医在心力衰竭防治方面进行了大量工作，取得了令人瞩目的成绩，中医药治疗心力衰竭的总有效率已达90%以上。关于心力衰竭的理、法、方、药理论体系也基本形成。但中医内科学中仍缺心力衰竭一病，亦无与之对应的病名，存在着明显的理论落后于临床实践的现象。心力衰竭被分属于心悸、怔忡、喘证、水肿、积聚等近十种疾病范畴中，造成概念不清，诊断混乱，从而影响心力衰竭研究的进一步深入，也阻碍着中医理论的发展。且除心悸外，喘证、水肿根本就不属于心系疾病，水肿辨证病位主要在肾，喘证辨证病位主要在肺，心力衰竭的病位在心尚且不能明确反映出来，更不用说病因病机了。而心悸也只是心病所共有的表现，如现行的心虚证诊断标准就将心悸列为必备条件。因而，心悸也不足以把心力衰竭与其他心病区别开来。在这种情况下，中医心力衰竭病名问题也就日益突出。没有一个统一的、恰当的病名，既不能满足中医临床、教学与科研的需要，也成为将心力衰竭纳入中医内科学理论体系的主要障碍。

对于心力衰竭中医病名的规范化，既需要具有中医特色，又要能很好地概括心力衰竭各种临床表现及演变规律。目前中医学术界也已基本统一用"心衰"作为西医心力衰竭相对应的中医病名。由张伯礼、薛博瑜主编的"十二五"规划教材《中医内科学》首次在心系疾病中增加了心衰病，与西医的急、慢性心力衰竭相对应。国家技术监督局在发布的《中医临床诊疗术语》中肯定了"心衰"的病名，并将其定义为"因心病日久，阳气虚衰，运血无力，或气滞血瘀，心脉不畅，血瘀水停。以喘息心悸，不能平卧，咳吐痰涎，水肿少尿为主要表现的脱病类疾病"。

第三节　心力衰竭的中医病因病机

心力衰竭是临床上的常见病、多发病，是众多心血管疾病常见的直接死亡原因之一。心力衰竭多由其他心病发展而来，这一传变过程在《素问·标本病传论》有简要阐述："夫病传者，心病先心痛，一日而咳，三日胁支痛，五日闭塞不通，身痛体重，三日不已死，冬夜半，夏日中。"可见《黄帝内经》时期，中医对心力衰竭的临床特点、病因病机及传变规律已有了初步的认识。中医认为慢性心力衰竭的发病原因多且错综复杂，多为脏腑"气化"功能障碍，导致形体血液瘀积、津液代谢紊乱，其症状显现亦危亦重。临证中，心力衰竭或以水肿为主要临床表现，或以喘促为主要临床表现，《素问·水热穴论篇》曰："故水病下为胕肿大腹，上为喘呼，不得卧者，标本俱病"，《景岳全书·杂证谟·肿胀》曰"水积于下，则气壅于上，而喘胀由生"，喘肿二证相因，是对心力衰竭临床表现的高度概括。

一、心力衰竭中医病因的认识

中医学认为，凡是影响到脏腑阴阳的偏盛偏衰，包括外感邪气，饮食劳倦，七情内伤，他经他脏传变均可致病。

1. 外感六淫　外邪侵袭为心力衰竭的诱因之一，"夫百病之生也，皆生于风寒暑湿燥火，以之化之变也"。如《素问·气交变大论》言："岁水太过，寒气流行，邪害心头……甚则腹大胫肿"，《素问·痹论篇》亦有："风寒湿三气杂至，合而为痹也……脉痹不已，复感于邪，内舍于心……所谓痹者，各以其时，重感于风寒湿之气也"，说明外感之邪循经入里，侵犯血脉，久则由脉舍心，耗伤阴血，从而伤及心之气血阴阳，宗气亏虚，失于推动、温煦、气化，导致痰饮水湿内停，瘀血阻滞，而进一步发展至心痹。《诸病源候论》又言："风惊悸者，由体虚，心气不足，心之府为风邪所乘……风邪搏于心，则惊不自安，惊不已则悸动不定"，此乃风邪为诱因，在心气不足的基础上，引起病情的加重，出现气短、心悸等一系列临床症状。

2. 饮食不节　脉道的完好无损与通畅无阻是保证血液正常运行的重要因素，《灵枢·决气》称之为"壅遏营气，令无所避"。如平素嗜食肥甘厚味，素体肥胖，血液中痰浊较多，血液黏滞，会致血行不畅而瘀滞，终致心脉痹阻。《金匮要略》曰："凡食少饮多，水停心下，甚者则悸，微者短气。"如饮水过多，脏腑气化不及，气化失司，津液不化，流于体内，外溢肌肤，多出现水肿、心悸之症，且其所提出的"饮多"隐含着心负荷过重的概念。《素问·生气通天论篇》曰："味过于咸，大骨气劳，短肌，心气抑""味过于甘，心气喘满""是故多食咸则脉凝泣而色变"，说明了过食咸伤肾，肾主藏精，主水，主纳气；过食甘伤脾，脾主运化水谷，运化水湿。脾肾虚弱，水湿不化，水饮内停；气血乏源，心脉失养。五脏互为联系，饮食不当可伤及脏腑，最后累及心而发病。

3. 劳力过度　《素问·上古天真论》云："上古之人，其知道者，法于阴阳，和于术数，食饮有节，起居有常，不忘作劳，故能形与神俱，而尽享其天年，度百岁乃去。"过度劳累会耗伤正气，而导致心气不足，"气行则血行，气滞则血瘀"，因气虚不能运行血脉，故停为瘀血，而致病发，如《素问·举痛论篇》曰："劳则喘息汗出，外内皆越，故气耗矣"。张景岳在《景岳全书》中有"虚喘者，慌张气怯。声低息短，皇皇然若气犹断，提之若不能升，吞之若不相及，劳动则甚，惟急促似喘，但得引息为快”的描述，颇似左心力衰竭主症呼吸困难之表现，指出素有旧疾，“劳则气耗”，更加重症状，“急促似喘”。

4. 七情内伤　《素问·五脏生成篇第十》曰：“赤，脉之至也，喘而坚……名曰心痹，得之外疾，思虑而心虚，故邪从之”，脾为后天之本，思虑过多则伤脾，气血生化乏源，无以养心，心气亏虚，为邪所乘，而致心力衰竭。刘完素视“五脏之志者，怒喜悲思恐也”，“凡五志所伤，皆热也”，热性急速，脏腑怫郁而气液不能升降出入，不循其常，则气液盛衰之变。且《灵枢·口问》言“心者，五脏六腑之主……悲哀愁忧则心动，心动则五脏六腑皆摇”，五志过及均会影响于心，进而损及心之阴阳气血而发为本病。

5. 经脉传变　心肾同属少阴，通过经络相联系，《灵枢·经脉》曰：“肾，足少阴之脉……是动则病饥不欲食，咳唾则有血，喝喝而喘。手少阴气绝则脉不通，脉动不通则血不流”；心经与心包经相表里，“心主手厥阴心包络之脉……是动则病手心热，臂肘挛急，腋肿，甚则胸胁支满，心中憺憺大动，面赤目黄，喜笑不休”；心肺相邻，“肺手太阴之脉，是主肺所生病者，咳，上气喘渴，烦心胸满”。可见，五脏为一整体，他脏经脉疾病，久而不愈，渐损及心，可致心脏气衰，发为本病。

以上可以看出，心力衰竭的病因不外是外感六淫、饮食不节、劳力过度、七情内伤、经脉传变以及在此基础上所形成的病理产物。

二、古代医家对心力衰竭病机的认识

心力衰竭的基本病机是在正气内虚的基础上，感受外邪，伤及脾肾阳气，使气虚血瘀，水气不化，血瘀水泛，上凌心肺，外溢肌肤所致。系标本俱病，本虚标实之证，心之阳气（或兼心阴、心血）亏虚为本，瘀血、水停、痰饮为标。心气虚是病理基础，血瘀是中心病理环节，痰饮和水湿是主要病理产物。《金匮要略》曰：“心气不足，吐血衄血”，若心气不足，鼓动无力，则致瘀血痰饮水湿内停，病久渐累及心阴、心阳；《金匮要略》提出“血不利则为水”，《血证论》亦有：“血积既久，其水乃成”“瘀血化水，亦发水肿，是血病而兼水也”“水病累血，血病则累气”“水化于气，亦能病气”等，说明血液瘀滞、脉络不畅可导致水肿，水停亦可引起血瘀加重，水停与血瘀互为致病因素，如此恶性循环，致心气虚愈甚，发为本病。故气虚血瘀、阳虚水泛、气水血相关同病等病理变化在心力衰竭病证中有重要地位。

1. 心气虚、心阳虚　心气虚、心阳虚是心力衰竭的发病基础。气为血之帅，气行则血行，血液的正常运行有赖于心气的推动和固摄，心气充盛，可推动血液循脉道正常运行，若心气不足，鼓动无力，必致血行不畅而成瘀血，故临床可见心悸、心胸憋闷疼痛、面色晦暗、唇甲青紫、舌有瘀点瘀斑、胁下痞块、颈静脉怒张等症。气虚日久累及心阳，或素体阳虚，《素问·生气通天论》曰：“阳气者，若天与日，失其所则折寿而不彰，故天运当以日光明”，阳虚则寒，寒则凝，致血液运行不畅，阳气亏虚，失于其温煦作用，则可见心悸、面色苍白、四肢不温、畏寒怕冷等阳虚之证，随着病情的发展，至心力衰竭病的终末期以阳虚为突出表现，最终表现为阳气厥脱之危象。

《素问·逆调论》曰：“若心气虚衰，可见喘息持续不已”，隋·巢元方《诸病源候论》更言：“心主心脉，而气血通荣脏腑，遍循经络……心统领诸脏，其劳伤不足，则令惊悸，恍惚，是心气虚也”，说明心气不足，则推动血液运行的功能下降。常可见心悸、喘粗气短、乏力、自汗、脉细弱或结代等表现。明·刘纯在《伤寒治例》中曾说：“气虚停饮，阳气内弱，心下空虚，正气内动而悸也。”明确地阐述了因心气不足，进而心阳亏虚，无力气化津液，而致饮停心下，引起心悸、怔忡等症。金·成无己《伤寒明理论》曰：“气虚停饮，阳气内弱，心下空虚，正气内动而也”，阳虚则为寒，温煦作用不足，气化失司，故出现四肢厥冷、乏力、发绀等一系列寒、冷、青、紫、瘀的症状。又如，《灵枢·经脉篇》称：“手少阴气绝则脉不通，脉不通则血不流……故其面黑如漆柴。”《圣济总录》曰：“虚劳惊悸者，心气不足，心下有停水也。”这些论述均明确指出心气虚为心力衰竭的发病基础，贯穿疾病的始终，并引起血瘀、水停等病理改变。

2. 瘀血　瘀血是心力衰竭的主要病理改变。慢性心力衰竭患者根据病情轻重，在临床表现上各不相同。轻者表现为心血瘀阻、面色瘀暗、唇甲青紫、舌有瘀斑或瘀点；重者临床表现为肝血瘀或肺血瘀，患者可出现不能平卧、呼吸困难、咳嗽、咯血等症状，多由瘀血阻滞所引起。心气虚阳气不足，无力推动血行，“脉中之血，凝而留止”，“血不利则为水”，与现代医学认为心力衰竭循环缓慢，血管内压力增加形成水肿相吻合，尤在泾释道：“谓虽病于水而实出于血也”。此外若阴邪侵袭或寒从中生，可发生阴寒偏盛的病理变化，阴盛则脉道涩滞不利，易使血行缓慢，甚至出现瘀血。如此脉道不利、血液黏稠与心气不足相互影响，逐渐导致心气的绝对不足，血脉凝滞，痰饮水湿瘀阻而出现本虚标实之证。

《素问·痹论篇》曰：“心痹者，脉不通，烦则心下鼓，暴上气而喘”，《灵枢·经脉》云：“手少阴气绝则脉不通，脉不通则血不流”，认为心力衰竭出现的悸、烦、喘，是由于心气不足，无力推动血液运行，最终导致心脉痹阻而引起。至清代王清任发展了“瘀血”理论，在《医林改错》中开创了活血化瘀法治疗心力衰竭的先河。他认为体内瘀血系由“元气虚”而致，“元气既虚，不能达于血管，血管无气，必停而为瘀”，即由于心气(阳)亏虚，导致心脏泵血功能的低下，推动和温煦的功能减退，进而产生血瘀的病理状态。又提出“血积既久，其水乃成”，“瘀血化水，亦发水肿，是血病而兼也”，指出“治血以治水”。明·李梴《医学入门》曰：“血随气行，气行则行，气止则止，气温则滑，气寒则凝”，若心之阳气亏虚，鼓动无力，则血行滞缓，血脉瘀阻，从而出现血瘀证候。另外，心之阳气亏虚，不仅会使心主血脉的功能受损，亦会导致肺、肝对血液调节作用失调，进而加重气滞血瘀；而血脉瘀滞，亦能耗伤阳气，加重心力衰竭。故血瘀作为心力衰竭的中心环节，对疾病的发展转归起重要作用。

3. 水肿　水肿是心力衰竭的最终结果。水湿痰饮是本病另一重要病理产物和继发性致病因素。心之阳气虚衰，不能下达于肾而温养肾阳，肾阳无资，主水无权，则为寒水；心之阳气不足，则心火不能生脾土，脾运失司，水气不化，水湿泛溢肌肤；津液出入于脉道与血交换，若血瘀日久，闭阻经脉，引起水道不利，水湿停聚。可见水火失济、气化不利及血瘀均可致水邪泛滥，最终发为水肿，并可反过来加重脾、肾等脏腑功能失调。

对于水肿的病机，大致有两种解释。一为“肾水”，《素问·逆调论》云：“夫不得卧，卧则喘者，是水气之客也……肾者水藏，主津液，主卧与喘也”，《素问·藏气法时论》亦云：“肾病者，腹大胫肿，喘咳身重，寝汗出憎风”，故大部分医家认为心力衰竭的水肿、血瘀、咳喘、不得卧，其肿、咳系肾虚水泛所致，如《医学心读·水肿胀满》言：“虚人水肿者，上虚不能制水也，水虽制于脾，实则流于肾，肾本水脏而寓焉，命门火衰，既不能自制阴寒，又不能温养脾土，则阴不从阳而精化为水，故水肿之症多属火衰也”。二为“心水”，《金匮·水气病》言：“心水者，其身重而少气，不得卧，烦而躁，其人阴肿。”言明其病为“水”，其位在

"心"。亦有《丹溪手镜·肿胀》曰"短气不得卧为心水"，《丹溪心法·惊悸怔忡》曰"心虚而停水，则胸中渗漉，虚气流动，水既上乘，心火恶之，心不自安，使人有怏怏之状，是则为悸"，张锡纯《医学衷中参西录·论心病治法》曰"有其惊悸恒发于夜间，每当交睫与甫睡之时，其心中即惊悸而醒，此多因心下停有痰饮，心脏属火，火畏水迫，故作惊悸也"，《华佗中藏经》曰"心有水气，则身肿不得卧，烦躁"，《伤寒明理论》曰"由水停心下，心主火而恶水，水既内停，心不自安，则为悸也"，《杂病源流犀浊》曰"怔忡……或由水饮停于心下，水气乘心"，均认为水肿、心悸、怔忡为水停心下所致。

4. 五脏的联系　心力衰竭的主要病位在心，又常常与肺、脾、肾等脏相互影响，邓铁涛倡"五脏皆致心力衰竭，非独心也"。

(1) 心与肺：无论是所处位置还是功能，心肺的关系都十分密切，二者同居于胸中，心主血脉，肺主全身之气，二者在生理上相互联系，心脉上通于肺，肺气调节心血的运行，宗气贯心肺而行呼吸；在病理上亦相互影响，既可心病及肺，亦可肺病及心，如心气虚衰，血行瘀滞，则会导致肺失肃降，津液不布，聚而为痰饮，外溢肌肤，则表现为呼吸喘促，憋闷气短，水肿；若久咳肺气受损，以至心气不足，血脉不畅，可出现心悸、气短、唇紫等表现。

(2) 心与肾：肾脉上络于心，心肾相互既济，心阳根于命门之火。肾病日久，肾阳受损，命门之火不足，无力上济心阳，心阳亦虚，温煦、推动之力减弱，血行缓慢，可见心悸、怔忡、发绀等表现；肾气虚不能纳气，则见呼多吸少，气短无力；肾气虚对水液的调控功能失常，或见小便频数，夜尿增多，或因气化无力而见小便减少而水肿。

(3) 心与脾：心主行血而脾主统血，两者的关系表现在血液运行方面的协调，若心气亏虚，瘀血在脾，可出现腹胀、纳呆、呕恶、乏力等表现；且脾主运化，若思虑过度，或饮食不节，致使中气虚衰，化血不足则不能濡养心脏，见心悸、气短、乏力、倦怠等，运化失司则痰饮内生，停于心下，或发为水肿。

(4) 肺、脾、肾相互作用：《景岳全书》言："水肿乃肺脾肾三脏之病。盖水为至阴，故其本在脾肾，水化于气，故其标在肺，水惟畏土，故其制在脾"。喘主要与肺肾相关，如《类证治裁·喘证论治》曰："肺为气之主，肾为气之根，肺主出气，肾主纳气，阴阳相交，呼吸乃和，若出纳升降失常，斯喘作焉"，《诸病源候论·水肿咳逆上气候》详述云："肾主水，肺主气，肾虚不能制水，故水妄行，浸溢皮肤而身体肿满，流散不已，上乘於肺，肺得水而浮，浮则上气而咳嗽也"；水肿之成在脾肾二脏，如《诸病源候论·水肿》释曰："脾病则不能制水，故水气独归于肾，三焦不泻，经脉闭塞，故水气溢于皮肤，而令肿也，其状目窠上微肿，如新卧起之状，颈脉动时咳，股间冷，以手按肿处，随手而起，如物裹水之状，口苦口干，不得正偃，偃则咳清水，不得卧，卧则惊，惊则咳甚，小便黄涩是也"。虽然就心力衰竭而言它不无片面性，但它还是揭示了心力衰竭的某些重要的病理机制，因此对临床仍有一定的指导意义。

《金匮要略·水气病脉证并治》曰"心水者，其身重而少气，不得卧，烦而躁，其人阴肿……肺水者，其身肿，小便难，时时鸭溏；脾水者，其腹大，四肢苦重，津液不生，但苦少气，小便难；肾水者，脐肿腰痛，不得溺，阴下湿如牛鼻上汗，其足逆冷，面反瘦"，详细记载了由于心气虚导致心阳虚，进一步影响到其他脏器进而出现一系列相应症状。高学山(在《高注金匮要略》中)对此的解释为："心为火脏，水入脏中即猝死。此言心水者，水在心之系，系终属心，故曰心水，四脏同义……心藏神，神为气之主，神郁于水，而气自滞，故身重而少气，不得卧者，灵道为水所阻，而不得下伏故也。水从火脏之化而热，故烦。肾不得心阳之下交，而其气自寒，故躁也。心肾同治少阴，而肾尤为水脏，心有水而肾更可知，故其人阴肿也”。即由于心病日久，心的阳气不足、虚弱无力，至血液运行不利，瘀阻于皮下、脏腑组织间而成为水肿，最后出现以身重少气、喘咳不得卧、烦躁、身重肢肿、水溢肌肤以下身为主、心悸等为主要表现的疾病，与西医的慢性心力衰竭相合。不仅其所述证候与心力衰竭十分接近，其病机与心力衰竭早期的“心-肾机制”学说也很类似。

对于心，古人多注重“主神志”，其“主血脉”也多注重血虚血瘀，对其推动血液环流不息的功能改变所致病证论述相对较少。《素问·逆调论》曾问及：“人有逆气不得卧而喘，有不得卧而息无音者，有起居如故而息有音者，有得卧而息有音者，有不得卧不能行而喘者，有不得卧，卧而喘者，皆何藏使然?”该文明言心功能不全的种种表现，且与NYHA心功能分级的描述极为相似。

可见，古代中医虽无心力衰竭相对应的病名，但是对心力衰竭的病因病机的认识是比较全面的。心力衰竭可归纳为本虚标实之证，即正虚为本，瘀水为标；虚以气(阳)虚为主，阴阳并损，标以瘀水痰湿为标，并可以累及它脏。这实际上表明，心力衰竭发病先由心病，阳为气之体，气为阳之用，阳气不足则心气虚，心气虚则心动无力，气虚而瘀，这种瘀非指局部青紫肿痛，而是心阳不足，全身血流迟滞而致水肿。由于水肿上泛于心肺而又致咳喘、心悸、怔忡、不得卧，这与现代医学心力衰竭的神经内分泌机制(心功能不全-神经内分泌激活-心室重构-心功能不全加重)相似。而中医的整体观充分注意到肾的气化开阖在水液代谢中的重要作用，这是中医心力衰竭理论的独到之处，近些年现代医学也证实心力衰竭时肾脏的内分泌系统改变加速水肿的形成。

三、现代医家对心力衰竭病机的认识

邓铁涛教授从心脾相关的角度论述心力衰竭。他认为，心力衰竭病位涉及五脏，但脾胃失调为其关键。五脏之中，心属火，脾属土，心脾乃母子关系，脾胃经脉和心脏直接相联系，经脉上通于心，故在心力衰竭的病理演变中，脾与心的关系最为密切。脾胃为后天之本，气血生化之源，气机升降的枢纽，居于中央以运四旁。脾胃健，则心气血充盛，心火下交，肾水上升，肝气升发，肺气肃降，平和调顺。因此，脾胃病变可影响其他脏腑而共同导致心力衰竭的发生。如脾肺为母子之脏，母病及子，肺失于肃降治节之功，通调水道不利，水津不布，痰水内结，则可遏伤心阳，阻塞心气，临床上多见于心力衰竭的早期：“土能制水”，肾精又靠后天之精的不断补充，故脾胃不健，运化无权，久之可波及肾，不但加重了原来的病情，又可产生新的病变，临床上多见于心力衰竭的后期。总之，在脾胃失调的基础上继发的脏腑功能失常，进一步加重了整体气血阴阳的失衡，均可直接或间接地对心力衰竭造成影响。此乃“子盗母气”之理也。

心气虚源于宗气虚弱。心主血脉，血行脉中，虽由心气推动，但究其动力则在于宗气所为。若脾胃失调，运化无权，则宗气匮乏，推动无力，轻则血运不畅，重则“宗气不下，脉中之血，凝而留止。”心气来源于脾气。饮食失调，脾胃病损，运化力弱，水谷精微不化，心气亏虚，开合无力。脾土虚弱不能治水湿，湿邪内生，则见水肿以下肢为甚，尿少，心悸，神疲，舌淡胖，苔白，脉沉细或虚数等症状。瘀血水饮虽继发于阳气亏虚，但一旦形成又可进一步损伤阳气，形成由虚致实，由实致更虚的恶性病理循环。

颜德馨教授根据多年的临床经验，根据其“气为百病之长，血为百病之胎”“久病必有瘀，怪病必有瘀”的理论，创立了衡法治则。衡法治则的提出，缘自《黄帝内经》“谨察阴阳所在而调之，以平为期”，通过治气疗血来疏通脏腑气血，使血液畅通，气机升降有度，从而祛除各种致病因子。他认为，阳为一生之主宰，得之则明，失之则不彰。心体阴而用阳，心之气阳衰弱即心的正常功能衰退，往往出现虚寒证候；心主血脉，心气不足，推动乏力，必然表现为瘀血证候。因此，颜德馨教授认为心力衰竭是本虚标实之证，与气血失常关系密切，心力衰竭的病机关键点是心气阳虚，心血瘀阻，提出“有一分阳气，便有一分生机”“瘀血乃一身之大敌”的观点。因此，在临床上将心力衰竭分为心气阳虚、心血瘀阻可以基本把握心力衰竭的辨治规律。心气阳虚为主者，温运阳气是重要法则。心血瘀阻为主者，行气活血是关键。

翁维良教授认为，导致慢性心力衰竭产生的直接原因为心病日久，耗伤心气（阳），心气（阳）虚则血脉鼓动无力，血液运行不畅，停聚为瘀血，“血不利为水”，水饮内生；心主营血，心气受损，“奉心化赤”功能受损，加之“瘀血不去，新血不生”，使得诸脏腑失于濡养而虚衰。脾虚致后天气血化生乏源，不能充养五脏，则阳气阴血更虚；脾失统血，血溢脉外，加重血瘀；水谷津液运化失司，复加肺气虚，水道失于通调，痰浊、水饮内停，体内津液亏虚。病情继续发展，耗伤肾阳，肾气开合失司，膀胱气化不利，尿少、水肿显著，阴虚进一步加重。在肝则肝血瘀滞而肿大。至疾病终末期，阳气虚脱，若不及时回阳固脱，即可发生阴阳离绝，病终不治。因此，本病病机可以从“气（阳）”“血”“水”立论，气（阳）虚、血瘀、水停是基本病理因素。基本病机是以心气（阳）虚为本，血瘀、水饮为标的虚实夹杂证。其病变部位在心，与肺、脾、肾、肝等脏腑相关。

郭维琴教授认为心力衰竭病因复杂，每以外感六淫病邪或过度劳累而诱发。或先天缺陷，心气虚弱，心血瘀阻，心脉失养；或风湿热邪痹阻经络，病久及心，致使心血耗伤、宗气亏虚、心脉失运；或六淫、病毒之邪直接侵袭心脏，引起血运失常；或经年久咳，肺肾气虚，影响血运，累及于心。心力衰竭的基本病机是在正气内虚的基础上，感受外邪，伤及脾肾阳气，使气滞血瘀、水气不化、血瘀水泛、上凌心肺、外溢肌肤。为标本俱病、本虚标实之证。尤其强调对心气、心阳的调治，而重用益气之药。

可见，现代医家也认为心力衰竭的病因以痰饮、瘀血、气虚为主，为本虚表实之症。各医家的治疗经验虽有不同，各有侧重，但均以脏腑为重，调节气血为主。

对心力衰竭病因病机的认识，不仅可以指导我们对心力衰竭的治疗，还可以进行针对性的预防，对降低心力衰竭的发病率，提高临床治疗心力衰竭的疗效具有重要意义。病机之间不是孤立不变的，而是相互关联和相互转化的。同一患者，在整个病程中，可兼有多种病理改变，但无论如何，气虚血瘀、阳虚水泛却是心力衰竭最主要的病机，治疗时应抓住主要矛盾，益气养心、活血化瘀、除痰蠲饮，急则治其标，缓则治其本，标本兼治，以延缓心力衰竭的进展，并提高心力衰竭患者的生活质量。

第二章　心力衰竭的基本机制

第一节　心力衰竭的病理生理学基础

心力衰竭是所有心脏病终末期的共同表现，包括冠状动脉粥样硬化、心肌梗死、瓣膜疾病等，是心脏结构和功能等方面代偿能力减退后，不能适应心脏工作要求，心脏进入失代偿的象征。

一、心脏结构及功能变化与心力衰竭

心脏以纤维骨架为组织结构的支撑点，以附着的瓣叶和心壁来实现血液向单一方向流动，心壁主要由排列规则的心肌束构成，是心脏产生机械力的部位。可见，心壁和心肌细胞的结构与心力衰竭关系密切。无论在何种状态下，当心脏不能适应功能需求时，它的结构、功能和代谢方面都会进行适应性改变，也就是心脏重构。

心力衰竭心脏重构的发生与发展主要表现在两个方面：心脏的结构和功能变化。

1. 心脏结构重塑　目前普遍认为心脏结构重塑是发生心力衰竭的病理过程。左心室重塑可能与心力衰竭后期左室功能恶化有关。LVEF 从正常到严重低下的变化，较低的射血分数与较差的预后有关，主要集中在 LVEF 45%～50%之间。左心室结构改变可引起二尖瓣环扩增、乳头肌变形、二尖瓣后叶缩短，从而导致二尖瓣反流。在心力衰竭患者中可见功能性二尖瓣反流，其中 40%轻到中度、24%重度，在急性失代偿治疗后可得到改善。其他瓣膜异常也同样常见。心脏重塑的过程可导致心肌细胞发生重要变化，包括心肌细胞肥大、坏死、凋亡、结构蛋白下调等。

2. 血流动力学　急性心力衰竭患者存在大范围的血流动力学异常，从正常到严重异常的充盈压、后负荷、心脏输出量。在充血性心力衰竭和肺动脉导管术有效性(ESCAPE)试验评估，心力衰竭患者平均肺毛细血管楔压(PCWP)为 25±9 mmHg*，而平均心输出量为 3.8±1.2 L/min。经过 1.9 天的平均治疗期后，PCWP 和心输出量进行了改进，分别为 17±7 mmHg 和 4.8±2.1 L/min。

二、神经体液与心力衰竭

心力衰竭各个阶段均有神经内分泌的激活，虽然神经体液激活在短时间内可能有益，但神经内分泌系统过度和长期活化可促进心力衰竭进展。目前为止，在复杂的代偿机制中，主要表现为肾素-血管紧张素-醛固酮系统(renin-angiotensin-aldosterone - system，RAAS)和交感-肾上腺素能系统(sympathetic-adrenergic-system，SAS)的激活。这两个

* 注：PCWP 正常值为 1.60～2.40 kPa(12～18 mmHg)。

系统可以通过增加水钠潴留，提高外周动脉收缩压，增强心脏收缩能力和激活炎症介质来维持心脏的泵血能力，参与心脏的修复和重塑。

1. RAAS　RAAS是调节心血管生理功能的重要体液系统。生理情况下，它对正常的心血管系统发育，维持心血管功能稳态、电解质和体液平衡等起重要作用。病理情况下RAAS与心肌肥厚、心力衰竭等病理过程的发生、发展着密切联系。在心力衰竭患者中，与交感神经相比，RAAS调节较慢，在中、重度心力衰竭时作用更突出，因此在心力衰竭的发生和发展中具有重要意义。

肾小球旁细胞通过肾血流量的下降和β肾上腺素能受体释放肾素。在肝脏内，肾素将循环中的血管紧张素原转化为血管紧张素Ⅰ（Ang Ⅰ），在血管紧张素转换酶(angiotensin-converting enzyme，ACE)的作用下变成血管紧张素Ⅱ（Ang Ⅱ）。

（1）AngⅡ：Ang Ⅱ是肾素-血管紧张素系统的主要生物活性物质，它通过两种G蛋白偶联受体- AT_1和AT_2在调节心血管稳态方面发挥关键作用。AT_1受体主要在神经分布的部位表达，介导Ang Ⅱ的主要作用，如收缩血管、促进醛固酮的释放、心肌收缩力增加、肾小管钠重吸收、血管和心肌肥厚、炎症反应等。AT_2受体主要在纤维细胞核间隙组织表达，其作用与AT_1受体的作用相反，包括扩张血管作用，抗增殖、抗肥大和心血管保护作用。研究显示心力衰竭患者肾素、Ang Ⅱ、醛固酮水平升高。病理情况下，Ang Ⅱ显著增加可通过提高交感神经活性、降低副交感神经活性，使血管张力升高；增加心肌耗氧量；引起醛固酮分泌增多，导致水钠潴留，循环血量增加，加重心血管负荷；刺激心肌间质胶原成分增生；诱发心肌细胞、平滑肌细胞凋亡，最终导致心脏衰竭。

（2）醛固酮：醛固酮作用于远曲小管和集合管的上皮细胞，增加K^+的排泄和增加Na^+、水的重吸收。正常情况下，醛固酮的合成分泌受到多种因素的调节，如肾素-血管紧张素、交感神经、压力感受器、球旁感受器、Na^+浓度、K^+浓度等。血管紧张素是调节醛固酮的主要因素。醛固酮的持续表达会导致不良后果，如血管和心肌肥大、纤维化，造成血管顺应性降低，血管硬度增加。血清中醛固酮浓度的增加一定程度上反映了心力衰竭的严重程度。研究发现应用醛固酮抑制剂可以提高心力衰竭患者的存活率，降低患者的心肌纤维化。此外，醛固酮还可以加剧内皮和压力感受器的功能不良，阻止去甲肾上腺素的摄取，加重心力衰竭。

（3）精氨酸加压素（arqinine vasopressin，AVP）：也称为抗利尿激素（antidinretic hormone，ADH），是神经内分泌介质中的一种，是心力衰竭过程中引起水钠潴留的关键物质。它通过3种受体发挥作用：V_1a受体分布在血管平滑肌和心肌细胞中，被激活后引起血管收缩，后负荷增高和心肌肥厚；V_1b受体分布于垂体前叶，与促肾上腺皮质激素的分泌有关；V_2受体位于远端肾小管后端和集合小管上皮细胞，通过对细胞内水通道蛋白的条件作用，促进水重吸收。

AVP分泌的基本刺激是血浆渗透压升高和血容量减少。非渗透压性刺激，如AngⅡ和前列腺素也可以促进其释放。心力衰竭时，AVP系统同样被激活，AVP水平显著升高，与心力衰竭的发生、发展密切相关，其浓度与心力衰竭的严重程度相关。心力衰竭时循环中增加的AVP可以刺激血管平滑肌细胞V_1a受体，引起血管收缩，血管阻力增加，左室后负荷增加，影响左室重塑；激活心肌细胞V_1a受体导致心肌肥厚；激活肾脏V_2受体增加肾脏对水的重吸收，引起容量负荷加重，并引起低钠血症。V_2受体拮抗剂与传统的利尿剂相比，其利尿作用是通过中和增高的内生 AVP，而不是非生理性阻断 Na^+ 的重吸收。托伐普坦是一种特异性 V_2 受体拮抗剂，可以改善心力衰竭患者症状和体征，尿量明显增加，血清 Na^+ 浓度恢复正常，血清动力学及肾功能没有发生变化。

2. SAS　持续性 SAS 激活是心力衰竭发生发展的基本机制。早期由于心肌损害引起心肌结构和功能的变化，导致心脏泵血功能下降从而激活交感神经。当心输出量下降时，被主动脉弓、颈动脉窦、左心室和肾脏入球动脉的机械感受器感知，进一步增加中枢交感神经从动，提高循环系统中去甲肾上腺素（norepinehrine, NE）的水平。早期交感神经系统激活后，心肌收缩力增强，改善心力衰竭症状；随着心力衰竭的进展，持续、过度的交感神经兴奋可产生诸多不良影响，使心功能逐渐下降。

肾上腺素能交感神经会增加儿茶酚胺的释放，对心肌可产生直接毒性作用，造成心肌损伤，下调β受体密度，降低对儿茶酚胺的敏感性；使心率增快，心肌收缩力增强，心肌耗氧量增加；出现水钠潴留，加重心脏负荷，使室壁张力增加，冠状动脉灌注降低；周围小动脉长期处于收缩状态，周围器官组织灌注不足，加重组织缺血、缺氧。在急性心力衰竭患者中出现交感神经系统变化，包括较高水平的循环 NE，与心功能障碍的严重程度和死亡率有关。而应用β受体阻滞剂对抗交感神经活性治疗心力衰竭，可明显改善心力衰竭患者的预后，降低死亡率。

3. 血管活性物质　内皮素（endothelin, ET）和一氧化氮（NO）主要由血管内皮细胞产生，在血管的收缩和舒张中起重要作用，统称为血管活性物质。

（1）ET：ET 是由血管内皮细胞和心肌细胞等合成及分泌的，是目前已知的体内最强的收缩血管物质。心力衰竭患者血浆 ET 浓度显著升高，且与心力衰竭的严重程度正相关。ET 家族包括 ET－1、ET－2 和 ET－3，在心血管系统主要为 ET－1。ET 有 3 种 G 蛋白偶联受体：ET－A、ET－B、ET－C。ET－A 受体和 ET－B 受体在心房、心室及心脏传导系统上分布的种类和数量不同，传导系统分布以 ET－B 受体为主，而心肌以 ET－A 受体为主。激活 ET－A 受体可以使血管收缩，细胞生长；激活 ET－B 受体可以清除组织中的 ET－1。心力衰竭患者血浆 ET－1 水平升高，可能与 ET－1 的合成增加和（或）灭活减少有关。一方面，心力衰竭时由于缺氧和肾上腺素、血栓素、IL－1 的血浆浓度变化及血管壁的剪切力增加等因素均能使内皮细胞的内皮素基因表达增加。另一方面，心力衰竭时由于与 ET－1 代谢密切相关的 ET－B 受体在肺脏、肾脏中的浓度下调，从而使 ET－1 的灭活减少。心力衰竭时，ET－A 受体密度上调使 ET－1 的缩血管作用对于心力衰竭早期维持外周血管阻力及重要器官灌注有重要意义。但随着心力衰竭的进一步进展，ET－1 增加心肌细胞内 Ca^{2+}，降低心肌顺应性；使肺动脉强烈收缩和肥厚，形成肺动脉高压；参与心肌纤维的合成和降解过程，促进心肌组织纤维化，参与左心室重构过程。ET－1 还可以介导 Ang Ⅱ诱导的多种离子交换，参与 Ang Ⅱ作用的发挥。

（2）NO：NO 来源于血管内皮细胞上 L-精氨酸的氨基端，在一氧化氮合酶（NOS）的作用下被合成，它是心血管系统最重要的调节因子之一。目前已知 NOS 有 3 种亚型，分别为神经元型 NOS（nNOS），诱导性 NOS（iNOS）和内皮型 NOS（eNOS）。在血管内皮和心肌中表达的 eNOS 维持心脏和血管的正常生理功能，调整心室及血管的重构过程。内皮源性 NO 引起系统性血管舒张，减少心脏前后负荷，起到保护作用。一般 iNOS 在正常心脏中不存在，但研究发现，心肌细胞内 eNOS 与 iNOS 表达失去衡是导致心力衰竭的重要原因，心力衰竭时 eNOS 活性降低，iNOS 活性增加，NO 病理性生成，超氧化物相互作用加重内皮和心肌损伤。心力衰竭时 NO 释放过量增多，可引起细胞内铁丢失，造成细胞生长和增殖受影响，介导细胞毒性作用，诱导心肌细胞的凋亡。NO 还可直接与巯基化合物反应形成硝基硫醇(RSNO)，参与 NO 的细胞毒性作用。

4. 利钠肽类　心钠肽(atrial natriuretic peptide，ANP)和 BNP 是在心力衰竭时分泌增加，对心力衰竭患者有益的神经体液因子。ANP 和 BNP 的主要作用包括利尿、扩血管、抗增殖、增强迷走神经活性、抑制交感神经活性的作用，从而显著改善心力衰竭患者血流动力学状态，同时不伴有血浆中肾素的激活。ANP 在心房内产生，血浆 ANP 浓度水平随心脏容量负荷增加而增加，可作为心力衰竭早期诊断的指标。BNP 由心室肌细胞合成，心室扩张和压力超负荷时释放增加。BNP 来源于细胞内 108 个氨基酸前体，它裂解成 2 个片段，产生 76 个氨基酸 N 端片段(NT－proBNP)和 32 个氨基酸 BNP。在急性心力衰竭患者中 BNP 水平升高，与心功能分级相关，是预后的独立预测因素。ADHERE 研究指出，心力衰竭患者 BNP 平均值为 840 pg/mL。

三、炎症与心力衰竭

心力衰竭通常伴随全身和局部的炎症反应，全身和局部细胞因子释放一方面引起心肌细胞死亡，加速病情恶化，另一方面可诱导细胞增殖对已发生损伤或负荷的心脏是一种适应性的代偿反应。在正常或无应激的情况下，心肌细胞不表达炎性细胞因子，心力衰竭时，免疫系统过度激活，释放过量的炎性细胞因子及相关蛋白，包括肿瘤坏死因子(tumor necrosis factor，TNF)、白细胞介素 1(IL－1)等，研究表明这些炎性因子可引起左心功能不全、肺水肿、左室重塑等。

1. TNF　TNF 按结构分为 TNF－α 和 TNF－β。TNF－信使核糖核酸(TNF－mRNA)及其蛋白仅存在于心力衰竭的人类心脏。肿瘤坏死因子受体(tumor necrosis factor receptor，TNFR)有两种，即 TNFR1 和 TNFR2。大多数 TNF 的有害效应都与 TNFR1 的激活有关，而 TNFR2 的激活则表现出心脏保护作用。TNF－α 的增加与慢性心力衰竭的严重程度和病死率有关，交感-肾上腺系统、肾素-血管紧张素的激活也促进 TNF－α 的表达。TNF－α 与心脏结构和功能改变相关，包括直接损伤心肌纤维，心肌水肿，抑制心肌收缩性；通过调节 NO 的代谢间接减弱心肌收缩力；通过 TNFR1 介导心肌细胞凋亡；通过激活基质金属蛋白酶(MMPs)、抑制基质金属蛋白酶抑制剂、促进内皮素分泌，导致心肌间质纤维化，引起心室重构。

2. 白细胞介素　白细胞介素是心力衰竭发病的重要介质。

(1) IL－1：*IL－1* 基因家族包含 IL－1、IL－1β、IL－1 受体拮抗剂(IL－1Ra)，IL－18 和 IL－33 为相关的成员。通常 IL－1 存在于胞质和胞膜，细胞外液中主要是 IL－1β。IL－1 能抑制心肌收缩力，调节心肌功能，抑制心肌细胞对 β－肾上腺素能刺激的反应，促进细胞凋亡。在心力衰竭患者中 IL－1 水平增高。IL－18 又成为 INF－γ 诱生因子。在心血管系统，IL－18 广泛存在于巨噬细胞、血管内皮细胞和平滑肌细胞上。IL－18 通过诱导 TNF－α、IL－1β 及 IL－6 间接影响心肌细胞凋亡，损伤心肌细胞。研究发现心力衰竭患者外周循环机局部心肌组织中 IL－18 水平均升高，且经过治疗，心功能改善后，血浆 IL－18 的水平下降。

(2) IL－6：IL－6 广泛作用于神经、内分泌和心血管等系统，是参与机体各种调节的重要细胞因子。IL－6 通过与其受体相结合，并激活心肌细胞丰富的信号转导受体复合物——pg130 发挥负性肌力作用和细胞毒作用。此外，IL－6 通过产生 NO 促使心功能不全，阻止细胞凋亡。外周血中 IL－6 的迅速增加会使心力衰竭程度加重，促进交感神经的活动。心力衰竭时，不仅血清 IL－6 水平增高，其活性也显著增强，并伴有 pg130 水平增高。研究证实 IL－6 是心力衰竭患者预后的独立预报因子。

3. 趋化因子(chemokine)　趋化因子又称为趋化蛋白或趋化性细胞因子，是一个特殊的细胞因子家族。趋化因子调节生物进程如趋化性、胶原改变、血管新生以及凋亡。白细胞的激活是炎症反应的关键，在慢性心力衰竭进展中发挥重要作用。根据保守半胱氨酸(Cys)序列结构域的特点分为 4 个家族：C、CC、CXC 和 CX_3C。CC 家族是趋化因子中最大的家族，包括单核细胞趋化因子－1(MCP－1)、活化正常 T 细胞表达和分泌调节因子(RANTES)、巨噬细胞炎症蛋白－1(MIP－1)等。MCP－1 是诱导慢性炎症发生的主要趋化因子，对单核细胞有很强的趋化作用，单核细胞等炎症细胞向心肌组织浸润及激活，促进其他细胞因子如 IL－1、IL－6 等的产生。MCP－1 还可直接作用于心肌细胞，是心肌细胞表达 IL－1、IL－6 增加。MCP－1 可能通过这些细胞因子的作用间接损失心功能。

四、细胞外基质的病理变化与心力衰竭

细胞外基质(extracellular matrix，ECM)是主要由胶原蛋白和纤维连接蛋白形成的一个互相连接的三维网络空间结构，其主要成分是Ⅰ型、Ⅲ型胶原蛋白，对心脏正常结构维持、心肌间力的传导以及心肌舒缩协调性的维持具有重要意义。心室重构是心力衰竭发生、发展的基础，而 ECM 在心脏重构过程中起着重要作用。心脏中成纤维细胞数量丰富，其激活可导致 ECM 重构。心脏 ECM 重构的主要变化之一是心肌纤维化，会严重破坏心脏结构最终导致心力衰竭。导致 ECM 重构的因素有很多，如 RAAS、转化生长因子β、基质金属蛋白酶(MMPs)和金属蛋白酶组织抑制剂(TIMPs)等。

1. MMPs 和 TIMPs　细胞外基质的流动性由两个家族的分子保持：MMPs 和 TIMPs。MMPs 是一组以锌离子为辅助因子的蛋白酶家族，在体内主要降解细胞外基质。在心脏中，胶原酶(MMP－1)降解结构性胶原，明胶酶(MMP－2、9)降解基底膜成分和明胶，基质酶(MMP－3、10)具有广泛的底物特异性。在心脏中，MMPs 不仅对心脏基质成分起降解作用，而且调节胶原蛋白的合成，降解正常胶原蛋白，使心肌纤维化增加。组织金属蛋白酶抑制剂家族包括 TIMP－1、TIMP－2、TIMP－3 和 TIMP－4。TIMP－1 广泛存在于组织和体液中，能被多种细胞因子诱导产生；TIMP－2 多随 MMP－2 的表达而表达很少受细胞因子的诱导；TIMP－3 存在于细胞外基质中；TIMP－4 仅在心肌中高表达。TIMPs 与 MMPs 结合形成 MMP－TIMP 复合物，阻止 MMPs 酶原活化，或抑制已活化的 MMPs 活性，从而阻断 MMP 与底物结合。在心衰患者中，MMPs 水平升高，而 MMP－2 水平随着治疗迅速降低，其中 MMP－2 水平下降更快的患者有更好的结果。在心力衰竭过程中，MMPs 的表达增强，TIMPs 的反馈激活的能力逐渐下降，抑制 MMPs 的能力相应减弱。在心力衰竭终末期，TIMPs 有利于减轻心功能障碍和心室扩张，TIMPs 表达降低则会增大心脏前后负荷，增强 MMPs 的表达，使 ECM 降解过量，心肌胶原含量降低，进一步加重心力衰竭的过程。

2. 半乳凝集素-3(Gal-3)　Gal-3是一种可溶性的β-半乳糖苷结合蛋白，可与细胞外基质、细胞内糖蛋白和细胞表面分子相互作用。Gal-3在不同组织器官表达具有差异性，在大脑、心脏和胰腺中低表达，在肺、脾、胃、结肠和子宫中高表达。当器官或组织处于病理状态时，Gal-3含量不同程度上升。Gal-3诱导成纤维细胞增殖，是纤维化和心肌重塑的标记物，可加速心力衰竭的发生和发展。Gal-3不仅可以影响胶原蛋白的增生，Ⅰ型胶原蛋白沉积，而且可以通过基质金属蛋白酶和组织金属蛋白酶抑制剂影响细胞外基质的分解，从而引起心肌组织僵硬度增加，导致左室功能不全。Gal-3主要在心力衰竭的早期表达，是评价心力衰竭患者和预测病死率的指标之一。

第二节　心力衰竭的电生理重构

心脏的电生理活动开始于窦房结，由窦房结发出信号传遍右左心房使其收缩，随后激动房室结，再通过房室束及浦肯野纤维传遍两侧心室内膜，并通过兴奋-收缩偶联引起心室肌细胞同步收缩。心力衰竭患者死亡的突出机制是心律失常，特别是室性心律失常。已证实在心力衰竭解剖形态学重塑发生的同时，甚至在其发生前，心脏的电重塑就已存在。电重塑是心力衰竭时出现的一种适应性改变，对受损心功能具有积极的代偿作用。通常心力衰竭时心脏不同层面：离子通道、细胞、组织等发生的适应性电功能改变均称为心力衰竭的电重塑。

一、心室电重构的离子机制

1. Na^+通道　心脏压力感受依赖的钠通道在激活的第一毫秒内快速生成内流Na^+流(I_{Na})，介导细胞膜快速去极化(快反应心肌细胞动作电位的上升支)，它是心房和心室传导速度的决定因素。I_{Na}失活有两种方式，即快失活(快速失活，持续几毫秒)和慢失活(可持数百毫秒)。与慢失活相关的电流称为晚、持续或持久I_{Na}($I_{Na,L}$、$I_{Na,sus}$、$I_{Na,p}$)。$I_{Na,L}$是Na^+通道的一小部分，而不是一组不同的通道分子。

慢I_{Na}的振幅仅为快I_{Na}的1%，但也能显著的延长动作电位时程(action polential duration, APD)。在心力衰竭动物模型中，发现快I_{Na}可减少、不变或增加。同样在心力衰竭患者中发现快I_{Na}增加。研究指出慢I_{Na}存在于正常人的中层心肌细胞及衰竭心肌细胞中，贡献15%～20%的动作电位，而快I_{Na}在心衰时通常降低。可见，$I_{Na,L}$增加在心力衰竭时APD延长起着重要作用，可能会导致心律失常。

2. K^+通道　K^+通道是心脏兴奋性恢复的关键，在动作电位复极化过程中发挥基础性作用。

(1) 瞬时外向电流：瞬时外向K^+电流(I_{to})已经在许多物种心室肌细胞中记录。根据物种和心脏区域的不同，I_{to}至少存在两种类型，即$I_{to,f}$和$I_{to,s}$。$I_{to,f}$由Kv4.2和(或)Kv4.3介导的通道构成，具有快速失活和恢复的特点；$I_{to,s}$由Kv1.4介导的通道构成，具有缓慢失活和恢复的特点。人心房肌的I_{to}主要由Kv4.3构成，只存在少量的Kv1.4，所以它的I_{to}恢复为快。人心室肌心外膜和中层细胞的I_{to}为Kv4.3，而心内膜细胞为Kv1.4。Kv1.4、Kv4.3和KChlP2 mRNA在人的左心室表达，基于蛋白表达，KChlP2和Kv4.3有利于$I_{to,f}$。通常在心肌肥厚可以观察到Kv2.4和Kv4.3含量减少，相关的I_{to}减少。正常左心室，I_{to}密度心外膜下心肌细胞比心内膜下心肌细胞大，这种跨壁梯度让心内膜下心肌细胞提供更多的耦合电流使周围细胞去极化。因此，兴奋性传导的生理方向是由心内膜传至心外膜。然而，心力衰竭时，由于I_{to}跨壁梯度的下降导致方向性传导减弱。

(2) 延迟整流钾流：在人类心脏中，延迟整流钾流(I_K)可分为超速(I_{Kur})、快速(I_{Kr})和慢速(I_{Ks})3种。这3种电流具有不同的药理学和动力学特性，受细胞内不同信号通路调节，由不同的基因编码(分别为hKv1.5、hERG和KCNQ1/KCNE1)。I_K主要负责动作电位的3期复极。目前关于心力衰竭时延迟整流钾电流报道甚少。在起搏诱导心力衰竭和心肌肥厚模型中，心室肌细胞延迟整流钾电流减少。也有研究认为，在心肌肥厚时，延迟整流钾电流无变化。在快速起搏诱导心力衰竭兔模型中，I_{Ks}减少，I_Kr不变。在心力衰竭患者心室肌细胞中，延迟整理电流变化较小和无变化。

(3) ATP敏感钾通道(K^+-ATP通道)：K^+-ATP通道通过耦合细胞代谢的电活动在许多细胞功能中发挥重要作用。K^+-ATP通道是由四个Kir6亚基和四个磺脲类受体(SUR)亚基构成。Kir6亚基调节内向整流钾通道孔；SUR亚基是一种ATP结合蛋白，根据细胞内ATP水平调节通道活性。研究发现心脏K^+-ATP通道由Kir6.2和SUR2A亚基组成。ATP和核苷二磷酸(NDPs)是K^+-ATP通道活性的主要调控物质，ATP抑制其活性，MgADP诱导通道开放。当代谢损伤时，ATP减少，MgADP增加，K^+-ATP通道开放，细胞兴奋性降低，保护组织免受损伤。这导致动作电位时程减少，Ca^{2+}内流减少，收缩减少。

心力衰竭时，一些病理过程导致细胞内能量信号与K^+-ATP通道之间的通信中断。心力衰竭初期心肌细胞中未发现K^+-ATP通道激活与细胞内代谢应激或缺氧诱导动作电位缩短有关联。因此，心力衰竭相关的K^+-ATP通道失调似乎与心力衰竭有关。K^+-ATP通道激活可能进一步促进心律失常。

3. L型Ca^{2+}通道　L型Ca^{2+}电流($I_{Ca,L}$)是心肌细胞Ca^{2+}内流的主要来源，触发肌质网储存的Ca^{2+}释放，激活Ca^{2+}敏感信号级联反应，启动肌动蛋白-肌球蛋白横桥循环。该通道至少由三个不同的亚基组成的多聚体(α1c、α2δ和β2)。α1c亚基是形成钙通道口的结构。α2δ和β亚基调节通道表达，开放率，激活和失活。$I_{Ca,L}$在心室壁上表达具有差异性，通道密度具有跨壁梯度，这种跨壁变化已在犬、大鼠和小鼠中有报道。

心力衰竭时，由于SERCA功能降低，RyR泄漏使肌质网中Ca^{2+}含量减少，Ca^{2+}诱导肌质网Ca^{2+}释放减少，所以在衰竭的心室肌细胞，I_{Ca}失活减慢。此外，心力衰竭时，CaMkⅡ依赖机制也可以减慢$I_{Ca,L}$的失活。在心力衰竭患者左心室，频率依赖性Ca^{2+}诱导I_{Ca}衰减，表明CaMkⅡ在心力衰竭中起作用。$I_{Ca,L}$跨壁梯度重构即减少心内膜下心肌细胞中$I_{Ca,L}$，增加心外膜心肌细胞中$I_{Ca,L}$。与中毒肥厚或心力衰竭动物模型研究一致，$I_{Ca,L}$在心力衰竭患者心室肌细胞的无变化或密度降低。但也有资料显示心力衰竭患者心室肌细胞通道开放率增加。

4. Na^+-Ca^{2+}交换体(NCX)　NCX是一种细胞膜蛋白，每转运1个Ca^{2+}交换3个Na^+。呈内向电流时，Na^+转运至细胞内，Ca^{2+}转移至细胞外；呈外向电流时，Na^+、Ca^{2+}转运方向相反。多数心肌肥厚及心力衰竭的研究表明，NCX中，mRNA及蛋白水平升高，同时增加NCX活性可能损伤心肌收缩功能通过促进Ca^{2+}转出细胞而不是转入细胞中。

NCX对动作电位形成起到重要作用。内向电流时有助于动作电位延长。外向电流时可缩短动作电位。一些数据表明，内向电流时与延长 $I_{Ca,L}$ 结合，共同延长动作电位时间。直接阻断 NCX 可致 APD 不同变化，包括缩短、无变化、或根据细胞内 Na^+（$[Na^+]_i$）缩短和延长。细胞内 Na^+ 浓度（$[Na^+]_i$）是 NCX 影响 APD 变化的重要因素。在心力衰竭时，高 $[Na^+]_i$ 和低 $[Ca^{2+}]_i$ 存在，动作电位存在大量 NCX 相关的 Ca^{2+} 内流，并在舒张期去除这部分 Ca^{2+}。NCX 是重要的外向转运途径，将导致舒张期持续内向电流，延长 APD，导致静息电位不稳定，并引发异常冲动。

5. 牵张激活通道 在心力衰竭患者中，生物信号可以改变极细胞电活动，潜在的致心律失常。事实上，无序的机械-电反馈通过膜去极化和调节 APD 导致心律失常。牵张激活离子通道（Stretch-activated channels, SACs）是机械电信号转导的主要感受器。SACs 是非选择性通透，允许 Na^+、K^+、Cs^+ 和 Ca^{2+} 渗透。现已发现心肌细胞至少存在 2 种 SAC：非选择性阳离子通道（stretch activated non-selective cation channels, SANC）以及 K^+ 选择性通道（stretch activated potassium selective channels, SAKC）。具有电流-电压线性关系的 SACs，在心肌细胞中 −15～−6 mV 间可逆转。牵张可使膜静息电位去极化，增加、减少或交叉影响 APD。对 APD 的不同影响反映了离体心肌组织或完整心脏对不同应激的反应。心肌牵张对 APD 的影响来自心肌细胞 SAC 电流与其他固有膜电流（和通道）的相互作用。即使在牵张时，SAC 电导仍是恒定的，对心肌膜电位有影响的 SAC 电流具有时间依赖性和极性。例如，在恒定 −10 mV 时，SAC 电流在舒张期向内，去极化时向外。此外，在动态横向拉伸膜电位测量表明，牵张施加在收缩后期动作电位持续时间延长，膜去极化取决于施加牵张的时相、振幅和速度。牵张同样可以调节选择性牵张激活离子通道，通过使用主动脉内球囊反搏降低心肌壁张力和氧需求，可降低心力衰竭患者药物难治性室性心律失常。

二、组织水平电重构

1. 缝隙连接重构 缝隙连接由相邻细胞膜上的两个连接子相互锚定组成。缝隙连接的数量、大小和空间分布决定了不同心脏组织的传导特性。心肌细胞中有 3 种连接蛋白表达，即连接蛋白 40（Cx40）、连接蛋白 43（Cx43）、连接蛋白 45（Cx45）。Cx43 主要存在于工作心肌细胞内，含量丰富；Cx40、Cx45 含量较少，Cx40 主要分布于心房及近端传导系统，Cx45 分布于整个传导系统，是窦房结和房室结缝隙连接的主要成分。由各种不同连接蛋白构成的缝隙连接，其电传导是不同的，Cx40 最快，Cx45 次之，Cx43 最慢。

心力衰竭时，缝隙连接蛋白能迅速脱耦联，表达减少，重新分布，导致细胞间正常传导路径破坏。缝隙连接蛋白的改变能引起传导缓慢，传导的空间不对称，不连续传导等。越来越多的研究表明，缝隙连接重构是致心律失常的关键因素。Cx43 分布改变是心脏移植获得性心衰心室梗死边缘的特征。在这些区域，Cx43 广泛分布，而不是聚集在细胞连接区域。在心室肥厚中也发现类似的缝隙连接分布改变，并与纵向传导速度减慢相关。此外，在左心衰时，PP2A 活性增强导致 Cx43 低磷酸化，以及 Cx43 空间异质性表达减少。

2. 传导序列重构 通常，心室的电活动由心内膜下浦肯野纤维网开始，通过心室壁向外蔓延。尽管心外膜是最后激活的，但它复极比心内膜速度快，因此复极的方向是相反的，由心外膜到心内膜。左心衰，心室复极跨壁衰减，动作电位的优势传播方向消失。

除了直接改变心肌复极电传导，疾病相关的重塑通过改变细胞之间的耦合间接影响电稳定。心脏细胞的排列可以通过依赖和独立的波传播方向改变电稳定性。在细胞排列改变，APD 的恢复及传导速度变陡。此外，在高度变异的细胞网络可见 APD 和钙瞬变时间延长，无论是纵向还是横向传播。

3. 肌质网（sarcoplasmic reticulum，SR）障碍　SR 也称为肌浆网，是肌纤维内特化的滑面内质网，位于 T 管之间，纵行包绕在肌原纤维周围。SR 膜含有大量的 Ca^{2+}-ATP 酶将细胞基质中的 Ca^{2+} 泵入肌质网中储存，引起舒张；Ca^{2+} 通过阿诺碱受体（ryanodine receptor，RyR）释放入细胞基质中，引起收缩。在哺乳动物的横纹肌，不同的 RyR 蛋白亚型的表达具有组织特异性。在骨骼肌的主要受体亚型为 RyR_1，在心肌中主要为 RyR_2，RyR_3在肌肉中含量较低。RyR_2与通道稳定蛋白 Calstabin 2、FKBP 12.6、FK 506 结合蛋白等组成大分子复合物，催化和调节 PKA、PP1、PPA2 亚基和 PKA 锚定蛋白、mAKAP。细胞质中许多物质参与 RyR_2功能调节，如 PKA、CaMKⅡ、钙调蛋白等。FKBP 12.6 是 RyR_2功能的主要调控元件。在心力衰竭心室肌细胞中，CaMKⅡ和 PKA 引起 RyR 磷酸化引起自发性 RyR 渗漏 Ca^{2+}。早期认为由 PKA 激活 RyR_2，使 S2808 位点磷酸化，FKBP 12.6 从 RyR_2解离，RyR_2通道开放增高，以致肌质网 Ca^{2+} 从 RyR_2渗漏，引起心力衰竭。最近研究重视 CaMKⅡ及其异构型 CaMKⅡ-δ 在心力衰竭相关 RyR Ca2+ 渗漏中的作用。在充血性心力衰竭模型和患者中，CaMKⅡ活性水平增加。可见，CaMKⅡ导致 RyR_2上 S2814 位点磷酸化，在增加病理性 Ca^{2+} 渗漏和非缺血性心力衰竭的发生上扮演重要角色。

SERCA 是心肌肌质网 Ca^{2+}-ATP 酶，有 3 个不同的基因编码 SERCA 异构体。*SERCA 1* 基因在快骨骼肌中表达，*SERCA 2* 基因选择性剪切为 SERCA 2a 和 SERCA 2b 两种亚型。SERCA 2a 主要在心脏及慢骨骼肌中表达，而 SERCA 2b 广泛表达，主要分布于小脑。*SERCA 3* 基因在非肌肉组织中表达，如血小板、淋巴细胞。SERCA 转运 Ca^{2+} 的速度受磷酸受钙蛋白（phospholamban，PLB）调控。PLB 是一个由 52 个氨基酸组成的膜蛋白，调节心肌和骨骼肌中的 Ca^{2+} 泵。体外研究表明蛋白激酶 C 使 PLB Ser10 位点磷酸化，PKA 使 PLB Ser16 位点磷酸化，CaMKⅡ使 PLB Thr17 位点磷酸化。体内研究显示在心肌细胞只有 Ser16、Thr17 位点磷酸化，每个位点磷酸化都是相互独立的。PKA 和 CaMKⅡ磷酸化的 PLB 对 SR Ca^{2+} 转运具有增强效应。非磷酸化状态，PLB 结合 SERCA，抑制 Ca^{2+}-ATP 泵；PLB 磷酸化时，PLB 从 SERCA 分离，Ca^{2+} 转运增加。目前证据显示，在心力衰竭患者中，PLB 蛋白水平不变，SERCA 2a 蛋白减少。这将导致 PLB 对 SERCA 的作用增加，抑制 SERCA 2a Ca^{2+} 泵的活性，延长舒张时间。此外，心力衰竭时，PLB Ser16、Thr17 位点磷酸化下降，PLB 的抑制作用进一步增加。在心力衰竭的心肌细胞中，SR Ca^{2+} 摄取最大速率和 Ca^{2+} 亲和力均下降。因此，PLB 和 SERCA 2a 的比例改变以及 PLB 磷酸化水平共同降低 SR 对 Ca^{2+} 摄取，增加细胞质中 Ca^{2+} 的浓度，减少 SR 中 Ca^{2+} 的含量，具有负性肌力作用，同时减少 Ca^{2+} 诱导的 Ca^{2+} 失活，动作电位时程延长，进一步增加舒张期 Ca^{2+} 内流，诱导室性心律失常倾向。

第三节　心力衰竭的心肌细胞死亡

成人心肌细胞保留有限的能力重新进入细胞周期，从而表现出有限的自我更新能力。

人类出生时，有限的心脏祖细胞分化为功能性心肌细胞，功能性心肌细胞的数量决定心脏泵血功能和最终心脏性能。因此，持续性缺血或缺氧损伤引发一系列信号导致细胞程序性死亡，心肌细胞损伤往往超过更新能力，导致心脏功能下降。

一、程序性细胞死亡

哺乳动物细胞包括心肌细胞，主要有 3 种形式程序性细胞死亡（programmed cell death，PCD）：凋亡（apoptosis）、自噬（autophagy）、坏死（necrosis）。

1. *心肌细胞凋亡* 细胞凋亡是程序性细胞死亡最特征性的形式。细胞凋亡时特征性改变：细胞核形态改变（染色质固缩、碎裂），细胞质细微变化，细胞收缩，细胞膜皱缩和凋亡小体形成。细胞凋亡主要有 2 条信号通路：内在途径和外在途径。各种各样的凋亡信号，包括生长抑制因子、缺氧、氧化应激、DNA 损伤，激活内在途径，主要受 Bcl－2 家族调节。Bcl－2 家族传统上分为三类，第一类抑制细胞凋亡，包括 Bcl－2、Bcl－XL、Mcl－1；第二类促进细胞凋亡，包括 Bax 和 Bak；第三类只含有 BH3 蛋白，如 Bad 和 Bid，含有保守的 BH3 结构域，通过调节 Bcl－2 蛋白增加细胞凋亡。

凋亡信号可激活 BH3 蛋白，从而抑制抗凋亡的 Bcl－2 蛋白，减轻对促凋亡 Bcl－2 蛋白的抑制，促进细胞凋亡。相反，假设 BH3 蛋白直接激活 Bax 和 Bak，Bcl－2 家族中促凋亡成员增加线粒体外膜的通透性，导致蛋白从线粒体膜间隙释放导细胞色素 C。ATP 存在情况下，细胞色素 C 与凋亡蛋白酶激活因子－1 结合形成凋亡体，将 caspase 9 前体转化成有活性的酶，进而激活 caspase 3，直接负责细胞死亡。

相反，外源性通路激活死亡配体如 Fas 配体或 TNF－α 与细胞膜上同源受体结合。这些受体包括细胞内死亡区域，通过 Fas 相关蛋白与细胞膜上死亡区结合，可招募并激活 caspase 8，随后激活下游 caspase，如 caspase 3。一些病理生理过程活一些刺激，可直接或间接影响线粒体，诱导细胞死亡。

细胞凋亡在正常心肌是非常罕见的，发生率为千万分之一至万分之一。在临床心肌病中及心力衰竭或肥大失代偿性实验模型中，细胞凋亡显著增加并在病理生理过程起重要作用。在 NYHA Ⅲ～Ⅳ级衰竭的人类心脏，有 0.12％～0.17％的凋亡细胞。

最近，多种刺激已确定可引起细胞死亡，包括过度伸展、活性氧（reactive oxygen species，ROS）、β_1 肾上腺素能受体激动剂、炎性因子和细胞骨架紊乱。ROS 参与各种细胞功能，包括细胞凋亡。凋亡信号调控激酶 1（apoptosis sinal-regulating kinase 1，ASK1）是一种 ROS 敏感的丝裂原活化蛋白激酶（mitogen activated protein，MAP），通过直接磷酸化或激活 MAP 激酶（MKK）4/MKK7 和 MKK3/MKK6，激活 p38 和c－JUN 氨基末端激酶（JNK）信号通路。ASK1/JNK 通路可灭活 Bcl－2，介导 Bcl－2 的磷酸化。ROS－ASK1－JNK 通路在心脏细胞凋亡中起重要作用。压力超负荷及梗死后心脏 ASK1 激活，JNK 磷酸化水平显著升高，而 *ASK1* 基因敲除小鼠 JNK 磷酸化水平降低，心肌重塑减轻。与野生型小鼠相比，*ASK1* 基因敲除小鼠在压力超负荷或心肌梗死后 TUNEL 阳性细胞数降低，且 *ASK1* 基因缺陷心肌细胞可抵抗 H_2O_2 诱导的细胞凋亡。因此，ASK1－JNK 通路在促凋亡、调节左心室重塑中起道举足轻重的作用，抑制 *ASK1* 基因有益于预防心力衰竭。利用重组腺病毒相关转移慢性抑制 ASK1 活性可以减缓 TO－2 心肌病仓鼠心脏重塑进展。抑制 ASK1 可降低凋亡细胞数量，选择性抑制 JNK 活性。因此，抑制 ASK1 可能是治疗心力衰竭的一种新策略。

压力超负荷或心肌梗死后，ASK1 下游 p38 磷酸化增加程度相似在野生型小鼠和 *ASK1* 基因缺陷小鼠。p38 信号通路在心肌细胞存活发挥重要作用。应对左心室压力超负荷，心脏特异性 p38a 缺陷小鼠心脏表现出功能障碍和心脏扩增，伴随大量心肌纤维化和心肌细胞凋亡。

2. 心肌细胞坏死　坏死的典型特点是细胞膜破裂、细胞器扩张，特别是线粒体。最初，坏死被认为是缺血性损伤引起的意外或非选择性的细胞死亡，但目前很多证据认为，像细胞凋亡一样，细胞坏死是受基因调控和编程。线粒体在能源产生、Ca^{2+} 稳态以及细胞死亡中发挥重要作用。

线粒体膜通透性转换（mitochondrial membrane permeability transition, MPT）也称为线粒体去极化，是指线粒体内膜跨膜电位损失。MPT 导致离子梯度丧失，通过氧化磷酸化引起 ATP 生成减少，从而导致线粒体肿胀，外膜破裂。因此 MPT 被认为是一个关键事件，MPT 发生于通透转换孔开放后，该孔由电压依赖性阴离子通道、腺嘌呤核苷酸转运体（adenine mucleotide translocator, ANT）、亲环素 D（cyclophilin D, CypD）和其他分子构成。细胞内 Ca^{2+} 升高、无机磷、碱性 pH 以及 ROS 可刺激线粒体内膜引起通透性转换孔开放。由于在 ANT 缺乏的线粒体中，MPT 诱导者例如 Ca^{2+} 载体仍可诱导 MPT，可见 ANT 不是 MPT 发生所必需的。通常 CypD 分布在线粒体基质中，但 MPT 时，CypD 与线粒体膜结合。

研究发现，氧化应激与心脏疾病，如缺血-再灌注（ischemia-reperfusion, IR），以及心力衰竭时心肌细胞死亡相关。氧化应激通过引起 MPT 孔开放，APT 耗竭导致细胞坏死。CypD 缺陷小鼠具有较强的抗 IR 诱导的心肌损伤。对照组，IR 损伤引起显著的坏死性伤害，但在 CypD 缺乏心脏，梗死面积显著减少，乳酸脱氢酶释放几乎完全抑制。CypD 依赖性 MPT 通过 CypD 缺陷的线粒体和细胞调节一些坏死形式，但不调节凋亡。可见，CypD 介导 MPT 是细胞坏死的关键效应。一些药物，如环孢素 A（cyclosporin A, CsA），可抑制线粒体膜电位的损失。CsA 与 CypD 结合，形成 CyPD－CsA 复合体，抑制钙依赖性磷酸酶。例如，钙依赖性磷酸酶失活可增加心脏细胞凋亡。遗传和药物抑制 CypD 减轻肌营养不良介导的线粒体相关的坏死。心力衰竭时，CsA 类似物不会抑制钙依赖性磷酸酶，可能有利于减弱 MPT，减少细胞坏死。

使用 *ASK1* 基因敲除小鼠发现 ASK1 参与坏死及细胞凋亡，ASK1 相关坏死可能参与 IR 心脏的心肌细胞死亡。对照组结果显示，IR 损伤引起显著的坏死性伤害，但在 ASK1 缺乏心脏，梗死面积显著减少。ASK1 依赖性坏死的机制还有待进一步研究。

3. 心肌细胞自噬　自噬演变为一个保护过程：降解、回收细胞质。在营养剥夺细胞中，自噬是细胞存活的机制。自噬有 3 种途径：宏观自噬、微自噬和分子伴侣介导自噬。除非特殊说明，一般说的自噬是指宏观自噬。自噬涉及自噬体内胞质成分封存和溶酶体降解。自噬受细胞自噬相关基因控制，其中许多参与自噬体的形成。一般情况，自噬被认为是一个非选择性的降解系统。这与泛素-蛋白酶体系形成鲜明的对比，泛素-蛋白酶系统只识别降解泛素化蛋白。细胞自噬参与各种生理和病理生理，如适应性营养缺乏、细胞间隙蛋白和细胞器、延缓衰老、抗微生物、细胞死亡、抑制肿瘤和抗原呈递。自噬似乎即可调节细胞存活也能调节细胞死亡。

已在心肌肥厚、扩增性心肌病引起的心力衰竭、心脏瓣膜病和缺血性心脏病中发现自噬。在缺陷性心脏病或扩张性型心肌病继发心力衰竭终末期，0.3%的心肌细胞中检测道细胞变性与颗粒细胞质泛素包涵体。人类心力衰竭伴扩张型心肌病存在自噬、凋亡和坏死的形态学特征。人类冬眠心肌中也观察到自噬泡和细胞核降解。从 UM－X7 扩张型心肌病仓鼠模型中发现典型的自噬泡包括线粒体退化、糖原颗粒和髓鞘样改变。然而目前仍不清楚自噬是心肌细胞修复的标志还是心肌细胞自杀的途径。

转基因细胞系小鼠中，自噬在心肌细胞中起保护作用。在心脏 HL－1 细胞中，Beclin－1 过表达、降低 Bax 的激活进而增强自噬，保护缺血再灌注损伤。*LAMP2* 基因敲除小鼠显示自噬体过度积累，蛋白自噬性降解受损，导致心肌病。

因为在生理条件下心脏发育早期阶段心脏特异性 Atg5 缺乏不会引起异常心脏表型，在持续压力超负荷下，自噬在心脏中发挥作用。在野生型小鼠，由于主动脉缩窄(tansverse aortic constriction，TAC)引起压力超负荷，TAC 1 周后诱导心肌肥大，4 周后诱导心力衰竭。$Atg5^{flox/flox}$诱导心脏特异性 Atg5 缺乏，$MLC2v^{-}$ Cre^{+}小鼠 TAC 1 周后表现心功能不全和左心室扩张。在 Atg5 缺乏心脏可有多聚泛素化蛋白积累、ER 应激增加和凋亡。TAC 4 周后，野生型小鼠心脏细胞自噬没有增加。这些结果表明，自噬是维持心肌细胞大小和衰竭心脏结构功能的平衡机制，上调自噬对衰竭心脏是一种适应性反应，保护细胞应对血流动力学应激。

自噬在缺血时起保护作用，但在再灌注过程中起有害作用。自噬是由缺血引起，并进一步增加再灌注。缺血导致自噬伴随 AMP 激活蛋白激酶(AMPK)的激活。与此相反，自噬在再灌注过程中伴随 Beclin－1 上调，但不激活 AMPK。Beclin－1 是 BH3 结构成员，驱动自噬过程。Bcl－2 与 Beclin－1 结合，抑制 Beclin－1 促发自噬作用，但破坏 Beclin－1/Bcl－2 复合物恢复诱导自噬作用。此外，Beclin－1 与 NF－κB 信号通路在自噬过程存在联系。转化生长因子－β 活化激酶－1(TAK1)结合蛋白 2 或 3(TAB2/3)参与 NF－κB 信号通路，被发现与 Beclin－1 卷曲螺旋区域相互作用调节自噬。也有报道 caspase－3 介导 Beclin－1 裂解抑制自噬，诱导细胞凋亡。

二、死亡受体信号

1. Complex Ⅰ　TNF－α 信号转导通路是一个关键通路，最终可以保护或损害细胞。TNF－α 在心脏中起着重要作用。经刺激心肌后，TNF－α 结合到相应的跨膜受体-肿瘤坏死因子受体(TNF－receptor－1，TNFR1)，诱导形成三聚体，募集细胞质接头蛋白。TNFR1 与 TNFR 相关的死亡结构域(TRADD)结合，募集 TNFR 相关因子－2(TNFF－associated factor 2，TNFR2)，TNAF5 和受体相互作用蛋白－1(receptor interacting protein－1，RIP1)激酶，最后形成细胞存活必需的复合物 I(complex Ⅰ)。

TNFR1 转导通路的是泛素化修饰过程，其关键酶在改变信号转导事件其重要作用，影响细胞的命运。E3 泛素连接酶泛素化通过 K63 多聚泛素化以非降低方式改变目标蛋白的功能。

当 TNF－α 刺激时，RIP1 泛素化修饰是诱导生存基因如 clAP－1、clAP－2 必不可少的。当 complex Ⅰ形成，RIP1 多聚泛素化需要 E3 连接酶包含 RING 指域，TFAF2 和细胞凋亡抑制剂，clAPs。E3 连接酶 RING 结构域参与 RIP1 K63 相关的泛素化。去泛素化蛋白酶 USP2a 可以从 RIP1 中清除 K63 泛素链，同时还使泛素连接酶 TRAF2 去泛素化。下调 USP2a 激活 NF－κB 信号通路及细胞存活下游的 TNF－α。

一旦多聚泛素化，RIP1 促进转化生长因子－β 活化激酶－1（transforming growth factor－β activated kinase－1，TAK1）结合蛋白 2 或 3（TAB2/3）复合物形成。募集 IκB 激酶（IKK）复合物，即由 IKKα、IKKβ 和非酶促蛋白 IKKγ 组成的多亚基复合物，也就是 NF－kB 重要的调制器（NEMO）。通过磷酸化 IKKβ 激活 IKK 复合物，激活 NF－κB 信号通路，细胞存活。激活 NF－κB 信号可抑制缺氧诱导细胞死亡，促进心室肌细胞存活。因此，RIP1E3 酶 RING 结构域多聚泛素化导致 NF－κB 激活，是 TNF－α 信号通路促进心肌细胞存活的关键点。Complex Ⅰ 成分促进细胞存活，非降解泛素化防止 RIP1 激活死亡信号。

2. Complex Ⅱ　RIP1 去泛素化可促进 complex Ⅰ 向 complex Ⅱ 转换。RIP1 去泛素化形式与 TRADD，FAS 相关的死亡区域（Fas-associated death domain，FADD）和 caspase 8 结合，形成 complex Ⅱ-死亡诱导物。响应死亡受体信号，Complex Ⅱ 控制激活特定模式的程序性细胞死亡，如细胞凋亡或自噬。RIP1 裂解激活 caspase－8，从而抑制程序性坏死，激活下游 caspase 触发 caspase 依赖的细胞凋亡。Caspase－8 竞争性抑制剂细胞型 FLICEL 抑制蛋白（cFLIPL），允许 csapase－8 在不激活下游 casepase 分子的同时保留催化活性驱动特定底物，从而 cFLIPL 作为一种抗凋亡蛋白。据报道，FADD、cFLIPL 和 caspase－8 形成复合物，防止 RIP 介导的程序性坏死通过裂解促坏死分子如 CYLD 和 RIP3。这表明 cFLIPL 对 complex Ⅱ 具有双重调节作用，调节细胞凋亡和坏死。

3. Complex Ⅲ　如果 FADD 缺失或 caspase 抑制 caspase－8 激活，可阻碍 RIP1 降解，从而抑制 complex Ⅱ 凋亡臂的活化，从而导致细胞坏死。去泛素化 RIP1 触发 RIP3，形成 complex Ⅲ。Complex Ⅲ 是程序性坏死必不可少的。RIP1 激酶活性对于促进 complex Ⅲ 不可缺少。磷酸化和激活 RIP1 直接或间接磷酸化 RIP3，形成促进死亡 RIP1－RIP3 复合物。这导致 TNF－α 相关的 caspase 非依赖性细胞坏死。因此，通过去泛素化 RIP1 使 complex Ⅰ 向 complex Ⅱ 转化，驱动细胞程序性死亡途径，并基于 caspase 抑制作用和 RIP1 磷酸化，程序性坏死成为细胞死亡的主要模式。Complex Ⅲ 需要对 RPI1 ser－161 位点磷酸化和 RIP3 ser－199 位点磷酸化，才能启动程序性坏死。RIP1、RIP3 激酶在 NF－κB 活化或凋亡过程中不会发生磷酸化。RIP3 缺陷小鼠离体细胞具有抗 TNF－α 诱导的坏死性死亡，说明 RIP3 可能是中间介质传递 RIP1 诱导程序性坏死。Necrotatin－1（Nec－1）变构抑制 RIP1 和 RIP3 特异性激酶活性，中断 RIP1－RIP3 复合物，抑制程序性坏死。Nec－1 有心肌保护作用，抑制心肌缺血再灌注损伤后心肌重塑。

第三章　心力衰竭的诊断和临床评估

第一节　心力衰竭的分类和诊断

一、心力衰竭的分类

1. 急、慢性心力衰竭　急性心力衰竭是心功能正常或处于代偿期的心脏在短时间内衰竭或慢性心力衰竭急剧恶化。心功能不全的原因包括收缩、舒张功能不全，心脏节律异常，心脏前负荷或后负荷过重。以急性左心衰常见，表现为急性肺水肿或心源性休克。

慢性心力衰竭是由神经体液机制及心肌肥厚等代偿机制参与的一个缓慢的发展过程。

2. 左心衰、右心衰和全心衰　左心衰临床上最为常见，由左心室代偿功能不全所致，有明显的肺循环淤血。左心衰后肺动脉压力增高致右心负荷加重，出现右心衰，即为全心衰。单纯的右心衰主要见于肺源性心脏病和先天性心脏病，主要表现为体循环淤血。因心肌炎、心肌病导致全心受损，左、右心衰同时出现为全心衰。

3. 收缩性和舒张性心力衰竭　收缩性心力衰竭具有收缩功能障碍、心排血量下降并伴有循环淤血的表现。患者有心力衰竭的症状、体征，超声心动图提示左心室增大、左心室收缩末期容量增加，LVEF≤45%。舒张性心力衰竭是由于左心室舒张期主动松弛能力受损和心肌顺应性降低，即僵硬程度增加（心肌细胞肥大伴间质纤维化），导致心脏泵血功能正常但心室充盈不正常，没有适量的血液充盈，因心输出量减少而出现的虚弱、活动耐力下降症状，左室舒张末期压增高而发生的心力衰竭。舒张性心力衰竭的患者有心力衰竭的症状和体征，LVEF≥45%，心脏大小正常，尤其左室大小正常，左室收缩末和舒张末容量均在正常范围，允许左房有轻度增大。排除心瓣膜疾病、心包疾病、肥厚型心肌病或限制型（浸润性）心肌病，这些疾病可引起舒张功能降低和舒张性心力衰竭。舒张性心力衰竭多见于老年女性，肥胖，有高血压、糖尿病、左室肥厚病史者，常伴有冠状动脉疾病或心房颤动。

4. HFrEF、HFpEF、HFmrEF　左心衰的患者可以分为射血分数降低的心力衰竭（HFrEF，收缩性心力衰竭），射血分数保留的心力衰竭（HFpEF，舒张性心力衰竭）和射血分数中间范围降低的心力衰竭（HFmrEF）。

HF－rEF：① 具有典型的心力衰竭症状和体征；② EF 降低。

HF－pEF：① 具有典型的心力衰竭症状和体征；② 正常或仅仅轻度的 EF 降低，不伴有左室扩大；③ 相关的基础心脏疾病（左室肥厚/左房增大）和（或）舒张功能减退。

HFmrEF：① LVEF 在 41%～49%；② 可根据心脏（尤其左心室）大小和形态归入 HFrEF 或 HFpEF。如患者心脏明显增大，可能是前者经治疗后病情改善，EF 值提升至 41%～49%；如心脏（尤其左心室）大小正常，应判为后者，可能处于从 HFpEF 向 HFrEF

发展过程中。

二、心力衰竭的分期

A期，患者有发生心力衰竭的高度危险，但无器质性心脏病；B期，患者有器质性心脏病，但未发生过心力衰竭症状；C期，患者过去或目前有心力衰竭症状，且有器质性心脏病；D期，为终末期患者。

1. 阶段A(前心力衰竭阶段)　患者为心力衰竭的高发危险人群，但目前尚无心脏的结构或功能异常，也无心力衰竭的症状和(或)体征。常见于高血压病、冠心病、糖尿病患者；肥胖、代谢综合征患者；有应用心脏毒性药物的病史、酗酒史、风湿热史或心肌病家族史者。

2. 阶段B(前临床心力衰竭阶段)　患者从无心力衰竭的症状和(或)体征，但已发展成结构性心脏病。常见左室肥厚、无症状瓣膜性心脏病、以往有心肌梗死史者。

3. 阶段C(临床心力衰竭阶段)　患者已有基础的结构性心脏病，以往或目前有心力衰竭的症状和(或)体征。常见于有结构性心脏病伴气短、乏力、运动耐量下降者。

4. 阶段D(难治性终末期心力衰竭阶段)　患者有进行性结构性心脏病，虽经积极的内科治疗，休息时仍有症状，且需要特殊干预。常见因心力衰竭须反复住院，且不能安全出院者；须长期在家静脉用药者；等待心脏移植者；应用心脏机械辅助装置者。

三、心力衰竭的分级

1. NYHA心功能分级方法

Ⅰ级：患者日常活动量不受限制。

Ⅱ级：患者体力活动轻度受限，休息时无自觉症状，一般活动下可出现心力衰竭症状。

Ⅲ级：患者体力活动明显受限，低于平时一般活动即引发心力衰竭症状。

Ⅳ级：患者无法从事任何体力活动，休息状态下亦会引发心力衰竭症状，活动后加重。

2. 6 min步行试验　要求患者平地快走，测定6 min步行距离，＜150 m为重度心力衰竭；150 m～450 m为中度心力衰竭；＞450 m为轻度心力衰竭。

6 min步行试验方法安全、简便、易行，在临床广泛应用，不但能评定患者的运动耐力，而且可预测心力衰竭患者的预后。

四、心力衰竭的检查方法

1. 实验室检查

(1) BNP：BNP及其N末端前体(NT－proBNP)均属于心肌应激标志物，其升高均由心室肌壁的应力升高引起，在慢性心力衰竭诊断中的作用得到指南认可。血浆BNP可用于鉴别心源性和肺源性呼吸困难，大多数心力衰竭导致呼吸困难患者的BNP在400 ng/L以上，BNP＜100 ng/L时不支持心力衰竭的诊断。NT－proBNP比BNP半衰期更长、更稳定，可反映短暂时间内新合成的BNP。NT－proBNP＜300 ng/L可排除心衰，其阴性预测值为99%。NT－proBNP1 200 ng/L诊断心力衰竭的敏感性和特异性分别为85%和88%。需注意女性、年龄＞70岁、左室肥厚、心肌局部贫血、肺动脉高压、低氧血症、肺动脉栓塞、右心室高负荷、肝功能衰竭、败血症、糖尿病、肾功能衰竭及早期肾脏病，BNP 的水平可能升高，而可能引起 BNP 水平降低的情况包括肥胖和适当的治疗。

(2) 肌钙蛋白：临床上肌钙蛋白 I/T 通常应用于诊断急性心肌梗死，其敏感性及特异性高。有研究表明，在没有缺血存在的急性或慢性心力衰竭患者中约有一半发现肌钙蛋白 I 升高，并且肌钙蛋白 I 升高预示患者的死亡风险增加，提示心肌损伤与心功能严重程度是关联的。心肌肌钙蛋白 T 或 I(cTnT 或 cTnl)：其检测心肌受损的特异性和敏感性均较高。急性心肌梗死时可升高 3～5 倍以上，不稳定性心绞痛和急性心肌炎也会显著升高，慢性心力衰竭可出现低水平升高，重症有症状心力衰竭存在心肌细胞坏死、肌原纤维不断崩解，血清中肌钙蛋白水平可持续升高。

(3) 常规检查：包括血、尿常规，肝、肾功能，电解质，血糖，血脂等。在老年患者及长期服用利尿剂、RASS 抑制剂类药物的患者的随访中尤为重要。

贫血可加重原有的心力衰竭。血细胞比容的升高提示气短可能源于肺部疾患、发绀型先天性心脏病或肺动静脉畸形。甲状腺毒症的心力衰竭患者常有快室率心房颤动，甲状腺功能低下也可表现为心力衰竭。肝淤血可使肝酶升高。血浆肌酐的升高也可由原发性肾脏病引起，该类疾病可通过增加容量负荷诱发心力衰竭。部分药物包括利尿剂或 ACEI 类药物过度使用，是血肌酐升高的原因，也可导致高钾血症或严重的电解质紊乱。心力衰竭时出现低钠血症和肾功能不全则提示预后不良。尿液分析用于检测蛋白尿和糖尿，考虑高血压病或糖尿病存在的可能性及严重性，这些疾病可以促发或并发心力衰竭。

2. 心电图 心力衰竭无特异的心电图表现。心力衰竭常伴发传导异常，导致房室、室间和(或)室内运动不同步，严重影响左室收缩功能。心电图可用于诊断心脏不同步：房室不同步表现为 P－R 间期延长，左室充盈减少；左右心室间不同步表现为左束支传导阻滞，使右室收缩早于左室；室内传导阻滞在心电图上表现为 QRS 时限延长(＞120 ms)。

Holter 可对导致或加重心力衰竭症状的房性和室性心律失常的性质、频率和持续时间进行监测和定量，但对慢性心力衰竭的诊断无价值。动态心电图监测应局限于症状性心律失常的慢性心力衰竭患者。

3. 影像学检查

(1) X 线检查：提示肺淤血的程度和肺水肿，还可根据心影增大及其形态改变，评估基础心脏疾病或肺部疾病等，有助于与肺部疾病的鉴别。X 线胸片可反映肺淤血：早期肺静脉压增高，肺门血管影增强，上肺血管影增多。肺动脉压力增高可见右下肺动脉增宽，在肺野外侧清晰可见水平线状影 Kerley B 线，是肺小叶间隔内积液的表现，是慢性肺淤血的特征性表现。急性肺泡性肺水肿时肺门呈蝴蝶状，肺门可见大片融合的阴影。胸部 X 线、CT(平扫或增强)、经食道超声等检查有助于心力衰竭与肺部感染性疾病、肺栓塞、主动脉夹层等疾病的鉴别诊断。

(2) 超声心动图：超声心动图是心力衰竭最有用的诊断工具，正常 LVEF＞50%。能定量反映：LVEF 是否降低；左室结构是否异常及是否存在能够解释患者临床表现的其他心脏结构异常，操作快速、安全、应用广泛。同时超声心动图也为瓣膜功能，尤其是二尖瓣、三尖瓣、主动脉瓣的狭窄和反流以及二尖瓣的反流分级提供快速半定量的评价。当心力衰竭的诊断已由客观证据证实时，超声心动图还有助于判断其病因：原发性瓣膜病变可以得到识别；局部运动消失或运动障碍常提示冠脉疾病，尤其是存在变薄的或回声增强的心肌时；超声心动图还可证实限制性心包炎、心肌淀粉样变性或肥厚型心肌病。在声窗不充分、复杂瓣膜病、疑有机械性二尖瓣功能障碍，或者必须确定或除外心耳部血栓时，可考虑经食管超声心动图。

可将首次超声心动图检查结果作为日后评价患者病情变化、心室重构过程和临床治疗效果等的基线参照。在心力衰竭患者在随访过程中出现临床情况的重要变化，提示有心功能明显改善或恶化时，建议复查超声心动图。

(3) 放射性核素：放射性核素心腔造影(RNA)可精确测量左、右心室的 EF 和心腔容积，并对左心室的充盈动力学进行分析以反映心脏功能，对鉴别扩张型心肌病或缺血性心肌病有一定帮助。

(4) 心脏磁共振(CMR)：CMR 是测量心腔容积、室壁厚度、心脏肿瘤、瓣膜及心包疾病最精确、最具可重复性的方法，是评价心室容积、肿瘤、室壁运动的金标准。该技术还能可靠地检测增厚的心包，定量测定心肌的坏死情况、再灌注和心肌功能。

(5) 冠状动脉造影：冠脉疾病是一种常见而可能漏诊的心力衰竭病因，如果有理由相信患者能从血管重建中获益，则应做冠脉造影，可鉴别缺血性或非缺血性心肌病。以下情况应该考虑冠脉造影：① 在急性或急性失代偿的慢性心力衰竭患者存在对初步治疗无效的重度心力衰竭(休克或急性肺水肿)；② 在有心绞痛或任何其他心肌缺血证据的患者，抗缺血治疗无效；③ 当考虑为原发性扩张型心肌病的诊断，需排除冠脉疾病时病因不明的；④ 难治性心力衰竭以及存在重度二尖瓣反流或主动脉瓣疾病。对终末期患者，不考虑做血管重建或瓣膜手术的患者，或者已知冠脉无心肌梗死新发事件的患者，不推荐做心导管检查。

4. 有创性血流动力学检查　血流动力学监测有助于评价心力衰竭的诊断和除外可纠正的病因。在下列情况下，还有助于指导慢性充血性心力衰竭患者的治疗：① 急性失代偿的心力衰竭对早期恰当的治疗反应缓慢；② 动力性二尖瓣反流伴有容量负荷过重或运动；③ 需与慢性肺部疾病作鉴别诊断；④ 对恰当治疗无反应的难治性心力衰竭。

心肌活检对不明原因的心肌病诊断价值有限，但有助于明确心肌炎症性或浸润性病变的诊断。

5. 心肺运动试验　运动试验对于诊断心力衰竭的价值有限，在未接受抗心力衰竭治疗的患者，极量运动试验的结果正常可除外心力衰竭的诊断。运动试验在慢性心力衰竭中的应用主要集中于对功能和治疗的评价和对预后的分层。

以上检查，在选择时有所考虑：推荐心脏超声检查用于判断心脏结构和功能。ECG 确定心律、心率、QRS 形态和持续时间以及其他相关的异常。推荐血生化检查(电解质、肾功能和肝功能等)和甲状腺功能检查，以确定和监测合适的药物治疗。血常规检查，以发现贫血等导致心力衰竭加重的原因。测定 BNP 或 NT - proBNP 以排除其他导致呼吸困难的原因，如 BNP 正常，心力衰竭可能性不大。胸片以排除某些肺部疾患(如肺部肿瘤)，但难以排除支气管哮喘、慢性阻塞性肺病(chronic obstnctive pulmonary disease, COPD)。

五、鉴别诊断

1. 支气管哮喘　多为青少年，无心脏病史及心脏体征，常在春秋季节发病，有过敏或长期哮喘史，肺内满布哮鸣音，呈呼气性呼吸困难，有肺气肿体征，胸片心脏正常，肺野清晰或肺气肿征象。

2. 喘息型支气管炎急性发作　患者多有慢性支气管炎病史，老年人多见，发病年龄轻者，多有幼年患病史，发病多在冬春季节，多与感染有关，发病时咳嗽伴喘息，咳出黄色黏痰为主，肺部有散在干湿啰音，给予抗感染、解除气管痉挛治疗有效。

3. 急性呼吸窘迫综合征(ARDS)　有严重创伤、休克、感染等病史，表现为突发性、进行性呼吸窘迫，发绀，常伴有烦躁、焦虑表情、出汗等，其呼吸的窘迫特点不能用通常的氧疗法使之改善，早期体征可无异常或仅闻及双肺干啰音、哮鸣音，后期可闻及水泡音或管状呼吸音，胸片早期无异常，晚期可有大片浸润阴影，大片阴影中可见支气管充气征，强心、利尿治疗有效。

4. 自发性气胸　患者无肺病或有 COPD、肺纤维化、肺脓肿，气胸发生前常有咳嗽、剧烈运动，打喷嚏、大笑或屏气、用力等诱因，而后突然出现剧烈胸痛与呼吸困难，胸片检查可以确诊，通过胸穿抽出胸腔积气使呼吸困难缓解。

5. 心包积液、缩窄性心包炎　患者由于腔静脉回流受阻可以引起颈静脉怒张、肝淤血、下肢水肿等表现，结合病史、心脏及周围血管征等体征鉴别，超声心动图、CMR 可以明确诊断。

6. 肝硬化腹水伴下肢水肿　非心源性的肝硬化不会出现颈静脉怒张等上腔静脉回流受阻的体征，可结合基础心脏病的症状体征加以鉴别。

第二节　急性心力衰竭的诊断与评价

急性心力衰竭为心功能不全的症状和体征急骤发作。发病前可以有基础器质性或结构性心脏病，如冠心病、心瓣膜病、心肌病等，也可以由无心脏结构性病变如高血压或药物、酒精等所致的血流动力学负荷增加或心肌缺血、缺氧，导致急性血流动力学障碍，也可以在原有慢性心力衰竭基础上急性加重。急性心力衰竭通常危及生命，需要紧急处理。

一、急性心力衰竭的分类

1. 急性失代偿性心力衰竭(包括新发的急性心力衰竭和慢性心力衰竭急性失代偿)　急性心力衰竭的症状和体征轻微，达不到心源性休克、肺水肿或高血压危象的标准。

2. 高血压性急性心力衰竭　具有心力衰竭的症状和体征，同时伴有高血压，左心室功能尚可，胸部 X 线符合急性肺水肿表现。

3. 肺水肿(胸部 X 线证实)　伴有严重呼吸困难、肺部啰音和端坐呼吸，治疗前未吸氧状态下氧饱和度通常＜90%。

4. 心源性休克　心源性休克是在纠正前负荷以后依然存在心力衰竭所致的组织低灌注表现。心源性休克通常具有如下特征，即血压下降(收缩压＜90 mmHg 或平均动脉压下降＞30 mmHg)，和(或)尿量减少＜0.5 mL/(kg·h)，脉率＞60 b/min 伴或不伴器官淤血的表现。从低心输出量综合征到心源性休克是一个连续的过程。常见于急性左心衰。

5. 高心输出量性心力衰竭　其特点是心输出量增加，常伴心率加快(原因包括心律失常、甲亢、贫血、Paget 病、医源性及其他）、肢暖、肺淤血，有时（如感染性休克）会出现低血压。

6. 右心衰　常伴有低心输出量综合征、颈静脉怒张、肝淤血和低血压。

二、急性心力衰竭的诊断

1. 临床症状及体征　绝大多数患者表现为急性左心衰，也可以表现为急性右心衰的症状和体征。在急性心力衰竭中最为常见的两大类是：原来并无心力衰竭的患者急性突发的心力衰竭和慢性心力衰竭的急性失代偿。前者主要病理生理改变是急性左心衰，左室在短期内排血量急剧减少，心脏压力或容量负荷显著增加，左室舒张末压急剧升高，液体从毛细血管渗入到肺间隙、肺泡、肺细支气管，出现不同程度的肺部淤血，严重者出现肺水肿，甚至心源性休克；后者则更为复杂，原有的基础心脏病往往累及左心，先有左心衰，随病情迁延进展，导致肺循环压力增加和肺动脉压增高，使右心负荷增加，右心室扩大，最终发生右心衰，而此时患者的左心衰症状减轻，而右心衰症状（主要为水肿，尤其是下肢水肿）加重，即有全心衰的表现。

诊断时应根据患者基础疾病、诱因、临床表现（症状、体征及病史）以及各种辅助检查（心电图、胸部 X 线检查、超声心动图和 BNP/NT - proBNP）做出急性心力衰竭的诊断。

2. 诊断流程图（图 3 - 1）

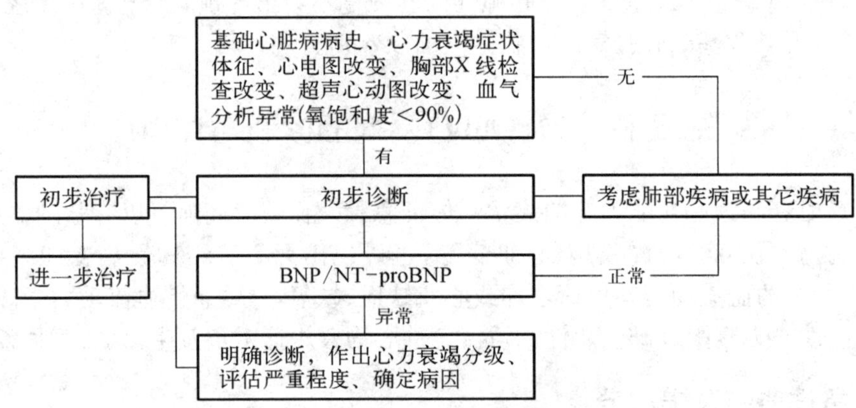

图 3 - 1　急性心力衰竭诊断流程图

3. 诊断要点

(1) 有引发急性心力衰竭的病因或诱因：发病急骤，突然出现严重呼吸困难，咳粉红色泡沫样痰，伴烦躁不安、口唇青紫、大汗淋漓，双肺满布湿啰音，伴有哮鸣音，心率增快，有奔马律、交替脉。

(2) BNP/NT - proBNP：作为心力衰竭的生物学标志物，对急性左心衰的诊断和鉴别诊断有肯定的价值，对患者的危险分层和预后评估有一定的临床价值。如 BNP<100 ng/L 或 NT - proBNP<400 ng/L，心力衰竭可能性很小，其阴性预测值为 90%；如 BNP>400 ng/L 或 NT - proBNP>1 500 ng/L，心力衰竭可能性很大，其阳性预测值为 90%。BNP 受年龄影响大，年龄为<50 岁、50～75 岁、>75 岁的患者对应的界值分别为 450 ng/L、900 ng/L、1 800 ng/L。急诊就医有心力衰竭临床表现，如 BNP/NT - porBNP 水平正常或偏低，几乎可以除外急性心力衰竭的可能性。

(3) 胸部X线检查：可见双肺大片云雾状影，肺门阴影呈蝴蝶状。

(4) 心电图和心脏超声：可以了解心脏的基本信息，包括心率、节律、结构、功能、瓣膜情况和室壁运动等。进而判断心力衰竭的病因依据如心肌缺血性改变、ST段抬高或非ST段抬高性心肌梗死及陈旧性心肌梗死的病理性Q波等。还可检测出心肌肥厚、心房或心室扩大、束支传导阻滞、心律失常的类型及其严重程度、QT间期延长等。通过测定LVEF，检测心力衰竭时心脏收缩/舒张功能来监测患者病情的动态变化。

(5) 动脉血气分析：心力衰竭的患者常因肺淤血影响肺泡氧气交换而出现低氧血症，动脉血气分析通过检测动脉氧分压(PaO_2)、二氧化碳分压($PaCO_2$)和氧饱和度(SaO_2)，以评价氧含量(氧合)、肺通气功能及体内酸碱平衡状况，以便及时处理纠正。

(6) 其他：监测血常规，电解质(钠、钾、氯等)，肝、肾功能，血脂，血糖等。

三、急性心力衰竭的评估

1. 临床评估要点 初步临床评估应包括对前负荷和后负荷的评价，完善相关检查，明确病因及其他并发症。患者临床表现为起病急骤，患者突然出现严重呼吸困难，端坐呼吸，频繁咳嗽，常咳粉红色泡沫样痰，烦躁不安，面色苍白，口唇发绀，大汗淋漓，心尖搏动向下移位，可出现“交替脉”，叩诊心界扩大，双肺布满湿啰音，常伴哮鸣音，心率加快，心尖部有奔马律，血压可升高，但伴有心源性休克时血压降低。

对外周循环、静脉充盈及末梢体温进行系统评估非常重要。失代偿性心力衰竭右室充盈情况可以通过中心颈静脉压来评估。若颈内静脉由于静脉瓣等原因不适合评估时，可以利用颈外静脉。但对急性心力衰竭患者中心静脉压(CVP)升高的解释必须慎重，因为即使右室未完全充盈，由于右室和静脉顺应性下降也可以出现CVP升高。左室充盈压通过肺部听诊来评估，出现湿啰音往往提示充盈压升高，若出现心房或心室奔马律对疾病诊断有重要价值。但确诊、严重程度分类及对肺淤血和胸腔积液的临床随访需要依靠胸部X线。脉搏消失、颈部或腹部出现血管杂音有助于判断动脉硬化程度，尤其是老年人。

2. 评价方法 急性心力衰竭的评价包括病情的分级、严重程度和预后。急性左心衰病情严重程度分级有不同的方法。Killip法最初用于评估急性心肌梗死患者心功能不全的严重程度，适用于基础病因为急性心肌梗死的患者，根据体征和胸部X线表现进行分类；Forrester法多用于心脏监护室、重症监护室及有血流动力学监测条件的场合，根据体征和血流动力学参数分类；临床程度分级则可用于一般的门诊和住院患者。

(1) Killip分级：

Ⅰ级：无心力衰竭，没有心功能失代偿的临床体征。

Ⅱ级：有心力衰竭，诊断标准包括肺啰音、S3奔马律和肺静脉压升高，肺淤血，湿啰音局限于肺野下1/2。

Ⅲ级：严重心力衰竭，肺水肿，湿啰音超过肺野下1/2。

Ⅳ级：心源性休克，体征包括低血压(收缩压≤90 mmHg)和外周血管收缩的表现，如少尿、发绀和出汗。

(2) Forrester分级：Forrester分级最初也用于急性心肌梗死患者，根据临床症状体征和血流动力学状态分为四级(表3-1)。Forrester分级的临床依据包括外周组织低灌注(脉搏细弱、皮肤湿冷、外周发绀、低血压、心动过速、意识模糊、少尿)和肺淤血(啰音、X线异常)，血流动力学依据则包括心脏指数降低[≤2.2 L/(min・m²)]和PCWP升高(>18 mmHg)。

表3-1 急性心力衰竭Forrester分级法

分级	PCWP(mmHg)	CI(mL/s/m²)	组织灌注状态
Ⅰ级	≤18	>36.7	无肺淤血，无组织灌注不良
Ⅱ级	>18	>36.7	有肺淤血
Ⅲ级	<18	≤36.7	无肺淤血，有组织灌注不良
Ⅳ级	>18	≤36.7	有肺淤血，有组织灌注不良

(3) 四格表分级：我国专家根据欧洲急性心力衰竭指南推荐的四格表分级方法，结合我国学者的临床经验和认识，总结和归纳出急性左心衰的临床程度分级(表3-2)。此处的干、湿、冷、暖均指皮肤触诊的感觉。Ⅰ级为正常，或尚未见明显的左心衰；Ⅱ级为单纯性左心衰；Ⅲ级为肺水肿(肺部大量湿啰音)，或有急性右心衰(皮肤干冷、肺部无啰音)；Ⅳ级为重度急性左心衰，不仅伴外周循环障碍，并有持续性低血压或心源性休克，还可能伴有重要脏器灌注不足，由于代偿性交感神经系统极度亢进，皮肤厥冷，大汗淋漓。这4个级别同样可以与Forrester分级相对应。

表3-2 急性心力衰竭的临床程度分级

分级	皮肤	肺部啰音
Ⅰ级	干、暖	无
Ⅱ级	湿、暖	有
Ⅲ级	干、冷	无/有
Ⅳ级	湿、冷	有

第三节 慢性心力衰竭的诊断与评价

慢性心力衰竭指心脏泵功能损害、导致机体出现相关症状与体征的复杂临床综合征，是由心脏结构或功能异常所致。心力衰竭是临床的一个综合征，患者由于心脏结构或功能异常，导致典型的临床症状(如呼吸困难、踝部水肿、乏力)和体征(如颈静脉压增高、肺部音和心尖搏动移位)。

一、慢性心力衰竭的诊断

心力衰竭的诊断中，对心力衰竭的症状和体征的确立是做出正确诊断的基石。临床医生在进行病史采集和体格检查时应该对心力衰竭的特征性表现给予重视，早期发现可疑病例。

1. 临床症状及体征　心力衰竭最常见的症状包括呼吸困难(以端坐呼吸、夜间阵发性呼吸困难最为常见、特异性高)，乏力，运动受限，肺循环、体循环淤血，颈静脉压力升高。可出现夜尿、厌食、腹胀与腹部不适、便秘及神经症状如意识模糊、头晕、记忆力障碍等非典型症状。心功能的恶化程度通常与时间不平行，且其严重程度与潜在心脏问题的严重程度也可能不完全相符，即心脏严重损害者可能仅有轻微症状，反之亦然。

水肿，颈静脉压升高，心尖搏动移位，额外心音，胸部摩擦音、肺部啰音、反常呼吸运动，易疲劳，肝肿大、肝充血等的特异性也高于敏感性。

2. 诊断要点　患者的病史、临床症状与体征是诊断慢性心力衰竭的主要依据，但部分患者需要结合辅助检查确定诊断并对其预后进行综合评估。若条件允许，应将心电图检查、胸部X线片、血液学检查（电解质、尿素氮、肌酐、估算的肾小球滤过率、甲状腺功能、肝功能、血脂、血糖、全血细胞计数等）、尿液分析以及呼气功能检查等作为拟诊慢性心力衰竭患者的常规检查内容。超声心动图与BNP/NT－proBNP对于确诊慢性心力衰竭具有重要价值，在临床应用时需注意以下事项。

(1) 心力衰竭是一个复杂的临床综合征，由任何使心室充盈或射血能力下降的器质性或功能性心脏异常所致。心力衰竭的主要表现有呼吸困难和疲乏，它可使活动耐受性受限，以及体液潴留，后者可致肺脏和外周水肿。这两种异常能降低患者的活动能力及生活质量，但它们不一定同时为临床的主要表现。

(2) 目前临床上采用的BNP和N端－pro脑钠肽（N－terminalpro－BNP）水平的升高均由心室肌壁的应力升高引起，但半衰期较长，故不能反映出左心室充盈状况的急剧变化。BNP＞400 pg/mL或NT－proBNP＞2 000 pg/mL，在2周内行超声心动图和经专家评估病情；BNP100～400 pg/mL（29～116 pmol/L）或NT－proBNP400～2 000 pg/mL（47～236 pmol/L）者，应在6周内做超声心动图及经专家临床评价，以明确诊治；BNP＜100 pg/mL（＜29 pmol/L）或NT－proBNP＜400 pg/mL（＜47 pmol/L）且未行心力衰竭治疗，可初步排除心力衰竭。

(3) 心力衰竭确诊后，应评估其严重性、病因、诱因、心脏功能障碍类型及可逆性因素等。

二、慢性心力衰竭的评估

1. 临床评估　心力衰竭最常见的症状包括呼吸困难、乏力、运动受限、血液淤滞，其中端坐呼吸、夜间阵发性呼吸困难的特异性较高，但敏感性低。呼吸困难的敏感性高于特异性，其中端坐呼吸与夜间阵发性呼吸困难的特异性高于敏感性。其他症状包括夜尿、厌食、腹胀与腹部不适、便秘及神经症状如意识模糊、头晕、记忆力障碍，但特异性不强。心功能的恶化程度通常与时间不平行，且其严重程度与潜在心脏问题的严重程度也可能不完全相符，即心脏严重损害者可能仅有轻微症状，反之亦然。

2. 病程评估

(1) 心力衰竭的初始评估：仍然强调应用NYHA心功能分级评价心力衰竭程度，并提倡联合应用6 min步行试验和运动试验对患者进行综合评价。强调BNP不能单独用于确定或排除心力衰竭的诊断，测定BNP有助于紧急情况下需要确定心力衰竭的诊断并进行处理，以及进行危险分层时应用。

理清各种心脏病的病因线索，如冠心病、高血压病、瓣膜性心脏病、心肌病和先天性心脏病。询问是否吸烟，有无血脂异常、睡眠呼吸障碍、胸部放疗史、接触心脏毒性药物（包括抗肿瘤药物等）病史。询问有关违禁药物使用史和酒精摄入量。应特别关注非心脏疾病，例如结缔组织病、细菌性或寄生虫感染、肥胖、甲状腺功能亢进或减退、淀粉样变以及嗜铬细胞瘤等病史。根据临床症状及体征判断患者左心衰、右心衰或全心衰。

(2) 发展阶段的评估：所有慢性心力衰竭患者均需行心功能的临床评估，监测血流动力学、心率、认知及营养状态、药物回顾、血清尿素、电解质、肌酐、表皮生长因子受体等。一般情况下，左室功能不全的患者以如下三种方式之一就诊：具有运动耐受性降低的症状；体液潴留的症状；无症状，偶然发现的左室功能不全。

完整的病史采集和体格检查是评价器质性异常或发生心力衰竭原因的第一步。尽管病史和物理检查可提供心脏异常特性的重要线索，识别导致心力衰竭的器质性异常一般需要心脏结构的有创或无创影像检查。在评价心力衰竭患者时单一最有价值的诊断检查为二维超声心动图并多普勒血流检查。其他检查可提供有关心脏异常的性质及程度的资料。核素心室显影可提供高度准确的心脏大体及局部功能的测量，并评价心室扩大，但它不能直接评价瓣膜异常或心脏肥厚。胸片和 12 导联心电图被认为在大多数患者中可提供资料，但因敏感性和特异性差，两者都不能作为决定心力衰竭发生的特定心脏异常的主要基础。

治疗慢性心力衰竭需根据专家的指导意见，故建议心力衰竭患者住院治疗，患者临床症状稳定、治疗方案优化后出院，还应考虑患者及家属的依从性、社区基本治疗条件等。BNP 水平与心力衰竭的严重程度和 NYHA 心功能分级相平行，治疗好转时，BNP 水平下降，但需要重视的是，BNP 不能指导药物剂量的调整。

(3) 预后评估：一旦导致心力衰竭发生的器质性异常的原因被确定，医生应着重于患者的临床评价，对于治疗的合理选择及监测非常重要。包括功能的评价、容量状态的评价、实验室评价及预后的评价。

1) 容量状态评价：短时间内体重增加是评价液体潴留的可靠指标。每次随诊应记录体重，注意颈静脉充盈程度、肝颈静脉回流征、肺和肝淤血的程度(有无肺部啰音、肝脏肿大)，检查下肢和骶部水肿、腹部移动性浊音，以判断有无腹水。

2) 实验室评价：BNP 测定有助于心力衰竭诊断和预后判断。慢性心力衰竭包括症状性和无症状性左室功能障碍患者血浆 BNP 水平均升高。血浆 BNP 可用于鉴别心源性和肺源性呼吸困难，BNP 正常的呼吸困难基本可除外心源性。血浆高水平 BNP 预示严重心血管事件，包括死亡的发生。心力衰竭经治疗，血浆 BNP 水平下降提示预后改善，心力衰竭治疗后 NT - proBNP＜200 ng/L 提示预后良好。BNP 长期在 100～400 ng/L 之间还应考虑其他原因，如肺栓塞、慢性阻塞性肺部疾病、心力衰竭代偿期等。

3) 评价方法：NYHA 心功能分级将心力衰竭作为临床综合征来分级(图 3 - 2)。

A 期和 B 期患者无心力衰竭症状，仅有心力衰竭的危险因素(A)和心脏结构改变(B)，C 期患者既往或现有心力衰竭症状，D 期为难治性终末期心力衰竭。尽早开始临床干预，阻止心力衰竭的进展。新的分期属于稳定的分期系统，能客观地评估病情的进展，且除非针对不同分期的病情采取治疗措施，使病情发展减慢或停止，否则病情只会向下一期进展。

A 期：在患者发生器质性心脏病前，定期检查以发现致心力衰竭的危险因素，如高血压病、动脉粥样硬化性血管病、糖尿病、甲状腺病、使用心脏毒性药物史、酗酒史、风湿热史、心肌病家族史等。

B 期：近期或既往有心肌梗死、左心室功能不全和严重心瓣膜病等器质性心脏病，患

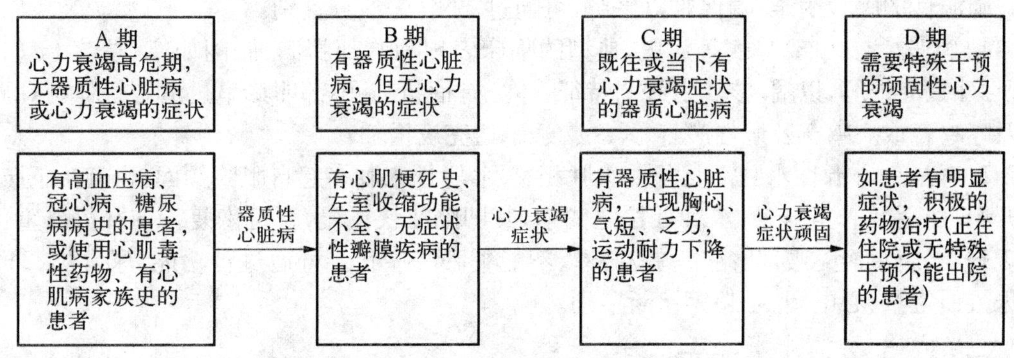

图 3－2　NYHA 心功能分级

者无症状，但有发展为心力衰竭的危险。通过减少对心脏的其他损害，阻止左心室功能不全的进展而预防心力衰竭的发生。

C 期：有器质性心脏病并有心力衰竭症状的患者。

D 期：终末期顽固性心力衰竭患者。

第四节　心力衰竭的中医辨证分型

心力衰竭的临床表现主要为胸闷心悸、气短、乏力、肢体浮肿等，因此心力衰竭可列属于中医“心悸”“喘证”“痰饮”“水肿”“胸痹”等范畴，但并不等同。

心力衰竭的发生主要是心脏本身病变或其他脏器病变累及于心，使心气不足，累及阴阳，无力鼓动血行，导致血液瘀阻脉中，而水、痰、瘀等病理变化进一步使心阴心阳受损，形成恶性循环。所涉及脏器以心为主，连及肾、脾、肺、肝。慢性心力衰竭多属本虚标实或虚实夹杂之证，本虚为心气虚、心阳衰，病久气阴两虚，阴阳虚损；标实主要是气滞、血瘀、痰饮、水湿为患，以血瘀多见。本虚与标实之间相互作用，相互影响，互为因果。

一、心力衰竭的中医鉴别诊断

1. 支饮　支饮多系部分慢性咳嗽经久不愈，逐渐加重而成，病势时轻时重，主要表现为呼吸困难、烦躁不安、乏力、胸痛、心悸、腹胀等症状；常伴发热、面色苍白、唇甲紫暗、出汗、肢体浮肿或腹水等，发作与间歇界限不清。有颈静脉怒张、心界扩大且随体位变化、心动过速、心音遥远、脉压小、奇脉、肝脏肿大、肝颈静脉回流征阳性，并可有腹水等体征。X 线及心电图、心脏 B 超、心包穿刺可明确诊断。

2. 胸痹　心力衰竭常为胸痹、心悸等病的发展，结合患者病史，当出现气喘不能平卧，下肢水肿，出现明显的心界扩大等时，应有心力衰竭的诊断。胸痹突然发病，左侧胸膺或膻中处突发憋闷而痛，疼痛性质为灼痛、绞痛、刺痛或隐痛、含糊不清的不适感等，疼痛常可窜及肩背、前臂、咽喉、胃脘部等，时作时止，反复发作。持续时间短暂，一般几秒至数十分钟，经休息或服药后可迅速缓解。常因情志波动、气候变化、多饮暴食、劳累过度等而诱发。结合心电图、运动平板试验结果，动态观察及血清酶学等检查，以进一步明确诊断。

3. 哮病、喘证　哮为一种反复发作的独立性疾病，喘证并发于急慢性疾病过程中，无基础心脏病病史，以发作性喉间有哮鸣声为特征，哮病日久可形成肺心病而出现心力衰竭。肺源性的呼吸困难，喘促难以平卧，可通过 BNP 等检查鉴别。

4. 肺胀　有久咳、哮病等病史，典型的临床表现为胸部膨满、胀闷如塞、喘咳上气、痰多及烦躁、心悸等，以喘、咳、痰、胀为特征，体征有桶状胸、肺部叩诊呈过清音等体征，肺部闻及哮鸣音或痰鸣音及湿性啰音，X 线胸透示透亮度增加。

5. 肾水　心源性水肿需与肾性水肿相鉴别，肾性水肿多起自眼睑颜面，也有从下肢足胫开始，而后及于全身者，水肿处按之凹陷，其凹陷或快或慢，皆可恢复。如肿势严重，可出现胸水、腹水而见腹部膨胀、胸闷心悸、不能平卧等症状。可通过肾功能、尿常规、24 小时尿蛋白定量、心电图、心超等诊断鉴别。

二、心力衰竭的辨证要点

1. 辨病情　心力衰竭的临床辨证应结合引起心力衰竭原发疾病的诊断，以提高辨证准确性，如功能性心律失常所引起的心力衰竭，多属心虚胆怯，心神动摇；冠心病心力衰竭，多为气虚血瘀，或由痰瘀交阻而致；心肌病引起的心力衰竭，多由邪毒外侵，内舍于心，常呈气阴两虚、瘀阻络脉证。

2. 辨虚实　心力衰竭证候特点多为虚实夹杂，虚者指脏腑气血阴阳亏虚，实者多指痰饮、瘀血、水邪之类。辨证时，要注意分清虚实的多寡，以决定治疗原则。气血阴阳的亏虚，以心为主，不离乎五脏，而五脏之辨，又不外乎气血阴阳。故对虚劳的辨证应以气、血、阴、阳为纲，五脏虚候为目，所以各种原因所致的虚损往往互相影响，由一脏虚损渐致两脏虚损，使病情趋于复杂和严重，辨证时应加注意。

3. 辨脉象　观察脉象变化是心力衰竭辨证中重要的客观内容，常见的异常脉象如结脉、代脉、促脉、涩脉、迟脉，要仔细体会、掌握其临床意义。临床应结合病史、症状，推断脉症从舍。一般认为，阳盛则促，数为阳热，若脉虽数、促而沉细、微细，伴有面浮肢肿、动则气短、形寒肢冷、舌淡者，为虚寒之象。阴盛则结，迟而无力为虚，脉象迟、结、代者，一般多属虚寒，其中结脉表示气血凝滞，代脉常为元气虚衰、脏气衰微。凡久病体虚而脉象弦滑搏指者为逆，病情重笃而脉象散乱模糊者为病危之象。

4. 辨有无兼夹病证　心力衰竭一般均有较长的病程，辨证施治时还应注意有无兼夹病证，尤其应注意下述 3 种情况：① 因病致虚、久虚不复者，应辨明原有疾病是否还继续存在。如因瘀血或瘀结致虚者，原发疾病是否已经治愈。② 有无因虚致实的表现。如因气虚运血无力，形成瘀血；脾气虚不能运化水湿，以致水湿内停等。③ 是否兼夹外邪。心力衰竭患者由于卫外不固，易感外邪为患，且感邪之后病情加重，不易恢复；治疗用药也与常人感邪有所不同。若有以上兼夹病证，在治疗时应分别轻重缓急，予以兼顾。

三、心力衰竭的辨证分型

心力衰竭中医证型可概括为心肺气虚、气阴两亏、心肾阳虚、气虚血瘀、阳虚水泛、痰饮阻肺、阴竭阳脱 7 种基本证型。

1. 心肺气虚　气虚是心力衰竭最基本的病机，在气虚的基础上可以进一步发展，首要的是心肺气虚。心气是推动血液在血脉中运行的动力，心气充沛，才能保证心血的正常搏出，使血液周流不息，营养全身，内至五脏六腑，外达四肢百骸。若心气虚衰，则心推动血液运行无力，周身失养而出现心功能下降，同时肺气失司，百脉不能朝肺，肺失肃降。主症可见气短、动则尤甚、乏力、自汗、脉沉，心失所养，故心悸不宁，舌质淡、脉细弱。

2. 气阴两亏　心气心阳不足，日久多致阴伤，煎熬肝肾之阴，上及肺胃之津，气阴两亏。主症可见患者除气虚之症外，尚有心悸怔忡，喘促短气，动后尤甚，五心烦热，两颧暗红，口干，喜冷饮，舌红苔少，脉弱或细或虚数。

3. 心肾阳虚　若气虚日久，则进而发展至阳虚，心肾气旺，血液循脉正常运行，不致溢于脉外；若心肾阳气不足。鼓动无力，必致血行不畅而成瘀。肾为先天之本，各脏阴阳之根本，慢性心力衰竭程较长，病情反复，缠绵难愈，心肾阴阳亏虚。主症可见喘促，心悸，气短，尿少，下肢浮肿，祛寒神疲，四肢厥冷，面色淡白，少气懒言，舌淡苔白，脉沉细或弱，或结代。

4. 气虚血瘀　心主血脉，心气虚帅血无力，血行不畅而瘀滞可致血脉瘀阻。主症可见胸闷胸痛，心前区刺痛，心悸，面色黯、唇甲及舌质紫暗、舌有瘀点舌下脉络瘀曲，胁下痞块，颈静脉怒张，肢端不温，脉细、涩或结代。

5. 阳虚水泛　“脾主运化”“肾主气化”，脾肾阳虚，不能运化水湿，阴水泛滥肌肤，发为水肿；上凌于心则心悸怔忡。脾肾阳虚，进一步累及肾脏，肾气内伐，不能化气行水，膀胱气化失常，开阖不利，导致尿少肢肿。主症可见水肿，肿势自下而起，胸水，腹水，病久缠绵反复，常伴咳喘、呼吸困难、不能平卧、胸闷气短、腹胀纳呆、乏力、尿少肢肿，舌暗淡苔白滑，脉沉细数。

6. 痰饮阻肺　脾气亏虚，运化失司，水湿停聚难行，聚成痰饮上泛于肺则肺喘咳，上凌于心则心动悸。病久肾虚失于摄纳，气逆而上发为喘。主症可见患者胸脘痞满，恶心呕吐，呼吸短促难续，深吸为快。其喘，轻则短气，动则尤甚；重则喘逆倚息不得卧，呼吸短促难续，深吸为快，咳吐白色，甚则粉红色泡沫痰，舌淡苔腻，脉滑或沉细或结代。

7. 阴竭阳脱　心力衰竭日久心阳虚衰，脾肾阳虚，气虚阳损及阴，阳脱阴竭，阴阳离决，精气乃绝。主症可见患者爪甲、口唇青紫，舌有瘀斑，或面色青白，大汗淋漓，喘息难卧，呼吸微弱，呼多吸少，水肿，烦躁不安，汗出如油或汗出如珠，四肢逆冷，昏聩谵妄，舌绛而萎，脉微欲绝，或散、或涩、或浮大无根。

第四章　心力衰竭的基础治疗

自1785年洋地黄制剂用于心力衰竭的治疗以来，人们治疗心力衰竭已历经两百余年，随着人们对心力衰竭病理生理机制研究的不断深入，认识到神经-内分泌过度激活是慢性心力衰竭发生发展的重要因素，纠正心力衰竭时的血流动力学异常，缓解症状的短期治疗，并不能改善患者的长期预后和降低死亡率。心力衰竭治疗的策略发生了根本性的转变，即从20世纪50～80年代的纠正血流动力学异常，转变为修复衰竭心肌的生物学性质，治疗心力衰竭不仅局限于缓解症状，而必须从长计议，采取综合治疗措施，包括病因治疗(原发病的防治)，调节心力衰竭的代偿机制(如拮抗神经-体液因子的过度激活)，缓解心室功能异常(如减轻心脏负荷)等。

心力衰竭患者的治疗目标是：① 降低死亡人数，提高存活率。即采取各种治疗措施，减少患者的死亡数，提高生存率。② 提高生活质量，减少病残率。即经积极治疗后，患者的心脏功能改善，运动耐量增加，提高生存质量。

第一节　心力衰竭的病因治疗

许多心脏病均可引起心力衰竭，心力衰竭的病因包括基础病因和诱发因素。病因治疗是防止心力衰竭的关键，及时有效的病因治疗，可显著改善心力衰竭的预后。

一、基础病因的治疗

1. 高血压病　高血压性心脏病是心力衰竭的常见原因之一，在人群中积极开展高血压病的普查、普治，可预防高血压性心脏病的发生。对已有高血压病的患者，应积极采取非药物疗法(如限盐、体育锻炼、减轻体重、戒烟酒、降血脂及精神调节和心理卫生等)及有效的降压药物治疗，对继发性高血压应积极采取内外科疗法，去除病因，预防高血压性心脏病的发生。原发性或继发性高血压，用血管扩张剂、钙拮抗剂、β受体阻滞剂及血管紧张素转化酶抑制剂等控制血压，对于代偿期心力衰竭，可延缓其进程；对于失代偿期心力衰竭，可缓解其症状，改善其预后。

2. 冠心病　目前冠心病已成为心力衰竭的重要原因，因此应积极消除冠心病的易患因素，如戒烟、戒酒、减肥、防治高血压、控制糖尿病以及纠正高脂血症等。针对冠心病的治疗，通过扩张冠脉血管，增加心肌血供，改善心肌缺血，从而改善心脏功能。如有条件应积极开展经皮冠状动脉腔内血管成形术(PTCA)、冠状动脉斑块旋切术、激光血管成形术及冠状动脉内支架植入性治疗和冠状动脉旁路手术，使冠心病的血供获得重建，显著增加冠脉血流量，并改善心力衰竭症状及预后，这些方法是目前防治冠心病所致心力衰竭的有效措施。如发生心肌梗死，应尽早溶栓治疗，有条件的单位应开展紧急PTCA，或者冠状动脉旁路移植术等。

3. 感染性疾病　感染性心内膜炎、乙型溶血性链球菌所致的风湿性心瓣膜炎、肾盂肾炎等均应及时使用抗生素进行治疗；对于风湿性心脏病，必要时还可应用肾上腺皮质激素加强治疗效果，通过原发病的治疗，其并发的心力衰竭得以控制。

4. 甲状腺功能亢进症　可根据病情轻重，选用抗甲状腺素治疗。甲状腺功能减低症，则用甲状腺激素替代治疗。

5. 瓣膜性疾病　对于风湿性心脏瓣膜病、先天性心瓣膜狭窄可采用球囊扩张成形术解除瓣膜狭窄，纠正异常的血流动力学，使心力衰竭缓解或治愈。

6. 先天性心脏病　对于动脉导管未闭、房间隔缺损等左向右分流的先天性心脏病所致的心力衰竭，如有适应证可实施经皮穿刺导管留置术，使其缓解或根治。

二、诱发因素的治疗

心力衰竭应贯彻“预防为主”的方针，据统计，50％～90％的心力衰竭可找到诱发因素。去除诱因有助于心力衰竭的控制。许多心脏病患者，只有在诱因持续存在时才发生心力衰竭，因此千方百计地寻找、确定、避免及去除诱发因素，是预防心力衰竭发生的关键。

1. 控制各种感染　感染可诱发和加重心力衰竭。同时心力衰竭极易合并感染，其中又以呼吸道感染最多见。溶血性链球菌所致的扁桃体炎、咽峡炎等感染可引起风湿热，对于有慢性风湿性心脏病的患者，可引起风湿活动的反复发作，其结果均能诱发或加重心力衰竭。上呼吸道感染、慢性支气管炎合并感染，是慢性肺源性心脏病及冠心病发生心力衰竭的重要诱因，除用有效抗生素及止咳祛痰等措施，缓解期应根据身体状况进行力所能及的锻炼，以增强身体抵抗力。有条件的在易感季节（冬、春季）可酌情应用转移因子、丙种球蛋白等，以提高机体的免疫力，预防呼吸道感染。

2. 治疗心律失常　当心脏病患者发生心律失常时，应迅速给予纠正，使之恢复正常窦性心律，或使过快、过缓的心室率控制在安全范围，以防心力衰竭的发生。

如为快速性心房颤动，应立即给予毛花苷C静注控制心室率，后改为口服地高辛维持。对心室率不能控制的顽固性心力衰竭患者，可加用钙拮抗剂或小剂量β受体阻滞剂。若心房颤动的患者心室率仍不能控制，评估显示快速心房颤动成为心力衰竭持续的主要诱因时，可考虑实行电复律，并对原发性心脏病进行处理，尤其警惕是否有并存的甲状腺功能亢进。对阵发性室上性心动过速，可先予机械性刺激迷走神经疗法，无效时再酌情给药（异搏定、毛花苷C、ATP等）。

缓慢型心律失常也可诱发心力衰竭，如严重房室传导阻滞等，除对原发病因进行积极处理外，可先用阿托品或异丙肾上腺素，无效或病情危重患者（引起急性心源性脑缺血综合征或休克），可安装人工心脏起搏器治疗。

3. 纠正电解质紊乱与酸碱平衡失调　电解质紊乱与酸碱平衡失调是心力衰竭重要且常见的诱发因素之一，且可影响心力衰竭治疗药物的疗效，增加洋地黄、抗心律失常药物的致心律失常作用。还可以加重心力衰竭，增加恶性心律失常及猝死的发生率。临床以低钾血症、低镁血症及代谢性酸中毒为主要表现，应积极预防和纠正。

4. 纠正或停止各种不恰当用药　以下3种药物可以加重心力衰竭的症状，在大多数患者中应当避免使用：① 一类抗心律失常药物，具有明显心脏抑制作用和促心律失常作用，可以使用的药物中，只有氨碘酮，对于存活率没有不良影响；② 钙拮抗剂（维拉帕米、地尔硫卓片、第一代双氢吡啶类制剂），可以使心力衰竭恶化，增加心血管病事件的危险，可以使用的药物中，只有氨氯地平和非氯地平，对于存活率没有不良影响；③ 非甾体抗炎药，可以导致钠潴留和外周血管收缩，降低利尿剂和血管紧张素转化酶的疗效，增加其毒性。此外，治疗心力衰竭的洋地黄类制剂，使用剂量个体差异较大，缺氧、电解质紊乱、感染等可出现洋地黄中毒，应立即停用、补充钾盐，必要时使用苯妥英钠，该药能与洋地黄竞争性争夺 Na^{+} - K^{+} - ATP 酶，起到解毒的效应。

5. 积极治疗其他基础疾病　若伴发其他系统疾病，如肺、肝、肾疾患及肿瘤等疾病时，应积极治疗原发病。

原有其他心脏病的患者合并贫血时，可诱发心力衰竭。严重贫血可发生贫血性心脏病。除对引起贫血的原发病（如溃疡病、痔疮、妇科病、慢性腹泻及再生障碍性贫血等）进行治疗外，对缺铁性贫血，应给予铁剂治疗。营养不良性贫血者可给予维生素 B_{12} 及叶酸治疗。再生障碍性贫血，应进行中西医结合的综合治疗。严重贫血需要输血时，应避免大量及快速输入，有条件者可输入浓缩红细胞，以免诱发急性肺水肿。

第二节　心力衰竭的一般治疗

一、改善生活方式

通过改善生活方式，有利于慢性心力衰竭患者的康复，还可以降低新的心脏损害的危险性。

1. 休息和运动训练　慢性稳定性心力衰竭的患者不鼓励休息，而只有急性心力衰竭或慢性心力衰竭不稳定期，才需要限制体力活动或卧床休息，同时应当采用被动的活动，以预防长期卧床的不良影响和深层静脉血栓的危险，一旦患者的临床症状有所改善，就应当进行呼吸锻炼和运动锻炼。运动锻炼可明显改善左心功能减退和患者运动耐力，减轻劳累症状，而对左室几何形态与收缩性并无负面影响。

慢性心力衰竭的心脏运动康复存在着一定的风险，在运动康复之前，首先对住院患者和院外患者，根据康复禁忌证排除标准进行筛选，以最小风险获得最大收益。禁忌证：① 不稳定型心绞痛；② 静息时收缩压＞200 mmHg 或静息时舒张压＞110 mmHg，应逐个病例评估；③ 体位性血压降低＞20 mmHg，并伴随症状；④ 严重主动脉狭窄（收缩压峰值梯度＞50 mmHg，且对于中等体型的个体主动脉瓣口面积＜0.75 cm^2）；⑤ 未控制的室性心动过速（＞120 次/分）；⑥ Ⅲ度房室传导阻滞（未安装起搏器）；⑦ 失代偿的心力衰竭；⑧ 血栓性静脉炎。

慢性心力衰竭患者的有氧运动方案目前多提倡三期锻炼方案。Ⅰ期是间断运动锻炼，可先行慢走运动，运动强度建议为 25%～60%的 $VO_{2\,max}$（VO_2＝心排血量×动静脉氧差）。患者也可根据自己的兴趣选择不同的运动方式。运动频率一般为每周 3～4 次，每次 15 min，为期 3 周。Ⅱ期是完成Ⅰ期锻炼后，心力衰竭患者运动耐量逐渐增强，此时选择中等强度的运动，应重新测定最大氧耗量，以新的 $VO_{2\,max}$ 的 60%为起始量，根据患者的耐量逐步增加运动的时间和强度，为期 4～6 周。患者顺利完成Ⅰ、Ⅱ期运动计划，进行安全性评估，进入Ⅲ期家庭运动计划，医师给予定期随访并记录。

2. 控制体重　患者应当定期测量体重，每天或每周 2 次，如果在 3 天内，体重突然增加超过 2 kg，则应当向医护人员咨询或调整利尿剂剂量。例如，持续体重增加，应适当增加利尿剂剂量。

3. 限制饮酒　虽然目前尚无确切证据表明饮酒与慢性心力衰竭之间的关系，但由于乙醇对心肌有抑制作用，因而不论慢性心力衰竭患者的病因如何。均应常规禁止大量饮酒，酒精性心肌病的患者禁止摄入酒精。对于非乙醇性心肌病患者，可以摄入适量的酒精，每日量也不应超过 1 杯。

4. 戒烟　慢性心力衰竭患者应当长期戒烟，鼓励使用帮助戒烟的方法，包括尼古丁替代治疗。

二、钠盐水分摄入管理

减少饮食中钠盐的摄入，是慢性心力衰竭患者的基本治疗手段。2013 年美国 ACCF/AHA 心力衰竭指南时指出，心力衰竭患者是否限盐是一个有争议的问题。限盐本身可以逆转左室肥厚，有助于缓解充血相关的症状，将降低心血管事件和卒中的风险高达 20%。控制摄盐量在严重心力衰竭患者比轻度心力衰竭患者更重要。心力衰竭的代偿阶段，患者应遵从 AHA 的推荐，限制钠的摄取＜1 500 mg/d，约为食盐＜4 g/d，中国人的摄盐多在 6～8 g/d。重度慢性心力衰竭患者，同时应限制水分的摄入，患者的水分摄入应控制在 1.5～2.0 L/d。对那些年龄较大、体质虚弱或高度营养不良者，过度限钠可能导致食欲低下或营养不良。持续利尿和限盐也可使患者严重脱水，运动耐力下降。

食用盐的替代品应当小心，因为可能含有钾。如果摄入量较大，加上合并使用血管紧张素转化酶抑制剂，可能导致高钾血症。

三、氧疗的正确使用

氧疗的目的是首先保证在细胞水平有足够的氧浓度，以预防终末器官功能不全和发生多器官衰竭。因此，维持 SaO_2 在正常范围（95%～98%）对血氧充分弥散到组织及组织氧合具有重要意义。对于 SaO_2 在正常范围（95%～98%）的无低氧血症患者，呼吸室内空气或鼻导管给氧。对于 SaO_2 在 90%～95%的轻度低氧血症患者，首先必须保证气道通畅，然后给予高流量吸氧（5 L/min），鼻导管或面罩吸氧维持 SaO_2 在正常范围。经过上述治疗，SaO_2 仍在 90%以下的低氧血症患者，及时给予无创通气 CPAP 和 MPPV，以增加肺泡内压力，减少液体入肺泡内压力，减少液体入肺泡毛细血管渗出，改善通气/血流比值，同时给予 20%～30%乙醇湿化给氧，因乙醇能减低肺泡内泡沫的表面张力，使泡沫破裂消散，从而改善肺部气体交换，迅速缓解缺氧症状。无创通气仍不能纠正低氧血症的患者，可以行气管内插管机械通气，提高抢救成功率。

慢性心力衰竭稳定期并非氧气治疗的适应证，但对伴严重睡眠低氧血症患者，夜间给氧可减少 Cheyne-Stokes 呼吸，减少低氧血症的发生，肺心病患者长期氧疗可以降低死亡率。

第五章　心力衰竭的药物治疗

慢性心力衰竭的治疗，在过去十年中已有了非常值得注意的转变，从短期血流动力学/药理学措施转为长期的修复性策略，目的是改变衰竭心脏的生物学性质。大多数心力衰竭患者，常规使用4类药物：利尿剂、ACEI、β受体阻滞剂和洋地黄制剂，其中洋地黄制剂为常用药物。这些药物的作用已经在许多大规模临床试验中得到证实，使用中的主要问题是能否充分有效地使用。

第一节　正性肌力药物在心力衰竭治疗中的应用

洋地黄类药物又称为强心苷类药物，本类药物主要从洋地黄类植物中提取，是一类选择性作用于心脏，增强心肌收缩力的药物。应用于心力衰竭，已有两百余年，是唯一被美国FDA确认能有效地治疗慢性心力衰竭的洋地黄制剂，目前应用最为广泛。常用药物有洋地黄毒苷、地高辛、去乙酰毛花苷、毒毛花苷K。

一、洋地黄治疗心力衰竭的机制

1. 洋地黄的正性肌力作用　洋地黄可以显著加强心肌收缩性，增加心输出量，该作用是剂量依赖性的。在等容收缩期时，心腔内压力上升速度增快，代表左心室功能的Frank-Staling曲线向上向左移动，心搏输出量增加，射血速度加快，收缩末期排空完全，有利于心室充盈及增加心排血量。

Na^+-K^+-ATP酶是一种分子结构的膜蛋白，承担钠泵功能，转移细胞内外离子，伴随而产生具有强能量的ATP磷酸酶。所有洋地黄制剂都是通过抑制Na^+-K^+-ATP酶的活性，抑制Na^+、K^+膜转换功能，从而增加细胞内Na^+的浓度，增加Na^+的活性，促进Na^+、Ca^{2+}交换，增加Ca^{2+}内流，增加细胞内Ca^{2+}的浓度和活性，发挥其正性肌力作用。

2. 洋地黄减慢窦性心率的作用　此作用是由正性肌力作用继发的，应用强心甘后心输出量增加，反射性地兴奋迷走神经，同时交感神经张力下降，从而抑制窦房结引起心率减慢。治疗量的强心苷对正常人的心率影响小，但对心率加快及伴有心房颤动的心功能不全患者则可显著减慢心率。

3. 洋地黄对自主神经系统的作用　洋地黄增加动脉压力感受的敏感性，使传入信号加大，增加迷走神经兴奋而减弱交感神经的传出活性，也可作用于迷走神经节，增强其传出信号。

4. 洋地黄对神经内分泌的调节作用　心力衰竭患者静脉使用洋地黄后，不仅兴奋副交感神经，抑制交感神经活动，而且尚有调整神经内分泌异常的作用。

(1) 降低血浆肾素活性。心力衰竭时使用洋地黄，能降低血浆肾素活性，从而降低血

AngⅡ和醛固酮水平。

(2) 实验证明，快速使用洋地黄或长期使用地高辛，可降低血浆去甲肾上腺素浓度，降低交感神经活性，为洋地黄治疗心力衰竭的机制之一。

(3) 促进 ANP 的分泌。ANP 具有强大的直接血管扩张和利尿作用，并能增加细胞内的环磷酸鸟苷，抑制肾素的合成，对抗 AngⅡ的血管收缩作用，和抑制醛固酮分泌的能力。洋地黄促进受体对 ANP 的敏感性，且增加 ANP 的分泌。

5. 洋地黄的利尿作用　洋地黄对于心力衰竭患者具有轻度的利尿作用，其机制可能包括以下几个方面：① 洋地黄抑制了肾小管细胞膜的 Na^+-K^+-ATP 酶，从而抑制了钠和水的重吸收，增加了排尿量；② 心功能的改善增加了心输出量，从而增加肾血流量及肾小球滤过率，使排尿增加，这可能是主要的利尿机制；③ 通过增加 ANP 的分泌及受体对 ANP 的敏感性，从而增加了 ANP 的利尿作用。

二、洋地黄类正性肌力药物的应用

1. 洋地黄类药物临床应用适应证

(1) 慢性心力衰竭：强心苷主要用于心肌收缩功能障碍而导致低排出量性心力衰竭，对伴有心房颤动或心室率快的心力衰竭疗效最佳。

(2) 某些心律失常：

1) 心房颤动：主要通过减慢房室传导，减慢心室率，增加心排血量，进而改善循环障碍，但不能从根本上终止心房颤动。

2) 心房扑动：通过缩短心房的有效不应期，使心房扑动转变为心房颤动，心房颤动可被强心苷抑制房室传导的作用阻滞，从而减慢心室率。

3) 阵发性室上性心动过速：通过增强迷走神经活性，降低心房的兴奋性而终止阵发性室上性心动过速。

2. 洋地黄类药物中毒及注意事项　洋地黄治疗量约为中毒量的 60%，容易出现中毒。传统的“洋地黄化”概念使用饱和量，患者中毒发生率可达 15%～20%，中毒后的病死率为 3%～21%。近年来随着洋地黄类药物动力学的深入研究，认识到洋地黄治疗量和收缩效应呈线性关系，作用程度和剂量成正比，提倡采用维持量疗法，使洋地黄中毒发生率下降。

有报道指出，80%的洋地黄中毒不是由于药物过量，而主要是因为患者存在许多易患因素，使心肌对洋地黄敏感性增加，机体耐受性降低所致。

(1) 基础心脏病的类型和严重程度：基础心脏病的类型和严重程度，是影响个体洋地黄过量的主要因素。在重度心力衰竭、严重局灶性缺血、弥漫性心肌炎患者，治疗量与中毒量的比例极小，易引起洋地黄中毒。

(2) 电解质紊乱：低钾是洋地黄中毒最常见的诱因，包括低钾血症和心肌细胞内低钾，特别是后者，使心肌对洋地黄的敏感性增高，常见于利尿剂治疗和继发于醛固酮增多症。镁是 Na^+-K^+-ATP 酶的激活剂，洋地黄和低镁血症可以明显抑制此酶，引起洋地黄中毒。高钙可增加洋地黄的毒性作用。

(3) 酸中毒与缺氧：各种不同原因导致的酸中毒患者，洋地黄中毒发生率较高，这可能与基础肺部疾病和缺氧以及患者常用拟交感神经药物有关。

(4) 甲状腺功能：甲状腺功能亢进，可减弱对洋地黄的敏感性；甲状腺功能减退，机体对洋地黄的敏感性增高。

(5) 合并用药：已知许多抗心律失常药，如维拉帕米、奎尼丁、胺碘酮等，通过减少地高辛排泄，或从组织中置换地高辛，从而导致血浓度明显增高。其他药物如红霉素、螺内酯、硝苯地平、硫氮䓬酮等可促进重吸收及肾清除率降低，导致洋地黄与这些药物合用时易发生中毒。

三、非洋地黄类正性肌力药物的应用

除洋地黄类药物外，20 世纪 70 年代以来，又陆续研制出五十几种其他正性肌力药物，它们在急性心力衰竭、慢性心力衰竭急性发作、难治性心力衰竭和洋地黄类禁忌的心力衰竭等的治疗中已经显示出有益的作用。

1. β受体激动剂　β受体激动剂与心肌细胞膜上β受体结合，通过G蛋白偶联激活腺苷酸环化酶(AC)，催化 ATP 生成 cAMP，cAMP 促使 L 型钙通道 Ca^{2+} 内流增加，细胞内 Ca^{2+} 浓度上升，起到正性肌力作用。

(1) 多巴胺：静注 5 min 内起效，持续 5～10 min，作用时效的长短与用量无关，半衰期为 2 min。多巴胺的药理作用与剂量密切相关，小剂量(5 μg/kg · min)主要作用于多巴胺受体，引起肾与肠系膜血管扩张，促进排尿和排钠，同时脑动脉和冠状动脉也发生扩张，周围血管阻力降低，对 $β_1$ 受体有轻度兴奋作用。中等剂量(5～10 μg/kg · min)除作用于多巴胺受体、$β_1$ 受体外，还可兴奋 $α_1$ 受体，心肌收缩力增强。大剂量(＞10 μg/kg · min)主要作用于 $α_1$ 受体，多巴胺受体、$β_1$ 受体的兴奋作用在很大程度上被抵消。多巴胺对心率影响不明显，一般不引起心律失常。

(2) 多巴酚丁胺：静注 1～2 min 内起效，10 min 达高峰稳态，血浓度与剂量成正相关，半衰期为 2 min。多巴酚丁胺强烈的选择性激动激动 $β_1$ 受体，对 $β_2$ 受体和 $α_1$ 受体的作用较弱，不激动多巴胺受体，其主要特点是增加心肌收缩力，增加心排出量，降低血管阻力。增加心率作用较弱，很少引起心律失常，本药主要用于强心苷疗效不佳的严重左心室功能不全和急性心肌梗死并发心力衰竭、心脏手术后出现的低心排血量综合征。多巴酚丁胺与多巴胺合用治疗难治性心力衰竭时，可降低用药剂量，减少各自的副反应。

2. 磷酸二酯酶抑制剂　氨力农为二吡啶类衍生物，静注后 2 min 起效，10 min 内作用达高峰，血浆分布半衰期为 4～6 min，作用可持续 60～90 min。通过抑制磷酸二酯酶，增加心肌细胞内 cAMP 浓度，呈现正性肌力和舒张外周血管效应，从而改善心力衰竭患者的血流动力学。氨力农仅限于洋地黄、利尿剂或血管扩张剂等常用药物治疗无效患者的短期治疗。

静脉注射，每次 0.75 mg/kg，每日 1～2 次，单次剂量不超过 2.5 mg/kg。静脉滴注，首先静脉注射 0.75 mg/kg，一般不超过 50 mg，然后 5～10 mg/kg · min 的速度静脉滴注维持，必要时 0.5 h 后再静注 1 次，每日可滴注 10 h，总剂量为 3.6～6 μg/24 h，总量不超过 10 mg/kg。

米力农具有正性肌力和扩血管作用，其扩血管的作用是氨力农的 20 倍。米力农可使左室舒张末压下降，PCWP 下降，右房压下降，外周血管阻力下降，心输出量增加，心脏指数增加，肾血流量增加，改善肾功能，有利尿消肿作用，无药物性血小板减少症发生。和氨力农同属二吡啶类衍生物，口服以后 30 min 起效，达峰时间为 1～3 h，作用可维持 4～8 h，生物利用度为 85%～92%，半衰期为 1 h，该药抑制 PDE Ⅲ的作用比氨力农强 20 倍。主要用于难治性心力衰竭，为第二线心力衰竭治疗药物。

静脉注射，每次 12.5～75 μg/kg，速度为 0.5 mg/min，静脉注射的负荷量为 50 ng/kg，维持量为 0.375～0.75 μg/(kg・min)，每日总剂量不超过 1.13 mg/kg。

3. 钙增敏剂　左西孟旦是钙增敏剂，以 Ca^{2+} 浓度依赖的方式与心肌肌钙蛋白结合而产生正性肌力作用，增强心肌收缩力，但并不影响心室舒张；同时左西孟旦可通过使 K^+-ATP 通道开放而产生血管舒张作用，使得冠状动脉阻力血管和静脉容量血管舒张，从而改善冠脉的血流供应，另外它还可抑制磷酸二酯酶Ⅲ。

左西孟旦仅用于静脉滴注，在给药前需稀释。可通过外周或中央静脉滴注给药。治疗的初始负荷剂量为 6～12 μg/kg，时间应＞10 min，之后应持续输注 0.1 μg/(kg・min)，对于同时应用血管扩张剂或(和)正性肌力药物的患者，治疗初期的推荐负荷剂量为 6 μg/kg。

第二节　利尿剂在心力衰竭治疗中的应用

利尿剂是治疗心力衰竭伴有水肿的有效药物，是任何一种有效治疗策略中的必不可少的组成部分，但单一利尿剂治疗是不够的。利尿剂通过直接作用于肾脏，抑制肾小管特定部位钠或氯的重吸收，减少心衰时钠潴留。通过降低心室充盈压(即前负荷)，而延缓心腔扩大的进展。通过增加的尿钠排泄，减轻液体潴留的体征。

常见的利尿剂有作用于 Hens 襻的襻利尿剂，如呋塞米，作用于远曲肾小管的噻嗪类，如氯噻嗪和氯噻酮，以及保钾利尿剂，如螺内酯、氨苯蝶啶、阿米洛利等。

一、呋塞米

呋塞米是治疗心力衰竭最常用的利尿剂，能产生快而强的利尿作用。呋塞米的利尿机制：① 抑制 Na^+、Cl^- 的再吸收，也抑制 Ca^{2+}、Mg^{2+}、K^+ 再吸收，这种抑制作用呈可逆性。其抑制 NaCl 重吸收的作用机制，尚不清楚，但可能与其化学结构中的阴离子基团有关。呋塞米可抑制肾小球滤过率中 25%的 NaCl 的重在吸收，尿量可达 30～40 mL/min。噻嗪类药物无效的患者，呋塞米仍然有效。② 血流动力学作用。呋塞米也能减少充血性心力衰竭患者的肺淤血和降低左室充盈压，这一作用出现在尿量增加之前，与利尿作用无明显关系，少尿的患者也仍然有效。③ 对 Ca^{2+}、Mg^{2+} 转运的影响。呋塞米不仅大量增加 NaCl 的排泄，也增加 Ca^{2+}、Mg^{2+} 的排泄，其排钙作用与噻嗪类相反，后者增加钙的再吸收，对于血钙增加的患者给予呋塞米，并同时输注生理盐水，可明显增加钙的排泄，对高钙血症患者有重要的临床意义。

二、噻嗪类利尿剂

噻嗪类利尿剂口服有效、作用较强、毒性低，是临床广泛常用的一类利尿剂，也是临床广泛使用的第一线抗高血压药。噻嗪类作用部位主要在髓襻升支粗段的皮质部和远曲小管前段，抑制 Na^+、Cl^- 和水的再吸收，通过增加肾脏对于 NaCl 的排泄而产生作用利尿作用，它只影响肾脏的稀释功能，对肾脏的浓缩功能无影响。

肾功能不全时(血清肌酐超过 2.0 mg/dL，肾小球滤过率低于 15～20 mL/min)，噻嗪类的作用明显降低，但心功能不全而肾功能正常时，其药物作用不受影响。噻嗪类对尿酸的排泄具有双向性，当血清尿酸的浓度正常时，服用小剂量噻嗪类药物，噻嗪类药物与尿酸竞争有机酸排泄通道，减少尿酸的排泄，从而使血清尿酸浓度升高，引起痛风样症状。但当高尿酸血症时，肾小球中存在大量尿酸，大剂量噻嗪类对尿酸的再吸收产生竞争性抑制作用，从而促进尿酸的排泄。

三、螺内酯

螺内酯(安体舒通)是人工合成的甾体化合物，其化学结构与醛固酮相似。螺内酯的利尿作用不强，起效慢但持久，该药口服后约 70%经胃肠道吸收，2～3 d 才能达到作用高峰，停药后作用仍持续 2～3 d。螺内酯一般用于伴有醛固酮增多的顽固性水肿，或与噻嗪类、髓袢利尿剂合用，减少 K^+ 的排泄和增强利尿效果。

螺内酯在远曲小管远端和皮质结合管与醛固酮竞争胞质内的受体，阻止醛固酮-受体复合物的形成，抑制这种复合物向细胞核的转移，干扰醛固酮的作用。抑制 Na^+ 的再吸收和减少 K^+ 的分泌。

四、氨苯蝶啶

氨苯蝶啶是苯蝶啶的衍生物。其利尿作用较弱，但具有保钾的优点，主要和噻嗪类、髓袢利尿剂合用，减少噻嗪类和髓袢类药物引起的低血压反应。氨苯蝶啶可抑制远曲小管远端和皮质集合管 Na^+ 的再吸收，减少 K^+ 的分泌，产生排钠留钾的作用，对切除肾上腺的动物仍有利尿作用，对醛固酮受体无阻滞作用。

五、托伐普坦

选择性血管加压素 V2 受体拮抗剂托伐普坦(tolvaptan)是一种新型的利尿药物。血管加压素由下丘脑合成并储存于垂体后叶，其释放主要受血浆渗透压的调节，并通过 3 种受体(V1A、V2、V1B)的介导发挥生理作用。V1A 受体促进血管收缩，增加后负荷，V1B 受体位于垂体前叶，调节促肾上腺皮质激素的释放。血管加压素结合到 V2 受体并刺激细胞内环磷酸腺苷，导致蛋白激酶 A 合成和激活以及水通道蛋白-2 插入集合管细胞的细胞膜，形成水通道，从而自由水被吸收。在正常情况下，这个作用有助于通过调节自由水的重吸收而保持血浆渗透压在正常范围内。急性心力衰竭以及慢性心力衰竭过程中，血管加压素水平的升高都可作为病死率增加的独立标志。

血管加压素受体拮抗剂最早在 20 世纪 60 年代被开发出来，但因为低生物利用度和半衰期较短未能在临床得到应用。1992 年后一系列非肽类的 V2 受体拮抗剂被研发出来，包括考尼伐坦(conivaptan)、托伐普坦、利希普坦(lixivaptan)、萨特普坦(satavaptan)、莫扎伐普坦(mozavaptan)，其中考尼伐坦、托伐普坦已在美国被批准上市用于低钠血症的治疗。

托伐普坦作为一种新型的利尿药物，与传统的袢利尿剂相比，其仅作用于水通道蛋白，减少水的重吸收而发挥利尿作用，不增加电解质排泄，不激活 RAAS，避免了袢利尿剂常见的电解质紊乱、肾功能损害等不良反应，而有可能应用于心力衰竭的治疗。

EVEREST试验是研究托伐普坦治疗慢性心力衰竭疗效的，随机、双盲、安慰剂对照试验，入选了共4 133例需住院治疗的急性心力衰竭患者，这些患者被分为两组，在标准的心力衰竭方案基础上，治疗组患者同时加用托伐普坦(30 mg/d)治疗，对照组患者则口服安慰剂治疗。试验数据显示，接受托伐普坦治疗的患者相对于对照组呼吸困难缓解更快，缓解比例更高，体质量下降、下肢水肿的改善也更明显。这些差异有统计学意义，且在治疗开始第一天即开始出现差异，并在住院期间持续存在，表明对住院患者在心力衰竭标准治疗基础上加用托伐普坦能改善疗效，且有助于更快更显著地缓解患者的心力衰竭症状。EVEREST试验同时对这些患者进行了平均9.9个月的随访，治疗组及对照组在标准治疗方案基础上至少服用托伐普坦(30 mg/d)或安慰剂60 d，研究结果显示，托伐普坦用于心力衰竭的长期治疗，对全因死亡率、心血管疾病相关的病死率或住院率既没有有利的、也没有有害的影响。

第三节　血管扩张剂在心力衰竭治疗中的应用

一、血管扩张剂用于心力衰竭的机理

心排血量的减少使交感神经、RAAS及内皮素激活，外周血管收缩，增加了心脏排血的阻力，而且，静脉收缩增加了心脏回血量，左室舒张末压、室壁张力、心肌耗氧量增加，进而降低心排血量。

血管扩张剂使外周血管扩张，降低了外周血管阻力，降低后负荷。同时不同程度地扩张静脉，减少回心血量，降低室壁张力，减轻肺淤血和PCWP。血管扩张剂可导致心脏的前后负荷减少，改善血流动力学变化，缓解心力衰竭的症状。

二、血管扩张剂的临床效应

血管扩张药是治疗慢性心力衰竭的一种辅助药物，一般应用于正性肌力药物和利尿剂治疗无效的慢性心力衰竭患者。对于肺静脉压升高、肺淤血明显的患者应选用扩张静脉为主的药物，如硝酸酯类；对于心排出量明显减少而外周阻力升高者宜选用扩张小动脉的药物，如肼屈嗪、哌唑嗪。

第四节　肾素-血管紧张素-醛固酮系统类药物在心力衰竭中的作用

充血性心力衰竭时，RAAS被激活。循环中肾素的主要释放部位是肾脏的肾小球旁器，刺激肾脏释放肾素进入体循环的因素，包括肾脏的交感传出神经活性增高、远曲小管内钠负荷减少、肾脏灌注压的降低和利尿治疗，ANP、BNP和AVP可抑制肾素的释放。肾素使血管紧张素原(由肝脏产生的四肽)，分解成无活性的十肽AngⅠ，由AngⅠ在血管紧张素转化酶的作用下，转变成八肽的AngⅡ，AngⅡ是一种强力的缩血管物质，其通过增加醛固酮分泌，直接作用于肾小管，促进钠的重吸收，口渴时作用于中枢刺激饮水，直接作用于血管平滑肌，引起血管收缩，并促进交感神经末梢释放NE。AngⅡ需要与平滑肌表面的AngⅡ受体特异性结合才能发挥生理学作用。

一、血管紧张素转化酶抑制剂治疗心力衰竭的应用

ACEI不仅可以降低病死率，还可改善心力衰竭患者一般功能状态。在心力衰竭模型中，ACEI改善心肌重塑的作用比AngⅡ受体拮抗剂更强。在临床，长期使用ACEI，AngⅡ水平得以有效控制时，可显现其带来的长期益处。

1. ACEI治疗心力衰竭的作用机制

（1）ACEI通过抑制体循环及局部组织中的AngⅠ向AngⅡ的转化，降低AngⅡ的含量，减弱AngⅡ的收缩血管、致肥厚和促生长的作用。

研究表明，组织RAS系统在心肌重塑中起关键作用。ACEI不仅抑制循环的RAS（约占15%），而且抑制组织的RAS（占85%）。当心肌受到急性损伤时，循环的RAS激活，血浆中AngⅡ水平增高。当心脏处于相对稳定状态时，循环RAS活性降低，但心脏组织RAS仍处于持续激活状态，心肌血管紧张素转化酶活性增加，血管紧张素原mRNA水平上升，AngⅡ受体密度增加。

（2）抑制缓激肽的降解，使NO和PGI2生成增多，发挥扩血管、降负荷的作用。动物实验证实，ACEI对心室重塑和生存率的有益影响，在应用ARB的实验中未能见到，且在合并使用激肽抑制剂，ACEI的有利作用基本抵消，可以说明ACEI的有益作用至少部分是由缓激肽所致。

2. ACEI治疗心力衰竭的适用范围及禁忌证

（1）适应证（表5-1）：① 所有左心室收缩功能不全（LVEF≤35%～40%）患者，除非有禁忌证或不能耐受；② 所有有症状的左室收缩功能不全的心力衰竭患者均应当使用ACEI；③ 无症状的左室收缩功能不全，纽约心脏病协会心功能Ⅰ级患者亦应使用，可预防和延缓发生心力衰竭；左室收缩功能受损但没有症状的患者长期使用ACEI也可受益；④ 在中、重度左室收缩功能不全的心力衰竭患者中使用ACEI可以明显改善生存率并改善症状，减少住院率；⑤ 适用于慢性心力衰竭（轻、中、重度）患者的长期治疗，不能用于抢救急性心力衰竭或难治性心力衰竭正在静脉用药者；⑥ 慢性心力衰竭长期使用ACEI治疗才可能减少疾病进展的危险性，降低病死率；⑦ ACEI通常与β受体阻滞剂合用（常常加上洋地黄）。没有体液潴留的情况下可以首先使用ACEI。当前或近期有体液储留而没有使用利尿剂患者，不可以同时使用ACEI和利尿剂。因为利尿剂可以维持钠的平衡，预防周围和肺水肿的发生。

表5-1 ACEI的适应证

患者特征和适应证
所有LVEF降低有症状心力衰竭患者（心功能Ⅱ～Ⅲ级）
心肌梗死后左室收缩功能异常（有或无心力衰竭症状）
左室收缩功能异常但无心力衰竭症状，亦无心肌梗死病史
舒张期心力衰竭

（2）禁忌证：① 肾脏。双侧肾动脉狭窄，只有一个肾并有肾动脉狭窄。严重心力衰竭肾小球滤过率低，尤与螺内酯合用并补钾时，可引起严重高血钾。② 心脏。主动脉狭窄（主要指瓣部狭窄）和严重的梗阻性心肌病，用ACEI可致收缩压差增大，病情恶化。严

重心力衰竭伴心绞痛和血压低者，用 ACEI 后由于血压降低而病情恶化，故应慎用。③ 妊娠。用 ACEI 可致畸胎和死胎，尤其在怀孕前 16 周期间禁用。④ 肺脏。慢性咳嗽者，使用 ACEI 可能使之加重，应慎用。此外，风湿性心脏病心力衰竭并有房颤，仍应以地高辛或β阻滞剂控制心力衰竭与心室率。若无禁忌证，应加用华法林。二尖瓣狭窄与关闭不全，应尽量手术治疗。狭窄为主的，应用 ACEI 可能无效或恶化。关闭不全为主的，用之也许有益。慢性心力衰竭的治疗是个十分棘手的问题，要早治，纠正主因与诱因。用 ACEI 应掌握好适应证和禁忌证，千万不要盲目加量，当然，也不要用量不足。由于 ACEI 可能引起首剂低血压，故应从极小剂量开始，逐渐调整，达到有效剂量或靶剂量。

3. ACEI 治疗心力衰竭的临床效应　1978 年，应用 ACEI 治疗心力衰竭的临床试验 CONSENSUS 成功地降低了心力衰竭的病死率。迄今，已有 40 余项大型临床试验证实，在利尿剂基础上加用 ACEI，能显著改善临床症状，对轻、中、重度心力衰竭均有效。而且，ACEI 能延缓心肌重构，防止心室扩大的进展，对无症状心力衰竭患者亦有效。ACEI 种类多样，按照对组织亲和力的高低依次排列为：喹那普利、贝那普利、雷米普利、培哚普利、赖诺普利、依那普利、福辛普利、卡托普利（表 5－2）。

表 5－2　治疗心力衰竭的 ACEI 抑制剂及其剂量

	起始剂量	目标剂量
卡托普利	6.25 mg，tid	50～100 mg，tid
依那普利	2.5 mg，bid	10～20 mg/d
赖诺普利	2.5～5 mg/d	30～35 mg/d
雷米普利	2.5 mg/d	5 mg，bid 或 10 mg/d
群多普利	1.0 mg/d	4 mg/d

注：表中仅列出在大规模心力衰竭临床试验使用过的 ACEI。

很多随机对照试验结果基本相同，使用 ACEI 能降低心力衰竭患者的住院率和减缓发展为严重心力衰竭的速度。在 SOLVD－P、MUNICH 和卡托普利-地高辛试验中，ACEI 能使轻度心力衰竭患者因心力衰竭住院或发展成严重心力衰竭的风险下降 32.6%～59.0%。在卡托普利多中心研究组（CMRG）试验和 SOLVD－T 试验中，ACEI 能使中度心力衰竭患者的住院率显著降低，并能显著改善患者的症状。CONSESUS 试验结果表明，ACEI 使心功能Ⅳ级患者的人数下降 31%。

ACEI 是被证实能降低心力衰竭患者病死率的第一类药物，也是循证医学证据积累最多的药物。所有 LVEF 下降的心力衰竭患者必须且终身使用，除非有禁忌证或不能耐受。前心力衰竭阶段的患者群（包括高血压病、冠心病、糖尿病、肥胖、代谢综合征、有应用心脏毒性药物史、酗酒史、风湿热史，或心肌病家族史者等酒史、风湿热史，或心肌病家族史者等）虽无心脏结构或功能异常，也无心力衰竭症状和（或）体征，但属于应考虑应用 ACEI 预防心力衰竭。

4. 临床常用的 ACEI 药物　按照药代动力学主要分为 3 类。

（1）虽以活性形式存在，但需进一步代谢转变为二巯化物才能发挥药理作用；药物原体及二巯化物均经肾脏清除，如卡托普利。

（2）前体药物如依那普利、贝那普利、西拉普利、培哚普利、喹那普利及雷米普利。依那普利通过肝脏转变为有活性的依那普利碱，这种二酸型结构经肾脏清除，或被组织摄取后对组织 ACE 活性产生抑制。福辛普利有高度脂溶性，其二酸结构被肝细胞摄取后经胆汁排泄，由于该类药物主要在肝脏水解为活性型，故肝脏功能正常与否直接影响到药理作用。该类药物起效慢，但持续时间较长。

(3) 无需代谢的水溶性化合物，如赖诺普利，不经任何代谢即有活性，在循环中亦不需要同血浆蛋白结合且以原型从肾脏清除，因此其血浆浓度主要与口服剂量、吸收率及肾脏清除率有关。

二、血管紧张素受体拮抗剂类药物在心力衰竭中的应用进展

ARB 类药物安全有效，耐受性好，有心、脑、肾保护作用，避免了 ACEI 的某些副作用，被誉为 20 世纪 90 年代心血管药物的一个里程碑。

自 ARB 问世后，在心血管疾病防治方面，究竟是优选 ACEI 还是 ARB 一直是讨论的热点。研究发现，体内存在几种独立于 ACE 的非酶途径使 AngⅠ转换成 AngⅡ，因而尽管采用了一系列治疗，但循环和组织中的 AngⅡ水平仍会持续升高，这些旁路途径涉及丝氨酸-蛋白酶抑制剂，如胃促胰酶在体内能使 AngⅠ转换成 AngⅡ(表 5-3)。

表 5-3　AngⅡ受体的分布及其与疾病的关系

部　位	作用机制及相关疾病
脑	虽然中枢神经系统因有血脑屏障保护使其免受循环 AngⅡ影响，但脑组织自身产生的 AngⅡ仍可影响中枢系统。脑部存在 AT1、AT2、AT4 受体，其中，AT1A 存在于与血压及血流控制相关的部位，故能影响血压；AT1B 存在于垂体前叶、松果体等腺体组织，故认知功能及一些行为(例如饮酒)与其有关；AT2 高度集中于丘核、下丘核、蓝斑及橄榄体等处，可抑制饮酒反射及抗利尿激素的释放，促进轴突再生，抑制神经元细胞增生；AT4 与老年高血压患者常伴随的记忆减退或痴呆有关，可影响人类记忆获得、修复及空间学习能力
心脏	AT1 和 AT2 受体在心脏及离体心肌细胞中均有表达，心肌纤维原细胞一般表达 AT1 受体，但心力衰竭时可激活 AT2。AT1 可产生强大的正性肌力和促细胞生长作用，最终导致心脏肥大及纤维化，故与高血压及心肌梗死关系密切。AngⅡ的正性肌力作用主要是通过影响 Ca^{2+} 的流动及跨膜电位而实现。有研究报道其还可改变心肌动作电位的平台期，延长平台期时程。AngⅡ的促生长作用则是通过激活 G 蛋白等不同的细胞内信号传导通路，激活烟酰胺腺嘌呤二核苷酸磷酸盐(NADPH)氧化酶、内皮生长因子、胶原沉积等，而其中内皮生长因子的激活与 AT1 受体介导的促细胞生长作用联系最为密切。大量证据显示，在原发性高血压患者中，RAS 与胰岛素耐受对左心肥厚(LVH)具有重要作用
肾脏	AT1 受体主要分布于肾小管和血管底部等处。ARB 将其阻滞可以增加肾血流量及肾小球滤过率，促进钠的排泄并抑制钠的重吸收
血管	血小板和血管壁中存在 AT1 受体，其可促进氧自由基的生成，有促纤维化、炎症反应及细胞增殖等效应，是动脉粥样硬化等多种心血管病变的重要原因之一
眼	AT1 表现出升压及促细胞生长作用。在临床上，ARB 的应用主要集中在糖尿病视网膜病变患者的治疗

ARB 因其可以完全阻断 AngⅡ与 AT1 受体结合的效应，从而阻断或改善因 AT1R 过度兴奋导致的血管收缩、水钠潴留、组织增生、胶原沉积、促进细胞坏死和凋亡等不良作用，避免了“AngⅡ逃逸现象”，同时由于避免了 ACEI 激活体内激肽释放酶-激肽系统而导致缓激肽(BK)不能灭活，引起 BK 蓄积而引起咳嗽等不良反应，临床中患者 ARB 治疗的依从性(64%)高于 ACEI(52%)。但 ACEI 在抑制 ACE 的同时，增加 ACE2 的活性，ACE2 可以使 AngⅠ代谢成 Ang(1～9)，继而生成 Ang(1～7)，后者是 RAAS 重要的生物活性物质，能使血管舒张，对抗 AngⅡ，具有扩张血管及利尿、抗增殖、抗血栓及抗纤维化作用；同时因 ARB 高度选择性地拮抗 AngⅡ与 AT1 受体，过高浓度的 AngⅡ蓄积或可通

过与其他受体结合产生许多难以预测的生理效应，有研究报道AT2受体激活可促进细胞凋亡、细胞分化、参与炎症及动脉粥样硬化等。

ACEI和ARB在心血管疾病应用方面均有充分的临床证据，但依据循证研究和指南建议，在心力衰竭及冠心病的预防及治疗方面，ACEI证据更多。目前推荐ARB用于不能耐受ACEI的高危心血管病患者，即为不能耐受ACEI咳嗽时的"替补"药物。适应证与ACEI基本相同，推荐用于不能耐受ACEI的患者。也可用于经利尿剂、ACEI和β受体阻滞剂治疗后临床状况改善仍不满意，又不能耐受醛固酮受体拮抗剂的有症状心力衰竭患者，可将ACEI改为ARB。

经美国食品与药物管理局(FDA)认证，国内外已经用于临床的8种ARB类药物分别是氯沙坦、缬沙坦、厄贝沙坦、替米沙坦、坎地沙坦、奥美沙坦酯、依普罗沙坦和阿齐沙坦酯。国内目前使用较多的是前6种。

缬沙坦、厄贝沙坦、替米沙坦及依普罗沙坦具有直接活性作用，无须转换即可起作用，而氯沙坦及坎地沙坦本身不具有活性作用，须转换才具有活性作用。氯沙坦、坎地沙坦和厄贝沙坦由肝、肾两种途径代谢，60%以上随粪便排出，余下部分随尿液排泄。替米沙坦几乎全部经过肝脏清除，其在肝脏内与葡萄糖醛酸结合，无药理作用，并快速地由胆汁排泄。缬沙坦和依普罗沙坦不依赖于肝脏的代谢，绝大部分经消化道清除，前者80%以原形随粪便排出。由于缬沙坦、依普罗沙坦和替米沙坦不经细胞色素P450同工酶代谢，因而与经该酶系代谢的药物之间相互作用的可能性很小。

三、醛固酮拮抗剂在心力衰竭中的意义

醛固酮对心肌重构，特别是对心肌细胞外基质促进纤维增生的不良影响独立和叠加于AngⅡ的作用。衰竭心脏心室醛固酮生成及活化增加，且与心力衰竭严重程度成正比。长期应用ACEI或ARB时，起初醛固酮降低，随后即出现"逃逸现象"。因此，加用醛同酮受体拮抗剂可抑制醛同酮的有害作用，对心力衰竭患者有益。

依普利酮(eplerenone)是新型醛固酮受体拮抗剂，由螺内酯衍生而来，在螺内酯的9a和11a之间引入环氧桥、将17a位的酮酰基取代为羧甲氧基团。它具有选择性抗醛固酮作用，而不影响睾酮、黄体酮及糖皮质激素的靶组织。口服依普利酮后约1.5 h血浆浓度达高峰，口服生物利用度尚不清楚；其主要在肝脏代谢，代谢产物无药理活性。

EPHESUS试验表明，对于心肌梗死后3～14 d内伴发LVEF<40%及心力衰竭的患者，在标准治疗的基础上加用依培利酮，可减少15%的全因死亡、17%的一级联合终点事件(心血管病性死亡或因心血管事件而住院)及21%的心源性猝死(sudden cardi-acdeath, SCD)。EMPHASIS-HF试验表明，对于55岁以上、NYHA心功能Ⅱ级、LVEF≤30%(或30%<LVEF≤35%伴QRS>130 mm)且正在接受ACEI、ARB或β受体阻滞剂治疗的患者，加用依普利酮可减少24%的全因死亡。对于收缩功能正常(LVEF>45%)而舒张功能不全的心力衰竭患者，在标准治疗的基础上加用利培酮25～50 mg/d，虽然能够遏制Ⅲ型前胶原氨基端肽(aminoterminal propeptide of type Ⅲ procolla-gen, PⅢNP)的升高，但对舒张功能及生活质量影响不大。

醛固酮受体拮抗剂适应证：LVEF≤35%、NYHA心功能Ⅱ～Ⅳ级的患者；已使用ACEI(或ARB)和β受体阻滞剂治疗，仍持续有症状的患者；AMI后、LVEF≤40%，有心

力衰竭症状或既往有糖尿病史者，醛固酮受体拮抗剂适用于所有伴有症状的NYHA心功能Ⅱ～Ⅳ级的心力衰竭患者，可改善预后。是继β受体阻滞剂后又一个证实能显著降低心脏性猝死并能长期使用的药物，进而使心力衰竭的治疗方案从"黄金搭档"（ACEI+β受体阻滞剂）转变为"金三角"（ACEI、β受体阻滞剂、醛固酮受体拮抗剂）。但不建议ACEI与ARB合用，不良反应多，尤其禁忌将ACEI、ARB和醛固酮受体拮抗剂三者联合。

第五节　心力衰竭时交感神经系统拮抗剂的作用

一、β受体阻滞剂治疗心力衰竭的病理生理学基础

心力衰竭是一种进行性的病变，一旦起始，即使没有新的心肌损害，临床亦处于稳定阶段，但心力衰竭仍可不断发展。治疗目标不仅是改善症状，更重要的是抑制神经-体液系统的过度激活，防止和延缓心肌重构的发展。

过去认为，由于可能干扰交感神经兴奋的代偿机制，不宜采用β受体阻滞剂治疗心力衰竭，现在认识到儿茶酚胺长期升高对心脏具有明显的损害作用，β受体阻滞剂可防止交感神经对衰竭心肌的恶性刺激，改善慢性心力衰竭患者的心室重构，降低患者病死率。

二、β受体阻滞剂治疗心力衰竭的机理

1. 抗交感神经作用　β受体阻滞剂通过阻断心脏β受体，降低交感神经张力，抑制儿茶酚胺对心脏的毒性作用，保护心肌；抑制RAAS，减轻心脏的前后负荷；逆转和减缓心肌肥厚、心肌重构和心肌纤维化；上调心肌β受体的数量，提高β受体对儿茶酚胺的敏感性，改善心肌收缩性能；减慢心率、降低心肌耗氧量等，从而治疗心力衰竭。

2. 对心脏功能与血流动力学的影响　β受体阻滞剂对心功能的影响是双向的，初期应用可减慢心率、降低心输出量、降低血压，使心功能恶化，故应注意适应证。长期用药后，能明显改善心功能，纠正血流动力学变化。

三、β受体阻滞剂分类及代表药

1. 根据受体选择性的不同分为3类

（1）非选择性β阻滞剂：竞争性阻断β_1和β_2肾上腺素受体，进而导致对糖脂代谢和肺功能的不良影响；阻断血管上的β_2受体，相对兴奋α受体，增加周围动脉的血管阻力。其代表药物为普萘洛尔。该类药物在临床已较少应用。

（2）选择性β_1阻滞剂：特异性阻断β_1肾上腺素受体，对β_2受体的影响相对较小。代表药物为比索洛尔和美托洛尔，是临床中常用的β阻滞剂。

（3）周围血管舒张功能的β阻滞剂：该类药物通过阻断α_1受体，产生周围血管舒张作用，如卡维地洛、阿罗洛尔、拉贝洛尔；或者通过激动β_3受体而增强NO的释放，产生周围血管舒张作用，如奈必洛尔。

2. 根据药代动力学特征β阻滞剂分为3类

（1）脂溶性β阻滞剂：如美托洛尔，组织穿透力强，半衰期短，较易进入中枢神经系统，可能是导致该药中枢不良反应的原因之一。

(2) 水溶性β阻滞剂：如阿替洛尔，组织穿透力较弱，很少通过血-脑屏障。

(3) 水脂双溶性β阻滞剂：如比索洛尔，既有水溶性β阻滞剂首关效应低、半衰期长的优势，又有脂溶性β阻滞剂口服吸收率高的优势，中度透过血脑屏障，既发挥了阻断部分β1的作用，也减少了中枢神经系统不良反应。

3. β阻滞剂常用的几种代表性药物

(1) 比索洛尔：比索洛尔是目前国内上市的β阻滞剂中对β1受体选择性最高的药物。半衰期长，谷峰比值为78%，每日给药1次，可有效控制24 h的血压，尤其是清晨的血压高峰。比索洛尔通过肝、肾双通道代谢，轻、中度的肝肾功能障碍不需调整剂量，对于肝酶介导的药物相互作用和基因多态性对比索洛尔的影响也相对较小，个体间血药浓度差异较小。

(2) 美托洛尔：美托洛尔没有内在拟交感活性(ISA)，口服后几乎被完全吸收，大部分在肝脏代谢，70%由肝酶CYP2D6介导，CYP2D6的基因多态性是决定美托洛尔药代动力学参数的关键因素，引起药物代谢有显著的个体和种族差异，其个体间血药浓度、临床疗效和不良反应差异较大；在中国人群中，CYP2D6－10有较高突变率，导致代谢酶的活性降低，故临床应用应个体化。美托洛尔的半衰期短，该药的平片常以每日2次的方式服用；该药的缓释片为琥珀酸美托洛尔，缓释片血药浓度在24 h内相对平稳，可每日1次服用。

(3) 卡维地洛：卡维地洛是β受体非选择性的药物，但它同时阻滞α_1受体，产生周围血管扩张作用，抵消阻滞β受体对血糖、血脂的影响及冠状动脉痉挛的不良反应。卡维地洛同样存在肝代谢酶基因多态性的问题，个体间药物浓度差异较大，每日1～2次服用。

(4) 阿罗洛尔：阿罗洛尔同样是β受体非选择性的药物，同时阻滞α_1受体，从而产生周围血管扩张作用，抵消阻滞β_2受体对血糖、血脂的影响及冠状动脉痉挛的不良反应。阿罗洛尔还具有原发性震颤的独特适应证。每日2次服用。

(5) 奈必洛尔：奈必洛尔是一种消旋体，包括左旋体和右旋体。为高选择性β_1阻滞剂，无内源性拟交感作用和膜稳定性。通过激动β_3受体增强NO的释放，产生血管舒张，不影响β_2受体。奈必洛尔具有改善冠状动脉的灌注，舒张外周血管，舒张心肌，增加左室充盈作用。对支气管平滑肌及胰岛功能影响较少。每日1次服用。

4. β阻滞剂治疗心力衰竭的疗效评价　心功能不全比索洛尔研究Ⅱ(CIBIS Ⅱ)、充血性心力衰竭美托洛尔随机干预试验(MERIT－HF)以及卡维地洛前瞻性随机累计生存率试验(COPERNICUS)等3项大规模随机双盲的临床试验表明，在采用ACEI、利尿剂和地高辛等药物治疗的基础上，加用β受体阻滞剂比索洛尔、琥珀酸美托洛尔(美托洛尔缓释片)或卡维地洛，能进一步显著降低心力衰竭患者的猝死率、心力衰竭恶化病死率、心血管病病死率以及总病死率，总病死率降低34%～35%。因此，β受体阻滞剂已成为与ACEI并列的治疗慢性收缩性心力衰竭的基石。所有慢性收缩性心力衰竭，包括NYHA心功能Ⅱ、Ⅲ级病情稳定患者，以及阶段B期、无症状心力衰竭或NYHA心功能Ⅰ级(LVEF＜40%)的患者，均必须应用β受体阻滞剂，而且需终身使用，除非有禁忌证或不能耐受。NYHA心功能Ⅳ级患者，需待病情稳定(4 d内未静脉用药，已无液体潴留并体重恒定)后，在严密监护下由专科医师指导应用。

第六节　心力衰竭伴血栓形成的处理

一、心力衰竭伴急性冠脉综合征时抗凝的处理策略

急性冠脉综合征引起的急性心力衰竭，应进行冠脉造影和血运重建。GRACE 研究已经证实：冠脉血运重建使急性冠脉综合征合并急性心力衰竭的患者 6 个月病死率明显降低(20.7%降至 14%)。对急性冠脉综合征引起的心源性休克，冠脉造影和血运重建应尽早进行。所有急性心肌梗死合并心力衰竭的患者均有超声心动图检查的适应证。该检查能够提供室壁运动的情况、心功能的状况以及是否存在心梗的机械并发症等。

急性心肌梗死(冠心病、心绞痛)伴有急性心力衰竭，经过治疗，病情稳定后，应开始二级预防，简要概括为 ABCDE 方案：A：抗血小板/抗凝，抗 RAAS(ACEI 或 ARB，醛固酮受体拮抗剂)；B：β 受体阻滞剂，降压达标；C：禁烟，调脂治疗；D：健康饮食，降糖达标；E：运动，健康教育。

二、心力衰竭伴心房颤动时抗凝的处理策略

合并心力衰竭的房颤患者接受华法林抗凝治疗后出血风险增加 43%，房颤患者的抗凝治疗策略应根据患者发生栓塞的危险进行分层，对于高危患者(具有 1 项高危因素：血栓栓塞病史，包括卒中、TIA、其他部位的动脉栓塞、二尖瓣狭窄、心脏瓣膜置换术后；或具有≥2 项以上中等危险因素：年龄≥75 岁、高血压、心力衰竭、LVEF≤35%、糖尿病)，推荐华法林抗凝治疗可显著获益。对于中危患者(仅具有 1 项中等危险因素)，常规抗凝治疗意见还有分歧，推荐华法林或阿司匹林。对于低危患者(年龄 65～75 岁、女性、冠心病)，口服抗凝治疗中的获益不明显，可考虑使用阿司匹林。

建议在特殊情况下的房颤，需要抗凝治疗：心脏术后房颤持续>48 h、甲亢伴房颤、妊娠伴房颤、肥厚性心肌病伴房颤。上述疾病常伴有失代偿性心力衰竭，也是栓塞的高危人群。

第七节　心力衰竭时心律失常的治疗

一、心力衰竭并发快速型心律失常的治疗

1. 慢性心力衰竭合并室上性心律失常

(1) 心房纤颤：控制心室率的药物主要为洋地黄类和 β 受体阻滞剂。心力衰竭失代偿阶段应用 β 受体阻滞剂应特别谨慎，从小剂量开始。β 受体阻滞剂无效或禁忌者可选用胺碘酮。控制目标为静息心室率 80～90 次/min，一般运动时心率<110～130 次/min。药物治疗不能控制心动过速者，可能需要消融房室结合并永久心室起搏治疗。所有有房颤病史的心力衰竭患者，如无禁忌，均应使用华法林抗凝治疗，并使国际标准化比值(INR)维持在 2.0～3.0。此外，因为心房颤动隐匿性复发率高并伴有栓塞的危险，所以无论是否达到了窦性心律，均应应用华法林抗凝治疗。

(2) 房速和房扑：对于此类患者，可给予药物或电复律治疗，可选用的药物主要是胺碘酮，效果欠佳者可考虑进行导管消融治疗。当然，也可考虑控制室率的治疗，应用药物

同房颤的治疗，但通常效果欠佳，因此，消融房室结合并永久心室起搏治疗是最后的选择。房扑患者的抗凝治疗同房颤者。

2. 慢性心力衰竭合并的室性心律失常　慢性心力衰竭患者常因心肌本身病变与心室张力增高等原因而导致室性心律失常的发生。心功能不全的加重、电解质紊乱、洋地黄中毒等常是其诱因。对于此类患者首先应积极治疗原发病，改善心脏功能，控制促发因素，如补充钾、镁以有利于减少室性心律失常的发生，再根据情况给予相应的治疗。

(1) 室性期前收缩：β受体阻滞剂作为起始治疗药物，对于已经应用的患者，如心率允许、心功能能够耐受，可增加剂量。Ⅲ类抗心律失常药可用于复杂室性期前收缩的患者，胺碘酮可使总死亡率明显下降。因为Ⅰ类抗心律失常药有负性肌力作用，所以不宜应用。

(2) 非持续性室速：非持续性室速很可能是恶性室性心律失常的先兆，应该认真评价预后并积极寻找可能存在的诱因。心腔内电生理检查是评价预后的方法之一。如果电生理检查不能诱发出持续性室速，则其治疗主要针对病因和诱因，在此基础上应用β受体阻滞剂有助于改善症状和预后。对于上述治疗措施效果不佳且室速发作频繁、症状明显者，可以按持续性室速应用Ⅲ类抗心律失常药以预防或减少发作。对于电生理检查能诱发持续性室速者，应按持续室速处理，首选埋藏式心脏复律除颤器(ICD)，无条件置入 ICD 者按持续性室速进行药物治疗。

(3) 持续性室速：持续性室速多预后不良，容易引起心脏猝死。除了治疗基础心脏病认真寻找可能存在的诱发因素外，必须及时治疗室速本身。对室速的治疗包括终止发作和预防复发。① 终止室速：有血流动力学障碍者立即行同步电复律，情况紧急(如发生晕厥、多形性室速或恶化为室颤)也可非同步转复。药物复律需静脉给予胺碘酮(正常使用)。② 预防复发：持续性室速是 ICD 的明确适应证，效果明显优于包括胺碘酮在内的抗心律失常药。无条件安置 ICD 的患者可给予β受体阻滞剂和胺碘酮进行治疗，合用时应注意避免心动过缓。

二、心力衰竭并发缓慢型心律失常的治疗

心力衰竭患者并发窦性心动过缓或窦性停搏，并出现低血压或全身血流动力学紊乱症状的患者，应静注阿托品 0.6～1 mg；若静注阿托品 2 mg 后心动过缓持续存在者，应行临时心脏起搏治疗；植入永久性心脏起搏器应慎重，需评估患者整体情况。

第八节　其他心力衰竭的药物治疗

一、顽固性心力衰竭的治疗

顽固性心力衰竭是指经常规休息、限制水钠摄入、给予利尿剂和强心剂后，心力衰竭仍难以控制者。顽固性心力衰竭是心脏疾病发展至终末期的结果。典型的患者表现为休息或极轻微活动(包括大多数日常生活行为)时，即出现心力衰竭症状，往往需要反复或长时间住院接受治疗。所以，其治疗策略有别于一般心力衰竭。其治疗原则是：积极治疗病因、诱因，如感染、风湿活动、心律失常、电解质紊乱，积极治疗原发疾病，积极的抗心力衰竭治疗。

处理顽固性心力衰竭患者时应特别注意以下几个方面。

1. 确认诊断　在将患者划归为顽固性心力衰竭之前，应再次确认诊断。如果存在其他未解决的、可能加重心力衰竭症状的临床情况或药物治疗方案未达到最佳化，应先解决以上问题，然后再对患者重新评价。

2. 减轻水钠潴留　真正的顽固性心力衰竭患者往往因肾脏灌注不足，而对低剂量利尿药反应不佳。这些患者除应严格限制钠盐摄入(≤2 g/d)外，还多需逐步增加襻利尿剂的剂量，并常常要联合使用作用互补的二线利尿药。可根据体重变化调整利尿剂剂量。以上方法不能奏效时，常需住院并静脉使用大剂量利尿剂，有时还需联合应用增加肾血流量的药物(如多巴胺、多巴酚丁胺等)。在强力利尿的同时，要监测血肌酐和尿素氮水平的变化，特别是对正使用 ACEI 的患者。超滤和血滤也是控制钠水潴留的有效方法，同时还可以使肾脏对利尿剂的反应性得以恢复，因此对肾功能明显恶化或严重水肿难以消除的患者，可采用该治疗方法。

3. 神经体液抑制剂的使用　临床试验提示，与轻、中度心力衰竭患者一样，多数顽固性心力衰竭对 ACEI 及β受体阻滞剂治疗反应良好，且可明显改善临床预后。但同时神经体液的激活，又是这些终末期心力衰竭患者赖以维持循环稳态的重要机理之一，故顽固性心力衰竭患者对这些抑制剂的耐受性较差，因此在临床实践中应注意：① 当收缩压＜80 mmHg 或存在周围灌注不良的临床表现时，禁用 ACEI 及β受体阻滞剂；② 当体重达干重，并近期已不需使用静脉正性肌力药时，方可开始使用β受体阻滞剂；③ 从小剂量开始，密切观察，缓慢增加剂量。另外，近年螺内酯也作为一种神经体液抑制剂用于治疗心力衰竭，在使用过程中应密切监测，防止出现高钾血症。

4. 使用外周血管扩张剂和正性肌力药　在顽固性心力衰竭患者病情恶化住院治疗时，可静脉使用正性肌力药(多巴胺、多巴酚丁胺和米力农)以及外周血管扩张剂(硝酸酯类和硝普钠)以改善心脏功能，促进利尿，但一旦临床状态稳定后，应尽快换用口服药。一般不主张同时留置肺动脉导管，监测血流动力学变化。

5. 非药物治疗　包括心脏移植、二尖瓣修补或置换术、机械辅助装置(如体外反搏、左室辅助泵)等，其中以心脏移植最成熟和疗效最肯定。左室部分切除术、心肌成形术都已被证明危险大于获益，因而不推荐使用。

二、老年性心力衰竭的治疗

老年人的基础疾病可能较多，伴随着认知功能的下降，使得心力衰竭的症状不典型，而且基础疾病较多，老年人常常接受多种药物治疗，导致不良反应发生增多并降低治疗依从性。与青、中年患者相比，老年人由于生理机能的减退、药物代谢动力学的变化、基础疾病的增多，临床必须结合老年人的特点，制定老年性心力衰竭患者的药物治疗建议。

1. ACEI 与 ARB　老年人应用 ACEI 和 ARB 是有效的，并且耐受性良好。由于产生低血压的风险很大且多数 ACEI 延迟排泄，建议小剂量滴定加量，如可能的话，开始应用 ACEI 或 ARB 治疗时，应监测卧位与立位血压、肾功能与血钾。门诊应用时更应注意上述问题。

2. 利尿剂　老年人由于肾小球滤过率降低，噻嗪类利尿剂通常无效。一方面，噻嗪类或襻利尿剂的吸收率与生物利用度减少或排出率增加，导致作用延迟、作用时间延长或有时药物作用下降。另一方面，利尿剂还可导致立位低血压和(或)肾功能进一步降低。老年人合用醛固酮拮抗剂、ACEI、NSAIDS及环氧化酶抑制剂时，高钾血症发生率较高。

3. β受体阻滞剂 无应用β受体阻滞剂禁忌证（如窦房结疾病、房室传导阻滞与阻塞性肺疾病）的老年人，仍能很好地耐受此类药物，目前应用于心力衰竭的β受体阻滞剂均是肝或肝肾双通道代谢排出，肾功能不全的患者不需减少剂量。但应用β受体阻滞剂要从小剂量开始，并需要一个较长的滴定期。但不能因为考虑患者年龄大而不应用β受体阻滞剂。

4. 强心甙 老年人对地高辛的不良反应更为敏感。此类药物主要经肾脏以活性成分排出，所以70岁以上的患者，半衰期增加2～3倍。肌酐升高的患者，开始时应使用小剂量。对多数老年人，肾功能正常者，每日0.125 mg已足够。如肾功能受损，尤其是肌酐清除率<50 mL/min，应适当减量。

5. 血管扩张剂 应小心谨慎，以防低血压发生。静脉血管扩张剂如硝酸盐、动脉血管扩张剂（如肼屈嗪），或两者合用。

第六章　心力衰竭的非药物治疗

第一节　心脏再同步化治疗

正常的心脏电功能是实现机械功能的基础，有效的机械功能则是电功能在力学上的充分体现。二者相辅相成，形成心脏电与力学双重意义上的对立统一。

不论是高压力负荷还是高容量负荷，或是缺血性心脏病所导致的心力衰竭，均不同程度存在心脏电与机械功能的减退或丧失。心脏电与机械功能障碍的结果则使心脏无法实现维持机体生命所必需的基本功能-射血功能。

心脏再同步化治疗(cardiac resynchronization therapy，CRT)在传统单腔、双腔起搏器的基础上改良为左、右心室以及右心房三腔起搏，使房室间、室间及室内同步激动，纠正了心脏的电-机械失同步，可以即刻地电协调心室各室壁的收缩，提高心室功能以及能量效率，从而改善心脏的电生理功能。并可在远期逆转心肌细胞的表达以及分子重构，继而提高频率依赖的收缩性。对存在室性心律失常危险因素的患者加植 ICD，可预防心源性猝死的发生，显著降低死亡率。

一、电、机械异常

1. 电异常　心脏在正常情况下，每次激动经左、右束支到达浦肯野纤维，形成一个网络系统，可快速而有序地将冲动从心内膜传至心外膜，而受损心肌的细胞外基质和心肌细胞会重新分布，这将导致传导的方向和速度改变，如左束支传导阻滞。不同水平的传导异常造成结果也不同，房室结水平的传导延迟导致房室不同步，如果是希氏束水平传导延迟，则影响室间不同步。房室传导延迟可致左室激动延迟，被动充盈时间推迟，主动充盈时间相对提前，减少了二尖瓣血流及左室充盈量，从而引起心排量下降，如果延迟时间足够长，室房压力阶差增加，甚至可以出现舒张期二尖瓣反流；室间传导延迟，左心室的兴奋收缩明显落后于右心室、室间隔的收缩，致使室间隔矛盾运动，左心排出量下降。

2. 机械异常　在缺血心肌，由于交感神经、RAAS、ET 和钠肽等的激活，其长期作用会使心肌发生扩张、肥大、间质纤维化等。心肌纤维化导致组织僵硬度增加，心肌舒张顺应性降低，收缩力的产生和传导受到限制，心肌收缩力降低。局部心肌收缩力下降和室壁运动异常导致的机械不同步通常不伴有电传导紊乱。心室机械不同步主要包括两种情况：一是左右心室间机械收缩不同步，通常是由于左室收缩延迟引起。左心室的收缩明显落后于右心室、室间隔，致使室间隔矛盾运动。二是心室内机械收缩不同步，通常是由于左室侧壁收缩延迟引起。部分节段心肌的收缩延迟，使得舒张期仍有部分心肌收缩，使左室舒张充盈受限，充盈时间缩短，心排量降低。然而，存在电传导障碍的心力衰竭患者，会产生或加重机械功能障碍，导致心脏各个水平的收缩不协调(房室、室间、室内)，甚至加重二尖瓣反流、出现室内分流等，使心脏机械效率降低。而心力衰竭患者所存在的这些电机械异常导致的运动不同步，就为CRT疗法的出现和发展提供了较好的支持，是其具有良好疗效的基础。

二、心脏再同步化治疗慢性心力衰竭的机制

其作用机制是通过植入双心室电极改善心室收缩的同步性，同时调节起搏器的房室、室间间期，使房室传导最佳化，纠正左、右心室收缩的时差，改善心肌收缩的不协调，避免室间隔矛盾运动，增加心排出量，同时改善左心室舒张。多项临床研究证明，CRT治疗在长远来说有改善心功能，甚至逆转心室重构的作用。具体包括以下几个方面。

1. 解除心脏电-机械活动不同步，增加左室充盈时间（纠正舒张功能障碍）　在大部分的房室延迟和（或）心室内传导障碍的患者中，左室激动延迟，而心房激动正常。因此，左心室被动充盈早期和心房收缩可能是同时发生的，导致了总的供血量不足，左心室前负荷减小。在超声心动图中表现为E峰和A峰的融合。通过同步化治疗后，双心室同时激动，使左心室完全收缩后更早地进入舒张期，增加充盈时间，超声心动图上也可看到E峰和A峰分离。通过左心室电极刺激心室较晚激动部位的心肌细胞，使左心室心肌细胞收缩同步，心室收缩力增强，有效地提高了心输出量。

2. 减少室间隔的不协调运动　在室内传导延迟的患者中，左室外侧壁激动和收缩延缓，而室间隔的收缩正常，这种时间上的不匹配导致室间隔反常运动，即当心室游离壁收缩时，间隔部未收缩。这种室间隔和游离壁的矛盾运动损伤了二尖瓣的功能，减少了左室搏出量。心室同步化后，使心室壁各部的激动一致，产生更有效的收缩，增加左室搏出量，同时也减少二尖瓣的反流。

3. 改善后群乳头肌功能，纠正后侧壁电-机械活动延迟　存在左束支传导阻滞时，左心室后侧壁基底部的心肌电活动和机械活动延迟，而左心室后乳头肌就位于这一部位，收缩严重滞后的后乳头肌无法与左心室收缩压力抗衡，以致二尖瓣后叶脱垂，造成二尖瓣反流。CRT时左心室起搏电极的植入部位就是要尽可能靠近左心室侧后壁的基底部，使该部位原来处于最滞后的电-机械活动大大提前，从而纠正后乳头肌功能不全，使二尖瓣反流明显减少或消失，心功能得到改善。

4. 对心肌纤维化的改善　交感神经的过度激活参与心肌纤维化过程，导致心室重塑，并且加重心力衰竭。在两个前瞻性的研究中，双心室起搏后，心力衰竭患者心率变异性显著改善，并得到了交感神经兴奋性降低、副交感神经兴奋性激活的结果，同时血浆去甲肾上腺素水平也处于正常化。当交感神经系统兴奋性降低后，减低儿茶酚胺对心脏的毒性，降低心肌耗氧量，直接或间接抑制RAAS，并扩张外周血管，减低前后负荷，恢复心肌对交感神经刺激的正常反应，加强心肌收缩力，使受损心肌得以恢复。多项研究都肯定了CRT治疗后心脏缩小的结果，在一定程度上可以猜测，同步化治疗可以改善甚至逆转心肌纤维化。

5. 适时给予自动除颤，预防猝死，抗心律失常　慢性心力衰竭患者的心肌重构导致细胞连接异常，心肌复极不均一，心肌自律性增高，潜在的异位起搏点增多，室性心律失常的发生率增加；冠心病患者心肌缺血、缺氧可能通过影响细胞膜上的离子泵功能，以及缺血、缺氧造成的局部代谢性酸中毒，改变心肌细胞膜的离子主动转运和离子交接跨膜扩散等

机制，使异位潜在起搏点的心肌细胞电位发生变化，加快其舒张期自动除极速度，使它们的自律性增高，和(或)通过改变心肌细胞膜电位来影响心肌细胞膜的兴奋性及传导性，心肌细胞的兴奋性增高，不应期缩短，同时伴有一定的传导障碍易于形成折返激动，从而诱发心律失常。在冠心病心力衰竭患者中，随着心室重构和心肌缺血的持续存在，心脏结构和功能发生变化，心脏逐渐扩大，左心室收缩功能逐渐下降，心脏的电活动就处于更加不稳定的状态，更容易发生室性心律失常。

心源性猝死大多数是由室性心动过速和室性颤动引起的。起搏器的置入可以明显减少各种心律失常。特别是心脏再同步化起搏除颤器可以明显减少恶性致死性心律失常，降低慢性心力衰竭患者的病死率，改善生活质量。CRTD 对患者心功能、左心室射血分数、SF-36s 生活质量评分、6 min 步行距离改善均有明显改善，并且有效地控制了室速、室颤等致死性心律失常导致的不良后果，预防猝死的发生。对于存在恶性心律失常危险的患者，行 CRTD 治疗要比单纯 CRT 更具有循证学依据。

三、超声心动图在心脏再同步化治疗中的应用

超声心动图在 CRT 中具有重要作用，有无创性和可重复性的特点，可准确评估心脏机械不同步运动的部位、范围及程度。超声心动图在 CRT 术前病例筛查、选择、预测，术后疗效评估、随访观察及动态优化程控方面具有重要的价值。

超声心动图可通过以下技术发现和评价心脏不同步。

1. 房室不同步　通过二尖瓣口脉冲多普勒成像，在血流频谱上测量二尖瓣口血流持续时间来评价房室不同步。房室不同步在心电图上表现为 PR 间期延长，左心室压力由于左心房收缩的相对提前而大于左心房压力，从而在超声心动图上表现为舒张晚期二尖瓣不同程度的反流，左心室充盈时间缩短，二尖瓣口舒张早期峰值血流速度(E 峰)与舒张晚期峰值血流速度(A 峰)融合。

2. 室间不同步　采用脉冲多普勒成像，测量以 QRS 为起始分别至主、肺动脉射血前期的时间，两者之差作为心室间机械延迟时间，心室间机械延迟≥40 ms 时认为室间不同步，但是由于不能同时测量两个流出道的时间间期，所以可变性很高，重复性差。

3. 室内不同步

(1) M 型超声：M 型超声通过测量室间隔与左心室后壁运动的时间差判定心室内局部心肌的收缩延迟，通常以后壁收缩延迟≥130 ms 判断心脏的不同步。但此方法不能全面地反映心室各壁运动，可变性高，重复性差。

(2) 定量组织速度成像：定量组织速度成像通过获得各节段心肌运动速度曲线(定量组织速度成像曲线)，计算各节段 Ts 和 Te(Ts 和 Te 分别代表心肌电-机械收缩和舒张)的最大差值，研究不同节段心肌运动的同步性。定量组织速度成像常被视为是定量评价患者心肌的不同步性技术。在心脏同步治疗术前，能够定位、定量、直观地研究同一时相室节段的心肌运动，同时也能够为心肌梗死左室重构心功能评价提供可靠的客观依据。这种技术主要是将 12 节段峰值速度时间的标准差＞32.6 ms，或将最早与最晚峰值速度曲线间的差＞65 ms 视为不同步。由于它受到声束角度的约束，因而不能正确地评估心肌梗死患者心尖的不同步程度。

(3) 组织追踪成像：组织追踪成像可清晰呈现和测量任何一心肌节段在心动周期不

同时相的纵向运动距离。可以直观地观察患者左室延迟收缩的部位和程度，同时可以方便地显示出患者左室局部和整体长轴功能，而且使用这种方法时其误差极小。缺点是它不能区分被动收缩是真正的心肌收缩所致的还是相邻心肌的收缩牵拉引起的。

(4) 二维斑点追踪技术(two-dimensional speckle tracking imaging, 2D－STI)：2D－STI可定量显示心肌运动位移、速度、旋转角度以及应变和应变率等参数，准确评价心肌整体和局部的舒张、收缩功能。然而，这种技术对二维图像质量要求比较高。因此其技术的普遍性至今仍未被证实。

(5) 三维斑点追踪成像(three dimensional speckle tracking imaging, 3D－STI)：3D－STI技术是一项超声心动图新技术，它突破了2D－STE二维平面的限制及组织多普勒的角度依赖性，以斑点追踪成像和3D超声心动图技术作为基础，将心肌回声斑点粒子的运动在三维空间上进行追踪和测量，并通过对多个平面的心脏扭转在同一时相中的测量，对心脏生理学进行评估，从而客观准确地评价心脏整体及局部心肌的运动功能。

(6) 速度向量成像技术：速度向量成像技术是一种建立在斑点追踪原理上，以向量方式在二维灰阶图像通过实时心肌运动跟踪运算法得到心肌运动方向和速度的变化曲线，可显示和分析心肌局部组织真实运动方向和运动速度的一项新技术。

(7) 实时三维超声心动图(real time three-dimensional echo-cardiography, RT－3DE)：RT－3DE是在二维图像的基础上再沿Z轴作仰角转向形成“金字塔”样三维容积数据库，可对整个心脏的时相性和节段性变化进行真实定性和全面定量，以曲线离散度比较自QRS波起点到左心室各节段最小容积的时间间期来评估心室内不同步，并且整体和局部心室容积与17节段的局部容积变化曲线的测量可同时完成。RT－3DE通过定量比较左心室各节段自QRS起点到各节段最小容积的时间间期，以期直接定量和比较各节段的最大收缩时值。

四、基本手术操作

适时的程控对CRT治疗慢性心力衰竭的安全、疗效和使用时限至关重要。优化房室间期(A－V)和心室间期(V－V)对心脏血流动力学和心室功能可产生影响。A－V间期和V－V间期的不合宜必将削弱CRT的安全、疗效和减少使用时限。

1. *房室同步性的优化*　房室同步性的优化可通过设置房室间期(atrial-ventricular interval, AVI)进行，能够改善心室负荷状态和舒张功能，缓解心力衰竭症状，但不会促进心室重塑逆转。

CRT的AVI优化的最终目标是找到一个合适的AVI，最大程度改善左心室前负荷，使舒张充盈时间最大。AVI或PR间期过长，会导致A峰与E峰发生融合，左心室前负荷减少。AVI过短会导致二尖瓣提前关闭，A峰中断，极端情况下可导致心房传输阻滞。

CRT目的是心室激动最大化，需要双室起搏取代自身心室激动，因此CRT的AVI通常不会设置过长，但应避免AVI过短发生舒张末期主动充盈的突然中断。

目前多使用超声心动图来优化房室同步性。调整起搏器AVI并实时观察左心室流入图形是最常用的方法，目标是二尖瓣关闭在A峰末尾且不发生A峰截断。这种方法产生的起搏器AVI可使左心室前负荷最大化(Frank-Starling定律)，舒张充盈时间最大化。

(1) Ritter法：Ritter法是最常用的方法之一，SAVI最佳，代表心房感知时最佳

AVI,SAVI 最佳＝SAVI 短＋d,而 d＝(SAVI 长＋QA 长)－(SAVI 短＋QA 短)。Q 代表心室起搏刺激,A 代表 A 峰终点。可通过以下 3 步进行：① 通过程控至“较长”感知 AVI 获 SAVI 长和 QA 长。SAVI 长是保证心室夺获与自身心室传导无融合的最长 AVI,且在左心室射血前二尖瓣自行关闭。QA 长为心室起搏刺激至 A 峰终点；② 通过程控至“较短”感知 AVI 获得 SAVI 短和 QA 短。SAVI 短是发 A 峰截断的最长 AVI。QA 短为此时心室起搏刺激至 A 峰终点的时间；③ 由以上测量值计算得到 SAVI 最佳。房室优化的确认是通过观察 E－A 峰回到正常分离,表明舒张充盈时间改善和房室时序关系优化。

Meluzin 法将 Ritter 法简化为 2 步。该方法本质上是在使心室完全夺获且不与自身传导融 AVI 基础上,减去了舒张末期低速二尖瓣反流所占用的时间。此法需要存在至少轻度二尖瓣关闭不全。

(2) 主动脉速度时间积分法：主动脉速度时间积分法(aortic velocity-time integral, AoVTI)是用超声心动图左心室流出速度分析来评估每搏输出量。在一定范围内改变 AVI,找到一个最佳 AVI 使 AoVTI 每搏输出量达到最大。AoVTI 方法简单易行,数据获得快捷,可以在有限时间内筛选多个控制参数。但是 AoVTI 测量受外部因素如呼吸相、交感神经兴奋性的影响,准确性较差。

(3) 舒张充盈时间法：舒张充盈时间法是通过二尖瓣脉冲多普勒优化房室间期。该方法先程控至一个较长的 AVI,然后以 20 ms 逐步递减直到出现 A 峰截断。出现 A 峰截断的 AVI 增加 10 ms 为最短的无 A 峰截断 AVI,称为最佳 AVI。该方法的优点是无创、便于开展,且性价比高。但比较费时,另外只考虑舒张期,忽略了 PR 间期,不能保证 AVI 会短到先于自身心室除极。一项回顾性研究比较了舒张充盈时间法、Ritter 法和经验性方法(AVI 在 100～120 ms)。结果发现,9％患者舒张功能分级提升至少一个等级,21％患者 EF 提升≥5％,51％患者 NYHA 心功能分级提升至少一个等级。

2. 心室同步性的优化　O’Cochlain 等研究心室间期对 CRT 患者 QRS 宽度的影响,发现当心室间期在－50 ms～＋50 ms 之间 QRS 最窄,80％以上的患者左心室与右心室顺序起搏时 QRS 最窄。近期 Bertini 等研究 106 例 CRT 患者,发现根据心电图优化得到的心室间期和超声心动图方法的相关性较好。Trolese 等发现术后 QRS 宽度相比术前变化越多,血流动力学改善越佳。

确定在双室起搏时达到最大心室融合,首先需要单独右心室和左心室起搏时描记心室激动图形。然后以足够短的 AVI 完全夺获心脏进行同步双室起搏。根据室内传导阻滞的类型选择优先激动的心室,使用顺序心室激动,调整心室间期,用心电图寻找心室激动融合的证据。如果使用最大心室间期未能达到心室激动融合,这时可进一步缩短 AVI,促进左心室充分激动和心室激动融合。

另外,左心室电极靶静脉的选择直接影响心室激动融合的效果。通常只有心侧静脉(后壁)可引起 LBBB 激动图形的完全逆转。

3. 组织多普勒法　近年超声心动图涌现出许多评价心脏同步性的新技术,其中心肌组织多普勒也是一种优化 CRT 心室间期的方法。一项研究比较了左右心室同步起搏和顺序起搏对心功能的影响,在 9 个后侧壁收缩延迟的患者中,左心室优先激动时收缩功能较好,这些患者多为扩张型心肌病；11 例室间隔和下壁收缩延迟的患者中,右心室优先激动时收缩功能较好的患者多为冠心病患者。

五、心脏再同步化治疗的适应证

在 CRT 治疗慢性心力衰竭的发展历史上有一系列相关研究，包括 PATH - CHF 研究、French Pilot 研究、InSync 研究、MUST ICSR 研究以及 MIRACLE 试验等，结果显示 CRT 治疗可以从多个方面改善慢性心力衰竭患者的心功能及生存质量、降低住院率、缩短左心室舒张末期内径、提高 EF、增加 6 min 步行距离、逆转左心室重构。在肯定了 CRT 疗效的同时，ACC/AHA 对于其适应证的制订也在不断地调整，在其发展史上主要有三个大的演变。

(1) 1998 年将 CRT 治疗心力衰竭的适应证从Ⅲ类升为Ⅱb 类。

(2) 2002 年将 CRT 治疗心力衰竭的适应证从Ⅱb 类升为Ⅱa 类。

(3) 随着 2005 年"心脏再同步-心力衰竭"研究结果的相继发表，2005 年将 CRT 治疗心力衰竭的适应证从Ⅱa 类升为Ⅰ类，证据水平定为 A 级。

2006 年，中华医学会心电生理和起搏分会结合国情制订了我国的 CRT 适应证。2010 年，欧洲心脏病学会指南实践委员会基于新近几个临床试验研究结果，对 2007 年及 2008 年的指南做出更改，更进一步拓宽了 CRT 治疗心力衰竭适应证的范围，主要对五大心力衰竭人群治疗适应对象进行了进一步的论述，包括传统的心功能Ⅲ～Ⅳ级慢性心力衰竭患者、心功能Ⅰ～Ⅱ级慢性心力衰竭患者、心力衰竭伴有永久性心房颤动患者、具有传统起搏器植入适应证的心力衰竭患者、不适合心脏移植的晚期心力衰竭患者。2012 年《欧洲心脏病协会关于急性和慢性心力衰竭的诊断和治疗指南》基于 MAD - IT - CRT、REVERSE 和 RAFT 试验结果，对症状更轻的患者，仅推荐在 QRS 间期≥150 ms 或≥130 ms 合并 LBB 时使用 CRT。2016 年 ESC 修改了心脏再同步化治疗(CRT)建议。

(1) 优化药物治疗后 LVEF 仍≤35%，且 QRS≥150 ms 伴左束支传导阻滞(LBBB)的有症状的窦性心律心力衰竭患者，推荐 CRT 治疗以改善症状、降低死亡率。

(2) 对有心室起搏指征和高度房室传导阻滞的 EF 降低的心力衰竭患者，推荐 CRT 治疗而非右心室起搏。

(3) 优化药物治疗后 LVEF 仍≤35%，且 QRS130～149 ms 伴有左束支传导阻滞的有症状的窦性心律心力衰竭患者，推荐 CRT 治疗以改善症状、降低死亡率。

(4) CRT 禁用于 QRS<130 ms 的患者。

新的指南中不再将纽约心功能分级作为主要的评判指标，而以 LVEF 为主。

六、相关的临床试验

MUSTIC 研究人员将 67 例已经接受最佳药物治疗的 NYHA 心功能Ⅲ级慢性心力衰竭患者，随机分为 CRT 组和非起搏组，3 个月后交换治疗方案再予 3 个月，之后根据患者选用的起搏模式长期随访。主要终点是 6 min 步行距离；次级终点是 NYHA 心功能分级、生活质量评分、峰值耗氧量、住院率、心力衰竭恶化、总病死率和患者选择的起搏模式。所有这些终点都被证实有明显改善。

MIRACLE 研究人员将 453 例中重度心力衰竭患者 LVEF<35%及 QRS>130 ms 的患者，随机分为 CRT 组和对照组，密切观察 6 个月，主要终点是 NYHA 心功能分级、生活质量和 6 min 步行距离，次级终点是心力衰竭综合评分、运动试验、心脏形态结构和功能、QRS 时限和血液神经内分泌的改变等。结果显示，CRT 组各个终点都明显改善，同时 CRT 组住院率和住院天数均显著低于对照组。

COMPANION 研究入选 1 520 例 NYHA 心功能Ⅲ～Ⅳ级患者随机分为 3 组：其中药物组仅接受药物治疗，CRT 组（$n=617$）联合药物和 CRT 治疗，CRT.D 组（$n=595$）联合药物、CRT 和 ICD 治疗。主要复合终点为总病死率和全因住院次数，次级终点是总病死率。最终结果显示，相对于药物组，CRT 组和 CRT.D 组的主要复合终点危险性明显下降，CRT 组下降 19%，CRT.D 组下降 20%；相对于药物组，CRT 组和 CRT.D 组的心力衰竭所致死亡率和住院率的危险明显下降，CRT 组下降 34%，CRT.D 组下降 40%；相对于药物组，CRT 组总病死率下降 24%，差异无统计学意义，CRT.D 组总病死率下降 36%，差异有统计学意义。

CARE.HF 研究入选了 813 例患者，随机分为单纯药物治疗和药物加 CRT 治疗，主要终点是全因死亡率与心血管原因住院次数，平均随访 29.4 个月。研究结果显示，CRT 治疗能够降低患者总病死率达 36%，降低总病死率与心血管原因住院次数 37%，无论是泵衰竭还是猝死导致的死亡均减少。同时患者生活质量、心功能分级、6 min 步行距离等都有明显改善，同时生化指标心房利钠肽也较治疗前改善。显示 CRT 能够明显降低心力衰竭患者总病死率，这一研究具有里程碑意义。

RAFT 研究入选 1798 例轻至中度心力衰竭（NYHA 心功能Ⅱ～Ⅲ级）患者，分为 CRT/ICD 治疗组（894 例）和单用 ICD 组（904 例）。所有患者 LVEF≤30%、QRS 波增宽（>0.12 s）。其中 80%患者的心力衰竭为轻度的（NYHA 心功能Ⅰ级），2/3 患者为缺血性心脏病，平均 LVEF 为 23%。主要终点为病死率和因心力衰竭住院率（>24 h）。研究结果表明，将 CRT 用于已作 ICD 的患者可使死亡率和因心力衰竭住院率的复合终点降低 25%，较之单用 ICD 有显著性差异。此外，CRT/ICD 组与单用 ICD 组相比，全因病死率降低 25%；亚组分析表明，CRT/ICD 治疗对女性患者、QRS 波宽度 150 ms、LVEF<20%或左束支传导阻滞的患者最为有益。

MADIT.CRT 和 REVERSE 试验证明，CRT 治疗亦可以使轻度心力衰竭（NYHA 心功能Ⅰ～Ⅱ级）患者获益。2010 年 9 月，美国 FDA 又根据 MADIT.CRT 试验的资料，将 CRT.D 的应用扩展至轻度心力衰竭（NYHA 心功能Ⅱ级）患者。因为 MADIT.CRT 试验表明，CRT.D 的应用使此种轻度心力衰竭患者的死亡率和因心力衰竭住院风险显著降低 34%。

七、心脏再同步化治疗面临的问题与展望

1. 患者选择和效益最佳化　约 30%CRT 患者无反应性，预测是否有反应的方法日趋重要，但其有创、费时、费力且具有一定风险限制其在临床的推广应用。不仅如此，运用临床、心脏超声、生化还是心电信息，在什么时间点采样，目前还有较大分歧。因此，对 CRT 反应性的判断和结果的解读应持审慎态度。

2. 轻度心力衰竭定义　NYHA 心功能Ⅰ～Ⅳ级是一个主观判断过程，因此，量化评估心力衰竭患者病情的严重性，可以有利于患者的分层治疗。

对照组病死率是病情严重度的实用预测指标，在轻度心力衰竭症状 CRT 患者中，其病死率分别是 1.6%（随访 12 个月，REVERSE），8.6%（随访 24 个月，REVERSE -

Europe)，7.3%(随访 2.4 年，MADIT.CRT)，26.1%(随访 40 个月，RAFT)。相比之下，COMPANION 和 CARE－HF 分别为 19%和 12.6%，但这些研究入选了心功能Ⅳ级患者，且未植入 ICD。CARE－HF 试验 CRT 组 1 年病死率 9%，RAFT 试验 CRT.D 组 1 年病死率约 7.8%，这些病死率提示在 RE－VERSE、MADIT.CRT 和 RAFT 试验与更早期试验相比，入选患者病情较轻，而其中 RAFT 患者更接近中等程度病情。

17.5%REVERSE 和 14.5%MADIT.CRT 入选心功能Ⅰ级患者，在 REVERSE－Europe 试验中，心功能Ⅰ级患者 CRT－OFF 组效果更佳，但其可信区间过宽。在 MADIT.CRT 试验缺血性心脏病心功能Ⅰ级患者中，CRT 对死亡或心力衰竭的效果不肯定。对心功能Ⅰ级患者，尚无足够证据支持 CRT 的广泛运用。因此，对有轻度心力衰竭症状患者 CRT 植入前，症状和心功能的客观评估、最佳药物治疗方案的使用尤为重要。

3. *QRS 波群宽度与 CRT 收益的关系*　QRS 宽度>120 ms 可见于 21%～54%心力衰竭患者，而 QRS 宽度>150 ms 者占心力衰竭患者 8%～34%。来自 Framingham 注册资料显示，4 535 例无心力衰竭患者仅有 4%为 QRS>120 ms。宽 QRS 心力衰竭患者通常合并 LVEF 减低、左心室扩张和二尖瓣反流。Sandhu 等报道 LVEF 减低与 QRS 增宽呈线性关系，QRS<100 ms 心力衰竭患者平均 LVEF 41%，而 QRS>150 ms 者平均 EF 25%。

QRS 波群宽度对 CRT 治疗效果有一定影响，MADIT.CRT、RAFT 和 REVERSE 试验以及荟萃分析结果提示，CRT 的有益作用仅限于 QRS 宽度≥150 ms 患者。Beshai 等研究认为，即使超声证实心力衰竭患者存在心室机械失同步，窄 QRS 心力衰竭患者也不能从 CRT 获益。除此以外，失同步的测量技术还存在争议。CRT 置入的目的是为了纠正机械失同步，QRS 宽度作为 CRT 反应与否的预测指标并非完美。心脏超声作为替代 QRS 宽度的检测手段，但其可靠性在许多临床试验中并未得到证实。因此，目前不推荐机械失同步作为 CRT 置入的条件。

4. *左心室电极的放置*　左心室电极的位置影响 CRT 的反应性，在 MADIT.CRT 试验中入选 799 例患者进行分析，左心室电极分别位于短轴面的前、侧、后位置，或长轴面的基底、心室中部、心尖位置，其全因死亡或非致死心力衰竭无差别(非校正 $P=0.652$)。而左心室电极位于心尖部者有较高死亡或非致死心力衰竭事件风险(HR＝1.72，95% CI：1.09～2.71；$P=0.019$)以及单独的高病死率风险(HR＝2.91，95%CI：1.42～5.97；$P=0.004$)。基于上述资料，应避免将左心室电极放置在左心室心尖部。当不能经静脉途径放置左心室电极时，也可权衡利弊采用外科进行心外膜电极置放。

5. *患者选择标准与随访管理*　一些其他因素也可能影响 CRT 的反应性。心肌疤痕可能在 CRT 反应性中起重要作用。目前证据虽然不足以做出某种推荐，但对广泛心肌疤痕特别是左心室置放部位有疤痕的患者，应评价 CRT 置入的风险与获益。

所有证据均支持 CRT 用于左心室射血分数降低、症状轻至重度的心力衰竭，证据级别最高的是这些 QRS≥150 ms 且无右束支传导阻滞的患者。但是实际工作与研究证据、指南之间存在一定差距。近 10 年来，随着知识的积累和实践经验的丰富，CRT 对心力衰竭患者的治疗得到快速发展。除了治疗指南的更新，正在进行的大量临床试验进一步解决 CRT 存在的若干问题。这些相关进展将构成心力衰竭器械治疗的未来，获得更广泛的患者选择、更高的置入成功率以及良好的治疗效果。未来的研究应注重最优患者筛选、CRT反应性的预估与治疗对策，以期心力衰竭患者CRT治疗效果的最大化。

第二节　紧急心导管术治疗

一、经皮冠脉介入治疗

冠心病是当今世界威胁人类健康最重要的心血管疾病之一，其主要病理生理机制是冠状动脉粥样硬化狭窄或阻塞所致的心肌缺血坏死。心肌血运重建治疗是指以冠状动脉介入或外科手术方法解除冠状动脉狭窄、重建血管，恢复心肌灌注，目前最主要的方法包括经皮冠状动脉介入治疗(percutaneous coronary intervention，PCI)、冠状动脉旁路移植术(CABG)和两者结合的杂交手术治疗。近年来，随着技术和器械的不断进步，PCI已成为冠心病治疗的重要手段。

1. 分类　PCI，既往称为经皮冠状动脉球囊血管成形术(percutaneous transluminal coronary angioplasty，PTCA)，是指经心导管技术疏通狭窄甚至闭塞的冠状动脉管腔，从而改善心肌的血流灌注的治疗方法。它包括PTCA、冠状动脉支架植入术和粥样斑块销蚀技术。

(1) PTCA：采用股动脉途径或桡动脉途径，将指引导管送至待扩张的冠状动脉口，再将相应大小的球囊沿导引钢丝送到狭窄的节段，根据病变的特点用适当的压力和时间进行扩张，达到解除狭窄的目的。

(2) 冠状动脉支架植入术：将以合金材料制成的网状带有间隙的支架置入冠状动脉内狭窄的阶段支撑血管壁，维持血流通常，可减少PTCA后的血管弹性回缩，并封闭PTCA时可能产生的夹层，大大减少了PTCA术中急性血管闭塞的发生。但由于支架置入部位内膜增生性改变，术后支架内再狭窄仍是主要的问题。早期应用的是裸金属支(bare metal stent，BMS)术后6个月内再狭窄率为20%～30%。药物洗脱支架(drug eluting stent，DES)在裸支架的金属表面增加具有良好生物相容性的涂层和药物，此种支架置入后，平滑肌的增生被抑制，使再狭窄进一步降低(10%以下)。但DES使血管内皮化延迟而造成支架内血栓发生率较高。

(3) 冠状动脉旋磨术：冠状动脉旋磨术(rotational atherectomy)是采用呈橄榄形的带有钻石颗粒旋磨头、根据“选择性切割”的原理选择性的磨除纤维化或钙化的动脉硬化斑块，而不会切割有弹性的组织和正常冠脉。主要应用于严重狭窄伴重度钙化的病变。

(4) 冠脉内血栓抽吸：应用负压的抽吸导管将冠脉内的血栓抽出。多用于血栓性病变或大隐静脉桥血管病变。

(5) 切割球囊成形术：在球囊上纵向安装3～4片微型刀片，当球囊开始扩张时，刀片将血管狭窄处的增生组织切成3～4份，而后球囊充分扩张病变处。主要用于支架内再狭窄病变或是纤维组织增生为主的病变。

(6) 其他：激光冠状动脉成形术、超声血管成形术、冠脉内放射治疗等。可用于支架内再狭窄的治疗，但临床应用较少。

2. 并发症

(1) 冠状动脉痉挛(coronary artery spasm, CAS): 冠状动脉痉挛指冠脉因各种原因引起持续性收缩而导致的管腔狭窄甚至闭塞。在介入治疗的过程中,冠状动脉痉挛会产生明显缺血症状,如胸痛和心肌缺血等重要术后并发症。严重的冠脉痉挛可能发生心律失常,甚至导致患者猝死。治疗冠状动脉痉挛的重点在于对抗血管痉挛以及引发痉挛的基础病变,而不是针对痉挛所引起的临床症状,如心绞痛、心律失常等。无论冠状动脉是否正常,对于发生冠状动脉痉挛的患者,可以首先在冠脉内注射硝酸甘油0.2~0.4 mg或静脉滴注硝酸甘油 5~10 mg 或者舌下含服硝酸甘油、异山梨酯等,在硝酸甘油无效或者耐药的情况下,可考虑使用非二氢吡啶类钙拮抗剂(CCB),特别顽固的患者可以持续静脉输注或冠脉内注射地尔硫卓,导管刺激引起或药物治疗无效者,应撤除心导管。因为β受体阻断剂有诱导α受体兴奋、诱发 CAS 的可能,故对于冠状动脉无显著狭窄的 CAS 患者严禁单独使用β受体拮抗药。有时在药效不明显的情况下,需要撤出冠状动脉内球囊或指引导丝才能解除痉挛。当内科介入治疗无效时应紧急安置主动脉内球囊反搏(intra-aortic balloon pump, IABP),血压平稳后立即送外科手术室行急诊 CABG。切忌反复尝试介入治疗,从而贻误救治时机。

(2) 急性心包填塞(acute cardiac tamponade, ACT): 作为 PCI 治疗过程中的严重并发症,急性心包填塞的发生常常由于冠状动脉或心脏穿孔,血液积聚在心包腔所致。并发慢性闭塞病变的患者更易发生心包填塞。此外,冠脉病变,包括血管壁钙化、分支血管迂曲或闭塞等的患者,也易发生冠脉穿孔。发生心脏压塞的患者可出现颈静脉怒张、心率增快、血压下降等体征。对于出现心包填塞的患者,必须迅速发现及时处理。而当 ACT 并发冠脉血管穿孔时,一般抢救措施包括: 立即行心穿刺引流术,以缓解或消除心包腔高压,恢复血流动力学,若患者血压回升、心率减慢,提示处理有效。而对于大血管穿孔或破裂,可以考虑依靠心脏外科手术干预或者植入带膜支架覆盖破口。

(3) 无复流或慢复流: 无复流或慢复流指 PCI 时冠脉血管狭窄已经解除的情况下,远端前向血流减慢或丧失,其支配节段心肌发生灌注不足的现象。是经皮冠状动脉介入术后常见的并发症,在选择性 PCI 时其发生率为 0.6%~3.1%,而在心肌梗死急诊 PCI 时发生率高达 11%~30%。无复流或慢复流可导致微循环障碍,且有报告称,其已成为 PCI 远期心源性猝死及各类心脏事件的独立危险因素。冠状动脉内注射替罗非班、钙通道阻滞剂、硝酸酯类、硝普钠、腺苷等药物或应用血栓抽吸及置入 IABP,可能有助于预防或减轻无复流,稳定血流动力学。关于给药部位,与冠状动脉口部给药比较,经灌注导管在冠状动脉靶病变以远给予替罗非班可改善无复流患者心肌灌注。

(4) 支架血栓形成: 支架血栓形成虽发生率较低(30 d 内发生率 0.6%, 3 年内发生率 2.9%),但病死率高 45%。与支架血栓形成的相关危险因素主要包括以下几个方面。

1) 高危患者: 如糖尿病、肾功能不全、心功能不全、高残余血小板反应性、过早停用 DAPT 等患者。

2) 高危病变: 如出现 B2 或 C 型复杂冠状动脉病变、完全闭塞、血栓及弥漫小血管病变等。

3) 操作因素: 如置入多个支架、长支架、支架贴壁不良、支架重叠、Crush 技术,支架直径选择偏小或术终管腔内径较小、支架结构变形、分叉支架、术后持续慢血流、血管正性重构、病变覆盖不完全或夹层撕裂等操作因素。

4）支架自身因素：如对支架药物涂层或多聚物过敏、支架引起血管局部炎症反应、支架断裂、血管内皮化延迟等。

支架内血栓的预防措施包括以下几个方面。

A. 术前及围术期充分 DAPT 和抗凝治疗。对高危患者或高危病变，可加用 GPI，但应充分权衡出血与获益风险。

B. 选择合适的介入治疗方案。应权衡利弊，合理选用球囊扩张术、BMS 或 DES 置入术；支架贴壁要尽可能良好，建议高压力释放支架（必要时选用后扩张球囊），尽量减少支架两端血管的损伤；对选择性患者，可选用 IVUS 指导。

C. 强调术后充分使用 DAPT。一旦发生支架血栓，应立即行冠状动脉造影，建议行 IVUS 或 OCT 检查，明确支架失败原因，对血栓负荷大者，可采用血栓抽吸，可应用 GPI 持续静脉输注 48 h。球囊扩张或重新置入支架仍是主要治疗方法，必要时可给予冠状动脉内溶栓治疗，应检测血小板功能、了解有无高残余血小板反应性，以便调整抗血小板治疗，对反复、难治性支架血栓形成者，必要时需外科手术治疗。

（5）急性冠状动脉闭塞：急性冠状动脉闭塞大多数发生在术中或离开导管室之前，也可发生在术后 24 h。可能由主支血管夹层、壁内血肿、支架内血栓、斑块和（或）嵴移位及支架结构压迫等因素所致。主支或大分支闭塞可引起严重后果，立即出现血压降低、心率减慢，甚至很快导致心室颤动、心室停搏而死亡。上述情况均应及时处理或置入支架，尽快恢复冠状动脉血流。

（6）对比剂肾病（CIN）：CIN 是指在只使用血管内造影剂，而其他条件正常的情况下，患者 3 d 内血肌酐水平升高＞25％或增加超过 0.5 mg/dl，是经皮冠状动脉介入术后严重并发症。CIN 的临床症状多见于术后 2～3 d 内，且有研究指出，发生 CIN 的患者住院时间更长，并且有不低的死亡率。而且因为造影剂作为机体的异物，部分 CIN 患者在 PCI 术后会发生肾功能损伤，其中包括非少尿性急性肾功能不全，严重者甚至可以出现不可逆性的肾损伤。

目前，尚缺乏有效措施逆转对比剂肾病病程发展，所以预防 CIN 的发生发展显得更为重要。然后一旦 CIN 确诊成立，在治疗 CIN 的同时缓慢喝水，既可以避免急性胃扩张，又起到补液的作用。水化疗法是目前被广泛接受的有效减少 CIN 发生率的方法。大量临床工作者也认为，持续性静脉扩容比静脉冲击滴注更能减少 CIN 的发病率。

二、主动脉球囊反搏术

尽管现在的医疗方法使许多进展期的心力衰竭患者获益，但心力衰竭的总体死亡率仍然较高，并且患者生存质量的改善也很有限。对此类患者而言，心脏移植是唯一能够提供可靠疗效的治疗手段。然而，全世界每年大约只能提供 3 000 个心脏供体，心脏移植对心力衰竭总体的影响被形容为“流行病学上的微不足道”。因此，改善终末期心力衰竭患者的生存率和生活质量仍然是机械辅助循环的最终目标。

主动脉内球囊反搏术（intra-aortic balloon pump，IABP）是一种机械性辅助循环的方法，其基本原理是将球囊导管置于降主动脉内，外接控制装置，随心脏的舒张和收缩进行充气和放气，以提高心输出量，增加冠状动脉的灌注。

1952 年，Kantrowitz 等经反复大动物实验证实：提高动脉舒张压、延长收缩压时间，可使冠状动脉血流量增加，首先提出应用机械来辅助功能差的心脏。1958 年，Harken 首先提出了主动脉内反搏的概念。10 年后，Clauss 等在实验室中试用心脏收缩时，从主动脉抽出一定量的血入泵，在舒张期加压注回主动脉，以辅助心脏循环做功。同年 Moulopoulos 研制了主动脉内球囊反搏系统，通过同步气囊充气、排气，取得了与 Clauss 相同的辅助效果。经不断研究改进，IABP 产品问世。1968 年，主动脉内球囊反搏被首次应用于一位急性心肌梗死(AMI)合并心源性休克的患者，通过股动脉在左锁骨下动脉以远 1～2 cm 的降主动脉至肾动脉之间放置一个体积 30～40 mL 的长球囊，球囊于左室舒张末期排气使主动脉收缩压下降，后负荷下降，心肌耗氧量降低；于收缩末期充气使冠状动脉灌注增加，心肌收缩力提高，心排出量增加。有研究显示，应用更大的 50 mL 气囊，可比 40 mL 的气囊提供超过 25%的血流容积效应。由于其比较容易的经皮植入方式、相对较低的费用和并发症、能提供有价值的血流动力学效应，目前 IABP 已成为应用最多的心脏辅助装置。

1. IABP 的原理　IABP 由双腔气囊导管、驱动控制系统组成。首先经股动脉植入一双腔导管，导管顶端带气囊和压力传感器探头置于胸降主动脉内，导管外端接 IABP 主机的压力换能器及氦气出入装置。然后通过心电信号、或压力信号、或起搏信号、或内触发实现和心脏同步工作。工作时在心脏舒张期气囊充气，主动脉舒张压升高，冠状动脉压升高，使心肌供血、供氧增加；在心脏收缩期前气囊排气，主动脉压力下降，心脏后负荷下降，心脏射血阻力减小，心肌耗氧量下降，使心排血量增加却不增加心肌耗氧量。此外，IABP 还可使全身重要器官(如肝、肾、脾)血流增加，使循环稳定，微循环改善，尿量增加。

当患者出现严重心功能不全时，动脉压力降低，无法维持重要脏器的灌注，同时造成冠状动脉灌注减少，此时即使给予充分的血管活性药物仍然难以奏效。若于降主动脉内置入球囊，在心脏收缩、主动脉瓣开放时球囊快速放气，造成空腔效应，则能够起到降低后负荷的作用，增加心排血量，改善重要脏器的血流灌注，增加尿量，同时伴有心率下降；而在心脏舒张开始、主动脉瓣关闭时球囊快速充气，增加了动脉舒张压，从而增加冠状动脉灌注。

2. IABP 的参数选择　IABP 共有 4 种触发模式可供选择，分别为心电图触发、动脉压力波触发、固有频率反搏和起搏模式，前两种较为常用。

心电图触发：气囊在心电图 T 波(舒张期开始)充盈；在 R 波上去充盈(舒张期结束，收缩期开始)，是最常见的反搏方式。

动脉压力波触发：如遇心电信号不稳定(手术室外科电动器械产生电干扰)，可采用此种触发方式。此时气囊充盈设在动脉压力曲线的重搏波切迹，而去充盈则设在收缩压上升支。

固定频率反搏：如无心电信号或机械活动，不能用上述两种方法触发气囊充盈和去充盈，只能设置固定频率反搏。在无血流搏动的体外循环中，这种 IABP 触发模式能在一定程度上提供搏动血流。

起搏模式适用于安装了起搏器的患者。反搏频率和正常心搏的比例可以是 1∶1，也可是 1∶2、1∶4 和 1∶8。一般选择 1∶1 反搏，代表每次心跳均提供 1 次反搏。1∶2 或 1∶3 反搏分别表示 2 次或 3 次心跳才反搏 1 次。

3. IABP 的适应证

(1) 各种原因引起的泵衰竭：包括急性心肌梗死并发心源性休克、围术期发生的心肌梗死、体外循环后低心排血量综合征、心脏挫伤、病毒性心肌炎、中毒性休克。

(2) 急性心肌梗死后并发症：室间隔穿孔、二尖瓣反流、乳头肌断裂、大室壁瘤。

(3) 内科治疗无效的不稳定型心绞痛。

(4) 缺血导致的顽固性室性心律失常。

(5) 适应证的扩展：左主干病变等高危患者介入治疗中的保护，高危患者或介入治疗失败患者的支持，冠状动脉旁路移植术，瓣膜置换等心外科手术的围术期支持，终末期心脏病患者行心脏移植或置入人工心脏前后的循环支持，高危心脏病患者施行重大非心脏手术的支持。

置入 IABP 的时机非常重要，一旦患者符合适应证应尽早置入 IABP，切忌拖延，否则往往不能起效。

4. IABP 禁忌证　IABP 的绝对禁忌证包括主动脉瓣关闭不全、主动脉夹层动脉瘤。经过动脉插入的相对禁忌证主要与插入导管后的血管并发症有关，包括严重的主-髂动脉或髂-股动脉疾病、腹主动脉瘤、降主动脉瘤。另外，近期穿刺部位附近行腹股沟剖开术以及病态型肥胖的患者也不宜经股动脉插入。

5. IABP 操作的注意事项

(1) 将球囊导管送入动脉鞘管时，务必于接近鞘管处抓住球囊导管向前推进，以避免扭曲球囊导管。

(2) 插入球囊导管时不要用力过猛，否则可能造成动脉撕裂、夹层或球囊损坏。

(3) 若出现球囊充气受限，可能是由于部分球囊或其尖端位于斑块处，进入内膜下、锁骨下动脉或主动脉弓，或球囊对于患者来说型号过大。一旦发现球囊充盈受限，立刻重新调整球囊位置。

(4) 若动脉压力监测显示有阻塞，先回抽血 3 mL 后再冲管。若回抽时阻力过大要考虑到管腔已堵死，必须停止使用中心管进行血压监测，用管帽封住中心管口。

(5) IABP 工作过程中需要静脉使用普通肝素或皮下注射低分子肝素抗凝。即使如此，反搏停止也不能超过 30 min，否则会在球囊表面形成血栓。

6. IABP 的并发症

(1) 穿刺部位的出血和血肿：可以通过压迫穿刺部位来止血，但要保证有良好的远端血流。若出血不能止住，应考虑外科手术。

(2) 感染：应评价感染能否控制以及是否需要撤除球囊导管。

(3) 球囊穿孔：若发生穿孔，可见到反搏仪报警，导管管道中可见到血点，反搏压的波形可突然改变。一旦怀疑球囊穿孔，必须立即停止反搏，取出球囊导管，患者改为垂头仰卧位；如患者仍需 IABP 辅助，需重新插入新的球囊导管。

(4) 血小板减少：应动态检测血小板计数，必要时输入血小板。

(5) 主动脉夹层：可表现为背痛或腹痛、血容量减少或血流动力学不稳定。

(6) 血栓形成：血栓形成的表现及治疗应根据损伤脏器来决定。整个 IABP 工作期间需要严格抗凝。

(7) 肢体缺血：需要撤除球囊导管，若撤除后仍有严重肢体缺血存在，应考虑采取外科手术治疗。

7. IABP的停用　出现以下情况时可以考虑逐渐停用IABP。

(1) 血流动力学状态稳定，心脏指数>2.5 L/(min·m^2)，动脉收缩压>100 mmHg(1 mmHg=0.133 22 kPa)，平均动脉压>80 mmHg，肺动脉楔压(PAWP)<20 mmHg。

(2) 神志清楚，末梢循环良好，尿量>1 mL/(kg·h)。

(3) 心电图无心律失常及心肌缺血表现。

(4) 循环已改善，血管活性药物用量逐渐减少，同时血压恢复较好。

三、心包穿刺引流

心包穿刺引流(pericardiocentesis)是将穿刺针和(或)留置导管置入心包腔，抽吸心包积液用于诊断和治疗的方法。是临床上非常实用而又简便的一项诊疗技术。近年来，随着心脏超声波检查技术的普及和提高，大大提高了心包疾病的检出率，尤其是急性或大量心包积液出现心脏压塞症状时，能直观地做出定位和定量的诊断，为心包穿刺提示明确的指征。

1. 心包穿刺目的

(1) 心包穿刺抽出液体后送常规、生化、细菌学和病理细胞学检查，有助于病因的诊断。

(2) 急性或大量心包积液出现心脏压塞症状时，心包穿刺抽液可立即缓解症状，为进一步治疗创造条件。

(3) 通过心包穿刺、注射抗生素等药物进行治疗。

心包穿刺时患者胸和头的位置向上倾斜，这样可增加渗出液向前下的淤积。尽管有多种进针位置，心包穿刺的常用部位为左第5肋间心浊音界内侧1～2 cm处，剑突与左肋弓缘交界处。其他部位为右侧第4肋间心浊音界内侧1 cm处；胸骨左缘第5、6肋间，背部肩胛中线第7、8肋间。所有上述部位均应在穿刺前采用2-DE定位，操作医生亲临选定穿刺点和进针方向。有条件者采用2-DE直接引导穿刺，有助于安全操作。为保证操作安全，穿刺时患者体位、进针方向、穿刺点都应与2-DE定位相同，但这点很难做到。在各种不同的进针位置中较为安全的途径是剑突下途径，因为是在胸膜腔外，可避开冠状动脉、心包和乳内动脉。

2. 心包穿刺的适应证　虽然目前心包穿刺远较10年前安全，由有经验的手术者完成时，产生危及生命并发症的危险性已大大降低，但是心包穿刺仍是一项危险的技术操作，必须严格掌握其适应证和禁忌证。单纯心包积液无心包压塞，并不构成穿刺指征。凡穿刺引流可减轻心包压塞症状、抢救生命，或化验心包积液的性质对诊断和治疗有帮助者，均可进行心包穿刺。这些情况包括：① 感染性心包炎；② 化脓性、结核性或阿米巴性等肿瘤性心包积液；③ 乳腺癌、肺癌或淋巴瘤等心包转移；④ 外伤致心包积血；⑤ 心脏或大血管破裂心包积血；⑥ 心肌梗死后心脏破裂；⑦ 马方综合征主动脉破裂入心包；⑧ 心脏介入治疗致心肌破裂；⑨ 原因不明的心包积液伴心包压塞；⑩ 心脏换瓣术后延迟性心包填塞等。

3. 心包穿刺的禁忌证　心包穿刺的禁忌证为正在接受抗凝，有出血倾向或血小板计数低于50×10^9/L；心包积液量甚少，估计在穿刺时有刺伤心肌之可能者；患者烦躁，不能配合者。

心包穿刺在下列患者中看来不能改善血流动力学或可使病情恶化。

(1) 急性创伤性心包出血，血液流进心包腔与被抽吸出的速度相同。

(2) 少量心包渗出，估计积液量少于 20 mL。

(3) 超声心动图示前心包无渗液。

(4) 包裹性渗液。

(5) 手术后除液体外，血凝块和纤维蛋白充满了纵隔或心包腔。

继发于撕裂、心脏刺壁或主动脉瘤裂缝所致的急性心包出血，在心包放液后能迅速操作，仅作为对需做心脏或主动脉修补的外科心包探查术之前急诊拖延时间的方法。由化脓性心包炎引起的压塞患者，常采用外科引流，以便能大量地引流，另可用于怀疑或已确认的结核性心包炎患者，以便能将心包活检标本做细菌学和组织学检查。

4. 引流成功的指征　成功缓解心脏压塞的证据有以下几个方面。

(1) 心包腔内压力降至－0.4～＋0.4 kPa。

(2) 升高的右房压下降，及左右心室之间的充盈压分离。

(3) 心排量增加。

(4) 奇脉消失。

左右室舒张压均等持续升高伴同右房压力波呈现明显 Y 倾斜，则提示存在渗出-缩窄性心包炎所致的心包缩窄。若右房压下降而颈静脉仍扩张，应怀疑同时有上腔静脉堵塞，尤其对明确或怀疑有恶性疾病的患者。

5. 常见并发症的防治对策

(1) 气胸和血胸：气胸是由于采用剑突以外途径时误穿肺组织所致。术前精确定位，并确定穿刺方向是防止出现气胸的关键。对于女性患者所确定穿刺点易移位，应画准穿刺坐标，即画出长纵线与某肋间交点为穿刺点，纵线画长些，画在固定解剖标志上，可防止因软组织移位使定位不准确。血胸往往是因穿刺出血或血性心包积液污染胸腔所致。采用经胸壁穿刺引流，还可致胸痛或胸腔感染(化脓性积液时)，采用剑突下途径可避免上述并发症。

(2) 心肌或冠状血管损伤：国外将穿刺针与心电图机 V1 导联相连(心电图机须良好接地)，当出现 ST 段明显抬高时，为触及心肌。事实上，各种原因(如心肌纤维化、心电图基线不稳、电源或肌肉电干扰等)均可能使本方法敏感性受到严重干扰。进针较快时，未等心电图 ST 段出现，就已刺入心肌。因此，上述方法并不完全可靠。采用经剑突下途径，小角度紧贴胸骨和肋骨后进针，负压吸引，一旦穿入心包腔，心包积液便立即涌入穿刺针筒，并立刻停止推进穿刺针，因穿刺针尖几乎与心包壁呈切线方向，故不易损伤心肌及冠状血管。

(3) 肝脏或腹部脏器损伤：这种并发症主要见于经剑突下途径穿刺时。若患者体形肥胖或操作者经验不足，可能发生肝脏或腹部器官被误伤。预防办法是紧贴肋骨后(或胸骨后)进针，这样可避免误穿肝脏和腹部器官，避免误入腹腔，而仅经由横膈进入心包腔。

(4) 心律失常：心包穿刺本身诱发心律失常机会很少。严重心律失常多见于穿刺损伤心肌或冠脉所致。采用 Seldinger 法引流可避免损伤心肌或冠脉，尽量缩短操作过程，可减少或避免高危患者的严重心律失常或猝死。一旦穿刺置管引流后则病情平稳，由留置管引流不会对心脏造成损伤或刺激，因此不会出现严重心律失常。

(5) 与导管引流有关的并发症：导管引流心包积液以经剑突下途径为最佳选择。有些患者置管后会发现引流孔大量渗出心包积液，为心包积液高压所致，应继续抽液 100～200 mL，使压力降低，有些患者抽液时反感不适，同时穿刺时心包有刺透“蛋壳”的感觉，心包液流出不畅，应警惕心包已钙化，应测心包内压，若抽液后心包内压已下降，而中心静脉压依然很高，表明心包已缩窄。引流导管内有时干涸形成栓子，每次抽液完毕让心包液充满硅胶管，可防止形成干涸栓子；如心包积液引流受阻，可行心包双球囊撑开引流。

四、经皮球囊二尖瓣扩张术

经皮二尖瓣球囊扩张成形术(percutaeous balloon mitral valvuloplasty, PBMV)是指经皮穿刺股静脉，置入右心导管和房间隔穿刺针，行房间隔穿刺，送球囊导管入左心房，至左心室中部。将稀释造影剂注入球囊前部、后部和腰部，依次扩张球囊。在球囊前部扩张时将球囊后撤，使其卡在二尖瓣的狭窄处，用力快速推注造影剂，使球囊全部扩张，腰鼓征消失，迅速回抽球囊内造影剂(时间 3～5 s)，球囊撤回左心房。

房间隔穿刺是 PBMV 的关键步骤，但也是 PBMV 发生并发症或失败的主要原因。穿刺部位宜选卵圆窝处，位于房间隔中点稍偏下，为膜性组织，较薄易于穿刺；穿刺部位过高则进入主动脉或左心室，过低则进入冠状静脉窦或损伤房室交界区处组织，或将下腔静脉进入右心房处误认为房间隔而穿破下腔静脉，因此，房间隔穿刺是 PBMV 的关键。

房间隔穿刺的绝对禁忌证为位于房间隔部位的血栓和因房间隔缺损而接受了金属伞堵闭的术后患者。相对禁忌证为导致房间隔穿刺困难，风险增大的情况，如处在华法林有效抗凝治疗中、巨大的右心房、心脏大动脉的畸形和主动脉根部显著扩张的患者。

有两种手段评价 PBMV 的即刻效果：血流动力学和心脏超声心动图。血流动力学指标：① 心尖部舒张期杂音消失或明显减弱，心功能提高一级以上；② 左心房平均压≤11 mmHg，二尖瓣压差≤8 mmHg 为成功，≤6 mmHg 为优；③ 二尖瓣口面积≥1.5 cm^2 为成功，≥2 cm^2 为优。超声心动图将瓣叶的活动度、瓣膜增厚、瓣下病变和瓣膜钙化的严重程度分别为 1～4 级，定为 1～4 分，4 项总分 16 分。≤8 分时 PBMV 的临床效果较好。

经皮球囊二尖瓣扩张术的适应证与禁忌证有以下几个方面。

1. 适应证

(1) 中、重度单纯二尖瓣狭窄，瓣膜无明显变形、弹性好、无严重钙化，瓣膜下结构无明显异常，左心房无血栓，瓣口面积≤1.5 cm^2，窦性心律。

(2) 二尖瓣交界分离手术后再狭窄，心房纤颤，二尖瓣钙化，合并轻度二尖瓣或主动脉瓣关闭不全，可作为相对适应证。

(3) 二尖瓣狭窄伴重度肺动脉高压，手术治疗危险性很大者，不宜换瓣者，也可作为 PBMV 的选择对象。

2. 禁忌证

(1) 有风湿活动者。

(2) 有体循环栓塞史及严重心律失常者。

(3) 二尖瓣叶明显变形，瓣下结构严重异常，二尖瓣或主动脉瓣中度以上关闭不全者。

(4) 房间隔穿刺禁忌者。

另外经皮球囊二尖瓣扩张术的并发症包括重度二尖瓣关闭不全、急性心包填塞、严重心律失常、体循环栓塞、急性左心衰等。

总体来说，PBMV 的远期疗效较好，手术成功者的心功能得到明显改善，死亡率显著下降。瓣膜再次狭窄是远期的主要并发症，其诊断标准是：瓣膜面积丢失当初获得的50%以上，同时瓣膜面积<1.5 cm^2，其发生率在3～5年为2%～40%，部分患者可以再次行扩张术。

第三节　超滤治疗

充血性心力衰竭患者常因心功能失代偿需要反复住院治疗，社会及经济负担巨大，已成为最严重的全球性健康问题之一。容量负荷过重和肺充血是绝大多数急性失代偿性心力衰竭(acute decompensated heart failure, ADCHF)患者住院的主要原因。

利尿剂是充血性心力衰竭患者最常用的药物，虽然还没有证据表明能改善心力衰竭预后，但它能够改善充血症状。但是利尿剂的效果不尽如人意，即使规范化治疗的住院患者，多数慢性心力衰竭患者的容量负荷过重也没有得到有效纠正。ADHERE 注册研究中，21%的患者出院时体质量没有变化甚至增加；住院过程中，体质量减少<10 磅(约4.536 kg)者占 74%，也就是说体质量不达标者近 3/4。

利尿剂抵抗也是慢性心力衰竭利尿治疗面临的挑战之一，利尿剂抵抗现象在慢性严重心力衰竭和长期应用利尿剂的患者中较常见，约占慢性心力衰竭患者中的 1/3～1/4。呋塞米会激活神经内分泌系统，降低肾小球滤过率。Bayliss 等和 Francis 等的研究发现，静脉使用呋塞米使肾小球滤过率降低 15%，肾血流也相应下降；血浆去甲肾上腺素、肾素和醛固酮水平升高。但 ADHERE 研究显示，使用利尿剂同时伴肌酐水平升高者病死率更高，住院时间更长。有肾功能不全且使用利尿剂者，病死率为 7.8%，不使用者为 5.5%；肾功能正常且使用利尿剂者病死率为 3.3%，不使用者为 2.7%。病死率最高的一组是长期使用利尿剂伴肌酐升高患者。该研究还发现，无论基础肾功能如何，长期使用利尿剂治疗的患者病死率更高。

于是超滤治疗是目前解决此问题最理想的方法，因为超滤是通过脱水使血浆中水分减少，不存在药物耐受问题，还能减轻患者心脏负荷。可以有效改变药物治疗中导致的体内酸碱、电解质平衡失调，预防出现高血钾、代谢性酸中毒，甚至肾功能恶化。

一、超滤在治疗心力衰竭中的原理

超滤是通过半透膜滤过将血浆中的水分移除到体外的血滤过程，已被证实治疗慢性心力衰竭有效。在治疗慢性心力衰竭过程中，超滤通过应用一个机械泵和一个血液滤器将液体从体内移除，以减轻患者的症状。在超滤过程中，由于液体顺压力阶差跨膜移动，可将血浆中的水分和小分子溶质从血液中移除，而悬浮的固体和大分子溶质得以保留，电解质不会由于超滤而发生变化。因此，超滤可以通过移除血浆中的水分而在治疗慢性心力衰竭过程中发挥重要作用。超滤过程可以将血管内的液体移除到体外，缓解患者的症状，并增加患者对利尿剂的反应。在超滤将液体移除到体外的过程中，体液从血管腔内向体外转移的同时，血管外体液成比例地从外周组织向血管内转移，一方面有助于减少患者外周水肿和体腔积液；另一方面由于患者血管内的液体容量保持稳定，所以患者不会出现低血压，在超滤过程中患者的血压、心率和血清电解质保持不变。但是，如果滤速超过体液回流至血管的速度，循环血量将发生明显的改变，并最终导致心脏输出量明显下降和更差的外周灌注。

二、临床试验

Ban 等的 RAPID - CHF 试验(relief for acutely fluid — overloaded patients with decompensated congestive heart failure trial)入选 6 个中心的 40 例心力衰竭患者，随机地分配至呋塞米加超滤组或单独呋塞米组。在入院的最初 24 h 内，单独利尿剂组患者接受 160 mg 静脉呋塞米，联合治疗组患者接受单次 8 h 超滤合并静脉应用 80 mg 呋塞米。结果显示：联合治疗组和单独利尿剂组 24 h 清除液体量分别为 4 650 mL、2 838 mL，而 48 h 清除液体量分别为 8 415 mL、5 375 mL，联合治疗组体质量明显减轻、呼吸困难及慢性心力衰竭症状改善更加明显，而且治疗前后血压、心率、电解质、血肌酐浓度没有明显改变。因此，早期应用血液超滤治疗心力衰竭是可行的，且耐受性良好，可以在不影响肾功能的前提下有效地清除多余水分，减轻体质量。

2007 年的 UNLOAD 研究是迄今最大规模的评价超滤治疗的 ADHF 随机对照试验。该研究共 28 个中心参加，入选 200 例收缩期心力衰竭住院患者，随机分为早期超滤组(住院 24 h 内)或常规治疗组。超滤组住院后 48 h 内不用利尿剂，超滤量和速度(最大 500 mL/h)由负责医师确定。常规治疗组静脉使用门诊利尿剂剂量的 2 倍以上。结果显示，超滤组比常规治疗组体质量降低更多，呼吸困难缓解两组相似。超滤组 90 天再住院率更低。安全指标方面，超滤组低血钾更少，出院时肌酐升高(＞26.5 μmol/L)的比例两组相似。

UNLOAD 试验回答了超滤治疗 ADHF 的几个重要问题。超滤在降低体质量和减少再住院等终点指标上，优于常规药物治疗。对于慢性心力衰竭远期转归，超滤明显减少再住院和对医疗资源的占用。试验证明超滤治疗慢性心力衰竭是安全的。

三、超滤治疗的适应证

ACC/AHA 心力衰竭处理指南(2013)建议超滤适应证为有明显容量超负荷的患者，用以纠正淤血症状、液体潴留或对药物治疗无效的顽固心力衰竭患者。中国心力衰竭诊断和治疗指南(2014)对超滤治疗的推荐是高容量符合(如严重肺水肿和严重的组织水肿)，且对利尿剂抵抗的患者。ACC/AHA 的指南不强调利尿剂抵抗，有明显的液体潴留即是超滤指征。对利尿剂抵抗或药物治疗无效者，中国指南与 ACC/AHA 指南的推荐一致。

2016 年中华医学会推荐超滤治疗适应证为：① 心力衰竭伴有利尿剂抵抗或利尿剂缓解淤血症状效果不满意的患者；② 心力衰竭伴有明显液体潴留的患者，即有下肢或身体下垂部位凹陷性水肿，同时具备以下 2 项或以上的患者：劳力性呼吸困难、阵发性夜间呼吸困难或端坐呼吸，肺部湿啰音，淤血性肝肿大或腹水，颈静脉怒张＞10 cm，X 线胸片显示肺淤血、肺水肿或胸水；③ 因近期液体负荷明显增加，导致心力衰竭症状加重的患者。

近年来的研究倾向于对慢性心力衰竭患者早期开始超滤治疗，不必等到利尿剂治疗无效之后。特别是左心衰竭呼吸困难症状严重的患者，超滤可定时、定量地清除过剩体液，比利尿剂更可靠，改善症状迅速，为救治赢得时间。当病情进展到药物治疗无效的顽固性心力衰竭阶段或严重心肾综合征，将超滤作为一种"补救性"治疗措施，患者将难以获益。

低钠血症是慢性心力衰竭患者常见的电解质紊乱，超滤治疗本身虽不能纠正低钠血症，但其在降低容量负荷的同时，根据临床需要经肠道或静脉补充氯化钠是纠正低钠血症的可行方法。超滤脱水可以消除补钠引起液体负荷增加的顾虑。补钠期间应检测血钠浓度，避免发生高钠血症。对于合并低蛋白血症的患者，血浆胶体渗透压降低会增加超滤时发生低血压的风险。对于低蛋白血症患者在超滤治疗过程中，补充白蛋白可提高 PRR，促进血管外液体向血管内回流，有助于防止低血容量的发生。

慢性心力衰竭伴低血压状态的患者，如收缩压≤90 mmHg，且末梢循环良好，对血管活性药（如多巴胺）反应敏感者，应在密切观察血压和心率下进行超滤治疗，超滤速度控制在 200 mL/h 以内。

超滤治疗期间不提倡同时使用袢利尿剂，结束后可根据临床情况选择利尿剂的种类和剂量。利尿剂抵抗或利尿效果差的患者，在超滤治疗期间对利尿剂的反应性可能恢复，此时如果仍使用较大剂量利尿剂，尿量会骤然增多，液体出量难以预测，增加低血容量和低血钾的风险。

四、超滤治疗禁忌证

超滤治疗的禁忌证包括以下几种情况。

（1）收缩压≤90 mmHg，且末梢循环不良。

（2）肝素抗凝禁忌证。

（3）严重二尖瓣或主动脉瓣狭窄。

（4）急性右心室心肌梗死。

（5）需要透析或血液滤过治疗。

（6）全身性感染，有发热、全身中毒症状、白细胞升高等。

需要指出的是，体外超滤利用对流机制清除水分和电解质等小分子溶质，心力衰竭专用超滤设备主要用于脱水，不能有效清除代谢终产物（如肌酐），也不能纠正严重电解质紊乱（如高血钾）。对于血肌酐明显升高等有血液透析指征的患者，不宜使用单纯超滤；而对血肌酐中度升高但未到透析指征的患者，建议谨慎选用超滤治疗，超滤速度控制在 200 mL/h 以内，超滤总量不宜超过 1 500 mL，并密切监测血肌酐变化。以往几项超滤治疗 ADHF 的临床研究，把血肌酐≥3 mg/dl（265 μmol/L）作为试验的排除标准。

五、超滤治疗的终点

超滤治疗的目标是纠正容量超负荷，使患者体液容量恢复正常，缓解淤血症状和体征。超滤治疗终点需综合淤血症状和水肿的缓解程度、超滤总量、中心静脉压、红细胞压积(HCT)等指标进行判断。随着累计超滤量的增加，呼吸困难等症状将逐渐缓解、肺部啰音减少、水肿减轻、体重(水重)下降。通常开始治疗时血泵流量设为20～30 mL/min，超滤速度设为200～300 mL/h，然后根据患者的治疗反应、血压、心率等调整超滤速度，直至淤血症状充分缓解或达到临床满意。以呼吸困难为主要表现的左心衰患者，24 h超滤总量不宜超过3 000 mL；以体循环淤血、外周水肿表现为主的右心衰患者，24 h超滤总量不宜超过5 000 mL，存在严重组织水肿者除外。

如超滤治疗期间血压进行性下降，收缩压＜90 mmHg，伴心率加快，提示低血容量，应降低超滤速度，必要时暂停或中止治疗。低蛋白血症患者更易发生低血容量。

心力衰竭专用超滤设备为纠正钠水潴留提供了可靠的工具，能够快速缓解症状，降低再住院率，显示了良好的临床应用前景。但有关超滤治疗CHF仍有诸多问题有待解决，如最适指征和开始治疗的最佳时机，何种类型的CHF患者从中获益最大，影响超滤治疗远期预后的因素等。还需要更多、更大样本量的临床研究及临床经验的总结来回答。

第四节　机械通气治疗

急性左心衰具有起病急、病情重、死亡率高等特点，对于该病的治疗目前主要以强心、利尿及扩血管为主，但当临床效果不明显时，对于该病一旦救治措施不及时或是不合理，常常会诱发低氧血症的出现，致使患者最终因呼吸和循环衰竭而死亡，所以积极纠正急性左心衰患者缺氧状态成为治疗该病的首要及关键措施之一。

应用机械通气对于提高疗效，纠正低氧血症起到很好的辅助治疗作用。急性左心衰应用机械通气治疗在很长一段时间被认为是禁忌的，主要理由是：机械通气增加胸膜腔内压，从而增加心脏负担，进一步减少心输出量，降低血压，因此减少对全身脏器的血流灌注。随着对心力衰竭的病理生理深入了解及对机械通气的血流动力学变化的研究，机械通气支持在重度左心衰治疗中的有益作用得到进一步证实。

急性左心衰常存在心输出量下降、心室舒张末压升高等状况，所以造成肺静脉回流受阻而引发肺毛细血管内压力升高，致使毛细血管通透性上升，进而导致液体潴留在肺组织间质和肺泡内而诱发肺水肿，因此出现气体弥散障碍和通气/血流比值失调；机械通气可有效增大气道内压力，改善肺顺应性，使萎缩的肺泡重新扩张，增大肺残气量，大大促使肺通气及肺换气的功能，从而增大SaO_2，有效改善患者的低氧血症；减少患者呼吸肌的做功，降低患者机体耗氧量，有利于治疗心力衰竭药物的药效发挥；大量临床研究证实，机械通气不仅能够增加功能残气量、阻止小气道陷闭和肺泡萎缩，同时还能调节气体分布和通气/血流比值，因此对提升气道压力和胸内压力、改善低氧血症和酸中毒起到了事半功倍的效果。由于以上原因导致急性左心衰患者静脉回心血流量下降，因此能够降低左心室前负荷，改善心肌供氧，降低心率，同时增加心搏量，从而使心室充盈得以调整与平衡，改善心功能。

一旦患者确诊急性左心衰，如果病情进入急性左心衰的Killip Ⅱ级及以上的状态，就要根据血气分析和临床表现确定充分氧疗的方案；如果呼吸肌疲劳不能解除、呼吸窘迫不能缓解、出现顽固低氧血症、高碳酸血症和严重的酸中毒，就要考虑机械通气的干预治疗。

无创通气开始后的第 1 个小时是评估患者治疗效果的“黄金时机”，这段时间需要密切观察病情，复查血气分析，尽早查出不能从无创通气治疗中受益的患者。如果评估认为病情没有得到缓解，应及时给予足够的通气支持和其他类型的呼吸支持治疗。如果错过了这个评估时机，在无创通气更长时间后才评估其效果，将会延误患者进行有创通气的时机，这种延误可能增加死亡风险。

及时评估疗效的无创通气可能减少气管插管和有创机械通气的机会。急性肺水肿期患者如果能够成功采用面罩或鼻罩进行持续气道正压通气（continuous postive airway pressure，CPAP）和无创正压通气（non-invasive positive pressure ventilation，NIPPV）的治疗，其气管插管和有创机械通气的机会明显降低。应用面罩行 CPAP 和 NIPPV 治疗心源性肺水肿，能够改善氧合功能，缓解急性左心衰的症状和体征，提高生存率和降低病死率。然而，也有比较心源性肺水肿患者应用氧气面罩、CPAP 和 NIPPV 三种治疗的效果，发现无创通气的优势在于能够及时缓解心源性肺水肿的代谢异常和呼吸窘迫，但没有改善患者 7 d 或 30 d 时的生存率；在观察插管率和病死率方面，NIPPV 并没有优于 CPAP。

欧洲心脏病学会指南建议：气管插管的有创机械通气适用于急性心力衰竭诱发的呼吸肌疲劳所致的高碳酸血症、意识模糊和（或）呼吸频率减慢的状态。在有创通气之前应先进行氧疗或无创通气，如持续正压通气或 NIPPV 等纠正低氧血症和高碳酸血症型的呼吸衰竭。一旦患者出现呼吸频率减慢（预示着出现进行性二氧化碳麻醉状态），应立即进行气管插管，开始有创机械通气。意识模糊的患者直接进行有创机械通气可以避免胃反流引起的误吸。

出现氧合功能障碍的急性左心衰患者早期开始无创通气，有可能减少有创机械通气的实施，从而减少由此带来的相关并发症。CPAP 和 NIPPV 在呼吸机参数设定方面有相似之处，当患者同时存在高碳酸血症和低氧血症，NIPPV 应该作为首选。一旦患者开始进行无创通气，需要密切观察患者心肺功能状况，在无创通气第 1 小时的黄金时机就要评估无创通气效果。如果无创通气无法逆转低氧血症、缓解呼吸窘迫（不能减少呼吸做功）、提供足够的通气和防止呼吸肌疲劳，就必须进行气管插管和有创通气。需要立即进行血管再通和血运重建手术的患者，无须尝试无创通气，应立即直接进行有创机械通气，避免延误血运重建的时机。

总而言之，机械通气能够显著纠正低氧血症、改善患者通气功能，所以对降低急性左心衰的死亡率及提高临床治疗效果至关重要。

第五节　干细胞治疗和基因治疗

心力衰竭是各种心脏疾病的终末阶段，是 21 世纪心血管疾病面临的发病高峰。心力衰竭的病理生理研究与治疗学研究共同发展，建立了心力衰竭治疗包括针对水钠潴留的利尿剂、针对血流动力学异常的血管扩张剂和针对神经-内分泌异常激活的神经激素拮抗剂等治疗方法，改善了对心力衰竭症状的控制，尤其是 ACEI、ARB、β 受体阻滞剂和醛固酮拮抗剂的治疗，降低了心力衰竭的死亡率和再住院率。近十余年来，对心力衰竭的病理生理机制进一步探索，新的治疗方法不断出现，为未来心力衰竭的治疗展现了新希望。

一、干细胞治疗

目前应用于治疗心力衰竭及心肌梗死的成体干细胞主要包括骨髓干细胞(bone marrow stem cell, BMC)、间充质干细胞(mesenchymal stem cell, MSC)和心脏干细胞(cardiac stem cell, CSC)。

1. 骨髓干细胞　骨髓是造血干细胞和非造血干细胞的共同来源,由于其容易获得,近年来这种干细胞在临床前和临床研究中获得了最多的关注。然而,应用骨髓单核细胞(bone marrow mononuclear cells, BMMCs)治疗慢性缺血性心衰的研究结果备受争议,第1个应用BMMCs治疗缺血性心力衰竭的研究表明,在干细胞移植2个月和4个月后,LVEF显著升高,左心室收缩末容积明显减小。此外,研究还表明干细胞移植能增加患者心肌灌注和活动能力,这些研究结果被其他一些在心肌瘢痕边缘注射BMMCs的研究所证实,然而直接注射BMMCs到瘢痕组织未产生这样的结果。此外,应用具有高分化能力的BMMCs能提高患者远期存活率。非选择性的BMMCs也用于治疗非缺血性心力衰竭,Fischer-Rasokat等的扩张型心肌病患者移植祖细胞提高心肌再生能力的预实验研究,在冠状动脉内注射BMMCs到左前降支动脉,可引起注射区域局部室壁运动改善和左心室功能提高。注射BMMCs到难治性非缺血性心力衰竭患者左主干冠状动脉后使心功能改善、最大耗氧量增加、生活质量提高。BMMCs对非缺血性心力衰竭的疗效可能优于缺血性心力衰竭。目前,5个正在进行的随机对照试验,探索不同途径注射BMMCs对慢性缺血性心力衰竭和非缺血性心力衰竭治疗的影响,重复干细胞注射的可行性和有效性,以及评估干细胞治疗对应用左心室辅助装置的患者的有效性。

2. 间充质干细胞(mesenchymal stem cells, MSCs)　MSCs代表一部分非造血细胞,研究发现MSCs能分化为心肌细胞和内皮细胞,这类细胞的潜在优势是可产生免疫耐受,进而逃避机体的免疫攻击,使其可用于同种异体间移植。经心内膜下注射同种异体或自体骨髓来源的MSCs治疗缺血性心肌病的研究,首次探索了MSCs的剂量-效应关系,并比较了自体和同种异体MSCs治疗缺血性心力衰竭的临床疗效,发现两种MSCs均改善了患者的生活质量,提高了活动能力,逆转了心室重构;虽然该研究还显示所有的心肌节段瘢痕面积均明显减少,但Suncion等研究显示,瘢痕面积减少和心室功能反应主要发生在注射了MSCs的心肌节段;对缺血性心力衰竭患者行自体或异体MSCs治疗,均改善了患者的心功能,这类患者能获得有益的临床疗效。然而,目前尚不清楚MSC治疗非缺血性心力衰竭的疗效,即将完成的冠状动脉内干细胞注射对扩张型心肌病患者心肌新生影响的研究,旨在评估MSCs治疗没有冠状动脉病变的心力衰竭患者的疗效。

3. 心脏干细胞(cardiac stem cells, CSCs)　CSCs能持续进行心肌再生,可分化为心肌细胞、内皮细胞和成纤维细胞。一些临床前研究均表明,CSCs能使左心室心肌细胞再生。第1个人类心脏干细胞移植研究,评估了心脏干细胞移植治疗行外科血管重建术的缺血性心衰患者的疗效,行心脏外科手术时,从心肌组织中分离CSCs然后进行体外扩增,在手术后第4个月,将这些经体外扩增的CSCs通过冠状动脉内途径注射到心肌,研究结果与动物研究数据一致,CSCs移植组心脏功能显著改善,而对照组(未治疗)没有变化。此外,通过心脏磁共振发现,CSCs移植能减少心肌瘢痕面积,术后12个月心肌瘢痕面积进一步减少。

二、干细胞治疗心力衰竭的机制

1. 分化为心肌细胞　移植干细胞分化为心肌细胞似乎是干细胞治疗最合理的解释，但目前的证据表明，这不是唯一或主要的作用机制。Reinecke 等发现，移植的骨骼肌成肌细胞分化为骨骼肌纤维但不表达心脏特异性基因。移植骨髓干细胞是否分化成心肌细胞仍然饱受争议，其他研究表明，骨髓细胞与原位心肌细胞融合是其主要的作用机制，但也有研究反对这一说法。人体外周血 $CD_{34}{}^{+}$ 干细胞是否分化成心肌细胞和血管平滑肌细胞仍然是有争议的。虽然 MSCs 的治疗作用在于分化成心肌细胞和血管内皮细胞，但大多数研究不支持这种观点，认为 MSCs 主要的作用机制是旁分泌机制。CSCs 具有多项分化潜能，在体外能分化为心肌细胞、内皮细胞和血管平滑肌细胞。当移植 CSCs 到损伤心肌，能产生血管细胞、心肌细胞、内皮细胞和血管平滑肌细胞，表达心肌特异性蛋白。总之，移植干细胞也许分化为心肌细胞，目前为止大多数研究发现移植干细胞分化为相对少的心肌细胞与改善的心功能不相符合，所以可能其他的机制也在发挥作用。

2. 分化成新生血管　研究发现，MSCs、脂肪来源的细胞、CD_{34}^{+} 细胞、CSCs 能分化成新生血管，这种现象在慢性冠状动脉阻塞模型中很重要，存在心肌缺血但心肌能收缩。临床上，新生血管形成有助于提高一些缺血性心肌病患者的心功能，但很难想象非缺血性心肌病或缺血性心肌病还不存在冠状动脉血流受限的患者新生血管是怎么形成的。

3. 旁分泌机制　移植干细胞通过释放细胞因子、化学趋化因子、生长因子或微粒进入周围组织而诱导心肌修复，这些物质能促进再生过程，包括内源性 CSCs 激活、新血管形成、抑制凋亡，抑制肥大增生或改变细胞外基质，这些作用提高了左心室功能，改善了灌注，促进了心肌修复。

三、基因治疗

心力衰竭的基因治疗主要是通过转移和表达特异的基因，将目的基因导入靶细胞，纠正或补偿失去正常功能的蛋白质，抑制不利基因的表达。根据心力衰竭时神经内分泌、细胞因子的改变，从病因学角度，导入不同的基因，以达到治疗心力衰竭的目的。

1. β-肾上腺素能信号传递系统与基因治疗　心力衰竭时，交感神经活动增强，β-肾上腺素能信号传递系统缺陷，包括β-受体密度下调、β-肾上腺素能受体解偶联、β-肾上腺素能受体激酶(β-ARK1)上调。从而使心肌收缩力减退，心功能减弱，在心力衰竭的发生、发展中起重要作用。因此，增加β-受体密度，维持肾上腺能受体功能，可以改善心功能，延缓心力衰竭发展。转基因技术是一种改变β-肾上腺素能受体有效的方法。腺病毒介导的人β-肾上腺受体基因或β-ARK1 抑制基因导入心肌细胞，可以纠正β-肾上腺素能受体信号传递系统的缺陷。国外关于β-ARK1 研究得较多，β-ARK1 是 G 蛋白介导的受体激酶家族，它可使β-肾上腺素能受体磷酸化而丧失功能，β-肾上腺素能受体密度下调，最终β-肾上腺素能受体信号传递系统缺陷。心力衰竭时β-ARK1 活动增强，因此用β-ARK1 抑制因子基因，以腺病毒为载体，导入心肌细胞，使β-肾上腺素能受体上调，β-肾上腺素能受体功能恢复正常，使心力衰竭得到控制。实验证明，体内β-肾上腺素能受体转基因治理，可以纠正压力负荷过重引起的心功能障碍，预防和治疗心力衰竭。

2. 心肌肌质网 Ca^{2+}-ATP 酶(SERCA2α)的表达与基因治疗　Ca^{2+} 作为第二信使，

在心肌兴奋收缩耦联中起重要作用。心肌细胞中 Ca^{2+} 平衡的主要调节酶是 SERCA2α，该酶促进 Ca^{2+} 存储、运转和释放，直接影响心肌的兴奋-收缩耦联过程，影响心肌的收缩和舒张功能。在心室舒张期时，SERCA2α 消耗一分子 ATP，将两分子 Ca^{2+} 由细胞质泵入肌浆网，降低细胞质游离 Ca^{2+} 浓度，降低心室舒张压，有利于心肌收缩。Ca^{2+} 运输异常，与心肌收缩功能障碍有关。心力衰竭时，Ca^{2+} 运输异常，SERCA2α 活动减弱，SERCA2α/受磷蛋白比例下降，Ca^{2+} 进入肌质网功能紊乱，影响心肌收缩功能。

3. 细胞凋亡与基因治疗　细胞凋亡是心力衰竭发生发展的一个原因。凋亡相关基因参与了心肌损伤过程。目前已知的促进凋亡的基因有 *ced* 基因家族 *P53*、*Fas*、*Caspase3*，抑制心肌细胞凋亡能有效治疗心力衰竭。研究表明，用腺病毒载体将bc1－2 导入大鼠心肌细胞，可抑制 *P53* 基因导入的细胞凋亡，使心功能得到改善。用 P38α 突变的负性优势基因转移，亦可消除心肌细胞中 P38a 诱导的细胞凋亡。Caspase3 在心力衰竭中活动增强，它能够破坏心肌肌小节结构，影响心肌收缩，并激活细胞凋亡，促进心力衰竭发展。因此基因治疗能抑制心肌细胞凋亡，延缓和治疗心力衰竭，改善心脏功能。

4. 调节心肌肥厚相关基因表达水平　心力衰竭不仅是外周血流动力学改变和心肌收缩力下降的问题，而且是压力负荷刺激下，神经内分泌的激活，异常基因的表达。在心肌压力超负荷刺激的早期，心肌细胞的原癌基因 *myc*、*c-fos*、*ras* 出现快速、短暂的表达；在持续刺激下，细胞内胎儿收缩蛋白基因（*s.q-actin*）、心肌凝蛋白重链（β－MHC）、TNF、AngⅡ激活，基因转录，蛋白质合成，导致心肌肥大。这些异常基因表达的蛋白质，无收缩功能，且肥大的心肌细胞寿命短，易产生心力衰竭。抑制这些基因的表达，可抑制心肌细胞肥大。国外有报道，心力衰竭时，α－MHC/β－MHC 比值下降，导致心肌肥厚，心肌收缩力减退。故可通过增加 *α－MHC* 基因的表达，减少 *β－MHC* 基因表达，使α－MHC/β－MHC 比值增加，抑制心肌肥大，改善心功能，治疗心力衰竭。

5. 分子心肌成形术与基因治疗　分子心肌成形术，即心肌成纤维细胞肌原化。也就是经基因转导，改造非心肌细胞为具有收缩功能的心肌细胞。有收缩功能的心肌细胞数量减少，成纤维细胞增多，是心力衰竭发生的一个原因。因此，将具有收缩功能的蛋白质基因导入成纤维细胞，使其表达收缩蛋白，转变成骨骼肌样细胞，也就是把非收缩功能的细胞改变为有收缩功能的细胞，从而增加心肌收缩力，改善心功能。

6. 促血管成长因子与基因治疗　心力衰竭时，心肌细胞肥大，血管床相对减少，心肌缺血缺氧，加重心力衰竭的发生发展。增加心肌血液供应，纠正心肌缺氧，是治疗心力衰竭的一个方法。最新研究报道，Leota 等用腺病毒介导血管内皮细胞生长因子基因由血管壁导入血管内皮细胞，促进血管生成，增加缺血区血液供应，改善心肌供血。国外有研究者用腺病毒介导成纤维细胞生长因子 4（*FGF－4*）基因，在血管平滑肌（VSMC）内表达，抑制 VSMC 增殖，应用于扩张型心肌病心力衰竭。对于促血管生成的基因治疗有望改善心肌血液供应和心脏功能。

7. 心室重构与基因治疗　对心肌纤维化，心肌重构机制的认识，以及对心力衰竭发生发展机制的研究发现，抑制心肌重构，是增强心功能、延缓心力衰竭发展的一个有效治疗方法。Li 等研究发现，基质-金属蛋白酶（MMPs）是心力衰竭心肌细胞发生重构的一个有力的促进因子。MMPs 受细胞因子、生长因子的调节；主要有细胞外 MMPs 诱导因子，β-生长因子。通过调节这些因子，抑制 MMPs 的活动，可抑制心肌重构。具体的治疗方法有待进一步探讨。

心力衰竭治疗需要探索，心力衰竭新发病机制的认识将为心力衰竭治疗学研究提供新的靶点，新的治疗技术将为心力衰竭治疗学提供新的方法。心力衰竭更需要早期防治，将心血管病防治战线前移，降低心力衰竭发病率和死亡率是未来的探索与追求。

第六节　心脏移植治疗

心脏移植术(heart transplant，HT)可分为原位心脏移植及异位心脏移植。原位心脏移植是指切除患者的心脏，将供体的心脏替换于原来心脏的位置；异位心脏移植则是指不切除自体的心脏，而是在旁边另外植入一个心脏，起到辅助原来心脏的作用。

HT治疗可改善难治性心力衰竭患者(D期)的生活质量和延长存活周期，是目前用于治疗难治性心力衰竭最终的手术方法，适用于具有极大功能受限及高死亡率的心力衰竭患者。

1967年，Christiaan Barnard博士在南非成功进行了第1例心脏移植手术，是人类心脏移植术发展史上的一个里程碑。然而以后，由于排斥反应和感染等因素，心脏移植进入低潮时期。直至20世纪70年代末，随着环孢素的出现，能够更好地控制排斥反应，包括HT在内的移植手术有很大的发展。

1978年上海第二医科大学瑞金医院张世泽医师成功完成了我国第1例原位心脏移植术，患者存活109 d；1988年台湾省台湾大学医院朱树勋成功完成中国第1例，也是亚洲第1例异位心脏移植。

然而，捐赠者的稀缺明显限制了HT的发展，由于难治性心力衰竭临床治疗的改善和供体的固有限制，直到20世纪90年代中期，HT的数目才明显增加。目前世界上的HT数量保持稳定，每年有4 000～5 000例患者实施心脏移植术。

一、心脏移植的适应证和禁忌证

1. 适应证

(1) 难治性心力衰竭，同时使用强心剂或心室辅助装置(VAD)。

(2) 心功能分类Ⅲ或Ⅳ级。

(3) 氧耗量 $VO_2 \leqslant 12$ mL/kg/min(使用β受体阻滞剂)或 $VO_2 \leqslant 14$ mL/kg/min(不使用β受体阻滞剂)。

(4) 缺血性疾病与难治性心绞痛且没有血运重建的可能性。

(5) 持续性顽固性室性心律失常。

(6) $V_E/V_{CO2} > 35$ 或6 min步行测试 < 300 m。

2. 禁忌证

(1) 肺高血压(PVR＞5Wood单位)。

(2) 严重的外周血管疾病。

(3) 严重肝衰竭。

(4) 严重肺部疾病。

(5) 在供体和受体预期交叉配对中ABO血型不兼容。

(6) 严重的精神疾病,具有化学药物依赖性且治疗顺应性差。

值得注意的是,某些条件,如未治疗的感染和肿瘤,可能是心脏移植的短暂限制条件,但经过恢复治疗后,仍具有心脏移植治疗的资格;而在糖尿病患者中,靶器官损伤的存在与否是决定心脏移植治疗的关键因素;另外,在心脏移植前需进行免疫评估,如果存在针对供体的特异性抗原阳性,则不能进行心脏移植治疗。

二、供体的选择及保护

目前心脏移植的供体通常选用脑死亡者,脑死亡是一种病理状态,可能发生血流动力学改变,短暂的心肌缺血可能对心肌组织造成损伤,一般脑死亡心脏缺血时间不应超过4～6 h。供体短缺是限制心脏移植进一步发展的重要因素,因此,改善供体心脏的保护,延长供体心脏有效保存时间,可以拓宽供体心脏的来源。对供体心脏的保护,分为以下4个时期。

(1) 脑死亡期:维持循环容量,保持血压稳定。

(2) 热缺血期:常温氧合血液停搏,在心脏停止跳动后,用4℃停搏液灌注加以保护。

(3) 冷缺血期:多使用4℃保存液,3～4 h为界限。

(4) 移植手术期:继续局部降温并灌注停搏液。

三、心脏移植的早期并发症

1. *原发性移植物衰竭* 原发性移植物衰竭是HT后早期死亡的首要原因,约占前30 d死亡率的36%。在国际心肺移植学会(ISHLT)最近的一项共识中,移植物衰竭主要定义为影响左心室和(或)右心室,具有超声心动图和血流动力学改变,需要正性肌力或血管加压药的支持,并且通常需要使用循环辅助装置。由于研究人群的异质性及诊断标准的差异,其发病率在1.4%和30.7%之间变化。主要临床表现为血流动力学不稳定的心源性休克,这是供体、受体和外科手术等多因素共同作用的结果,其病理生理学并没有明确定义,但是缺血再灌注损伤,供体脑死亡后心脏的代谢改变及在移植之前的护理是促进原发性移植物衰竭发展的因素。

原发性移植物衰竭的治疗策略是使用血管活性及正性肌力性药物强化血流动力学支持,病情加重者,应使用机械循环辅助装置。然而在这种情况下,其移植效果有限。

2. *右心室功能障碍* 继发于肺动脉高压的右心室功能障碍是HT后最令人关注的情况之一,在心脏并发症中发病率高达50%,且约占术后早期死亡率的20%。当受试者的肺血管阻力超过4Wood单位,肺动脉收缩压>60 mmHg或经肺梯度(平均肺动脉压与PCWP之间的差异)>15 mmHg时,即存在右心室功能衰竭的高风险,并可因低氧血症和酸中毒的发展而加重。对于这些患者,HT术前准备应包括评估肺动脉高压对血管扩张剂的反应性,使用正性肌力药和血管扩张剂,必要时需使用循环辅助装置以优化HF治疗。另外,在手术期间,应排除机械原因造成的功能障碍,例如肺动脉吻合中的扭转或成角,并注意体外循环的输出,肺血管收缩和气体栓塞对鱼精蛋白反应的可能性等。

针对右心室功能障碍的治疗策略是优化右心室预负荷,维持正常血容量。使用血管扩张剂(如硝普钠、一氧化氮、前列环素和西地那非)及正性肌力剂(如多巴酚丁胺、肾上腺素、米力农和异丙肾上腺素)以减少肺血管阻力及增加心肌收缩力。同时应调整机械通气以避免缺氧和通气压力升高。如果这些治疗没有效果，应考虑使用循环辅助装置。

3. 感染　感染性并发症以及原发性移植物衰竭是移植后前 3 年死亡的主要原因，约占前 30 d 死亡率的 12%，1 个月至 1 年间死亡率的 29%，但不包括巨细胞病毒感染 cytomegalovines，CMV)。在原发病因中，由于使用免疫抑制剂引起的机会性感染较为突出。心脏移植后第一个月，医院感染占优势，其中大多数是细菌感染，同时还有一些不严重的机会性感染，例如单纯性单纯疱疹和黏膜皮肤念珠菌病。在此期间，外科手术部位感染也可出现(<5%)，具有高死亡率(发生纵隔炎时，死亡率高达 14%)。心脏移植后第 2 个月，机会性感染占优，特别是 CMV、弓形体病、曲霉病、肺囊虫肺炎(Pneumocystis pneumonia)等。从术后第 6 个月起，随着免疫抑制剂的逐渐减少，院外感染变得更加频繁，且具有发展严重的倾向。

4. 免疫排斥反应　在心脏移植中，移植器官被受体排斥无法避免。根据 ISHLT 记录，移植排斥反应的发生率在过去几年中逐渐下降，在 2010 年，达到其最低点约 25%，在心脏移植后死亡的患者中，<10%死于免疫排斥反应。

心内膜活检是早期正确诊断排斥反应的金标准。在心脏移植的初始阶段需经常进行活检。以后，通过调整免疫抑制剂和观察病理特征，这种活检可适当减少。移植排斥反应的临床症状呈现多样性，而在大多数情况下，患者无症状。临床无迹象或症状是移植排斥的病理特征，然而，也可呈现非特异性症状(如不适、肌痛和发热)、心肌炎(如心动过速、心房或心室心律失常、心包渗出)等，当出现更明显的临床症状(如外伤性呼吸困难、虚弱、晕厥、阵发性夜间呼吸困难、体格检查有颈静脉淤血、第三心音、低血压、肺和/或全身性充血)时，则提示了心力衰竭的存在。

免疫排斥反应通常可分为 3 种类型：超急性排斥反应(HAR)、急性细胞排斥反应(ACR)和抗体介导的排斥反应(MR)。

(1) HAR：HAR 常发生与心脏移植后数分钟至数小时内，其发生率<0.1%，但死亡率高，特征在于心肌细胞死亡，炎症细胞浸润，血小板沉积及血栓形成，可迅速导致心脏弥漫性缺血坏死。

(2) ACR：ACR 是最常见的类型，其特征在于心肌中存在炎性细胞。ACR 又分为 4 个等级：① 0R，在心肌中没有炎症浸润；② 1R(轻度排斥，低级)，血管周围或间质淋巴组织细胞炎症浸润，心肌细胞未侵袭或仅有一个心肌细胞炎症浸润；③ 2R(中度排斥，中级)，存在 2 个或以上心肌细胞炎症浸润(多灶)；④ 3R(严重排斥，高级)，弥漫式炎症，通常具有炎性浸润的多形性特征，包括嗜中性粒细胞和嗜酸性粒细胞，以及出血、血管炎和肌细胞坏死。

其中 2R 和 3R 级都需要额外的免疫抑制治疗，包括使用皮质类固醇进行脉冲治疗等。

(3) 抗体介导的急性排斥反应：目前倾向于认为 AMR 易发生在感染个体(暴露于输血、妊娠、移植、循环辅助设备)，其特征是存在针对移植物的血管内皮抗体(主要是抗 HLA)。由于其诊断的标准化，难以确定排斥反应的真实发生率，但是在第 1 年末估计为 10%～15%。从病理学角度而言上，抗体介导的排斥反应(pAMR)可分为四个等级：① pAMR 0，阴性(组织病理学和免疫病理学研究均为阴性)；② pAMR 1(H+)，只有组织病理学发现，如单核细胞活化、内皮水肿、出血、间质性水肿和(或)肌细胞坏死；③ pAMR 1(I+)，只有免疫病理学发现，针对 C4 d 的免疫组化或免疫荧光；④ pAMR 2，同时具有组织病理学和免疫病理学证据；⑤ pAMR 3，严重的抗体介导的排斥反应，其特征为出血、毛细血管片段化、多形性炎症、间质性水肿和免疫病理标志物的存在。

免疫排斥反应具有死亡的高风险性，应该积极治疗，包括用皮质类固醇、抗淋巴细胞抗体、免疫球蛋白、血浆置换及药物脉冲治疗，阻断由B淋巴细胞(利妥昔单抗)、抗体(硼替佐米)或补体(eculizumab)产生的抗体。

四、心脏移植的晚期并发症

1. 心脏同种异体移植血管病变(CAV)　CAV是HT 1年后死亡的主要原因之一，是限制HT患者长期生存的主要因素，常伴随肿瘤发生，其中第1年发生率为8%，5年发生率为30%，10年发生率为50%。

CAV是一种快速进展的潜伏性并发症，特征是持续性血管周围炎症和心内膜增生(主要是平滑肌细胞)，且具有类似于冠状动脉疾病的临床表现，例如心律失常、心肌梗死、心力衰竭和猝死等。但与典型动脉粥样硬化不同，CAV往往诱导弥漫性血管病变，涉及整个心外膜冠状动脉循环，并经常延伸到心肌小动脉。目前其发病机制仍具有争议，可能有多因素参与，主要应考虑以下风险因素：供体的年龄、抗HLA抗体的存在、CMV感染、血脂异常、全身性动脉高血压、糖尿病、肥胖症和吸烟等。内皮完整性和功能性损失，结合慢性免疫攻击，可能是导致平滑肌细胞迁移和增殖的触发因素。

由于CAV呈现弥漫性血管损害，传统的血管造影手段对与评估血管损害相对不敏感，但冠状动脉造影目前仍然是大多数移植中心的CAV诊断的标准，当血管造影显示心外膜冠状动脉显著狭窄，则提示预后不良。另外在非侵入性诊断方法中，多巴酚丁胺应激性超声心动图已用于晚期随访中，诊断和预测心血管事件，具有高的阴性预测价值。

目前CAV的治疗手段仍然非常有限，因此，有效的预防显得极为重要。心脏移植后，初级预防应包括优化免疫抑制治疗，严格控制常见的心血管危险因素(如高血压、糖尿病、肥胖、吸烟和久坐的生活方式等)以及预防CMV感染等，在初始移植中使用他汀类药物和地尔硫䓬药物以降低CAV的发生和进展。在随机研究中已经证明mTOR抑制剂(依维莫司和西罗莫司)由于其有效的抗增殖作用(包括平滑肌细胞)，可减少HT后CAV的发病和进展，因此在CAV中推荐应用。抗血小板药物对于CAV诊断，属于经验性用药。心脏再移植是CAV的唯一确定性治疗，但与第1次移植相比，其存活率更低。

2. 肿瘤　肿瘤是HT后晚期死亡的主要原因之一，与一般人群相比，其风险增加了2～4倍。这种升高的风险与长期免疫抑制密切相关，其中包括与病毒感染相关的恶性肿瘤，例如非霍奇金淋巴瘤和霍奇金淋巴瘤(作为移植后淋巴增殖性疾病的一部分，两者都与EB病毒感染相关)、卡波西肉瘤(与人类疱疹病毒8有关)、肛门癌(与人乳头状瘤病毒有关)和肝癌(乙型和丙型肝炎病毒)。

mTOR抑制剂具有抗肿瘤作用，抑制血管生成，阻断其生长并延迟细胞周期的进展，可应用于HT抗肿瘤治疗。

五、心脏移植中免疫抑制剂的合理应用

根据ISHLT指南，皮质类固醇、钙调神经磷酸酶抑制剂和抗增殖剂三联治疗方案常规应用于大多数心脏移植术中。

1. 皮质类固醇　在初始及急性排斥反应发作期间建议高剂量使用。由于应用皮质类固醇产生许多代谢和心血管方面的不良反应，建议在 HT 后 6 个月停用，尤其是针对有良好排异史的患者。

2. 钙调神经磷酸酶抑制剂　环孢素和他克莫司是两种常用的钙调神经磷酸酶抑制剂。两种药物具有类似的生存结果，包括排斥反应和 CAV 的发生率等，而在最近的研究中，与环孢素相比，他克莫司的排斥反应发生率较低。因此对于持续性排斥反应（对皮质类固醇耐受），更推荐使用他克莫司。

3. 抗增殖剂　常用抗增值剂有硫唑嘌呤和霉酚酸。相对于硫唑嘌呤，霉酚酸酯对排斥反应治疗具有优势，使患者存活率增加，而 CAV 和肿瘤的发生率减少，且胃肠道症状、CMV 感染、单纯疱疹等发生率也少于硫唑嘌呤。基于这些结果，霉酚酸酯为抗增殖剂首选，常与钙调神经磷酸酶抑制剂及皮质类固醇联合使用。

4. mTOR 抑制剂　主要有西罗莫司和依维莫司。两种药物可使 CAV 的发病率降低。mTOR 抑制剂常与环孢素联合使用，在与环孢素联合使用时，具有肾毒性，去除或减少环孢素，可改善或保留肾功能，减少肿瘤和病毒感染的发生，另一方面却增加排斥反应的发生率。mTOR 抑制剂其他不良事件包括蛋白尿、血脂异常、血小板计数低、水肿、高血压、痤疮和间质性肺炎。

六、心脏移植的疗效及展望

心脏移植术的疗效与术前患者全身及重要脏器功能状态和免疫抑制剂的使用等相关。据 ISHLT 对全世界范围心脏移植的统计结果显示，成年患者心脏移植术后围术期存活率在 90%以上，3 年存活率>80%，10 年存活率>60%，有 1/5 的患者在心脏移植后存活超过了 20 年。

由于外科技术的改进及免疫抑制治疗的进展，目前心脏移植已成为广大医师采用的治疗手段之一，是治疗终末期心脏病最有效的措施。在此基础上，更好的移植前护理，对机会性感染的预防与治疗，新一代的免疫抑制药物和移植后血管病变的预防治疗，更好的无创性的监测手段，均可帮助心脏移植得到进一步发展，造福广大心脏病患者。

第七章　心力衰竭的中医药治疗

心力衰竭以心肾气虚为本，瘀阻水停为标，平素因心阳（气）虚衰，失于推动，营运无力，导致血脉不利，瘀血内阻，瘀血化水或气化不利，输调失职，则水饮内停，凌于心，射于肺，困于脾，泛于肾，因虚致实；外感六淫、内伤情志、饮食劳倦可加重心力衰竭的恶化，因实致虚，使病情复杂，缠绵难解。

第一节　心力衰竭的治则治法

一、主要治则治法

1. 益气活血法　是目前治疗心力衰竭常用治法。气虚是心力衰竭的始动因素，以心为主，最终累及五脏。生理情况下，气、血、水是脏腑进行功能活动的物质基础，三者相依互用，气为血之帅，气能生血，又能行血、摄血；血为气之母，血能载气，又能养气。气能推动血液行于脉中，亦能行水于正常通道。病理状态下，气、血、水互相影响，交互为病：慢性心力衰竭是心肾阳气虚衰，气虚血滞，心脏鼓动无力，“血不利则为水”，瘀血水停，肺气不能通调水道，三焦气机不畅，则肿、喘并作。肾气（阳）亏虚，开阖失常，加之肾虚不能温脾，脾失运化，津液泛溢，故尿少肢肿。

通过心力衰竭患者饮食、二便，以此判断脾气的强弱。一旦脾虚失职，津液不布，则水湿停聚而成痰，痰瘀不化，壅滞血脉，气机阻滞，痰瘀更生，两者互为因果，故临证遇便溏、舌淡胖边有齿痕者，每每重用生黄芪、生白术、生薏苡仁而奏效，生黄芪功善健脾补气升阳，正合“脾气散精，上归于肺”之性。佐生白术、生薏苡仁加强健脾益气之功，使气血津液生化得扶，津液生成增加。对于时有胃脘饱胀感，大便不畅或肝区不适的患者，适当选用柴胡、佛手、八月扎等药物疏肝理气运脾，三焦畅则气血运化不致失常。《金匮要略》又云：“阴阳相得，其气乃行，大气一转，其气乃散。”意谓只有阴阳相合、阴平阳秘，人体大气才能正常运行，阴阳相得，是大气运行之基础；大气运转，则阴阳协调。

常用活血化瘀药物有丹参、川芎、水蛭、红花、三七等，以丹参、川芎最为常用。一味丹参，功同四物，丹参养血行气活血，配伍川芎行血散血，川芎“治一切风，一切气，一切劳损，一切血……调众脉，破癥结宿血，养新血”。再有丹参味苦，性微寒，川芎味辛，性温，两药伍用，取其寒温并使，气血同治。使用活血化瘀药时，勿忘瓜蒌皮、郁金、檀香、延胡索等理气宽胸药，相须为用，事半功倍。对于中老年患者，有出血隐患，如尿血、痔疮等，常用生蒲黄、三七等活血止血之品。周端教授善用虫类药，取其破瘀血而不伤新血，不损气分之效，临床运用于胸痹心痛病、高血压及脂质代谢异常的患者。临证常用水蛭，水蛭咸苦入血分，行走攻窜，搜风剔络，活血祛瘀，为化瘀通络，消癥祛积之要药。若遇体虚者，配伍生黄芪、当归等补益气血之品，以防伤正。穿山甲性微寒，入肝、胃经，咸能软坚，性善走窜，可通经达络，直达病所。《医学衷中参西录》谓其："味淡，性平，气腥而窜，其走窜之性无微不至，故能宣通脏腑，贯彻经络，透达关窍，凡血凝血聚为病皆能开之。"患者若现胸闷胸痛、气促之候，伴周身麻痹，舌紫暗，脉沉涩，则尤为适用。可嘱患者穿山甲佐生白术，打粉服用，以防伤及胃气。使用时需时时注意配伍、疗程、剂量及剂型，小剂量开始，间歇使用，一些有一定毒性的虫类药，适当配伍鸡内金、六神曲、生白术、灵芝、金蝉花等健脾护肝保肾类药以保护胃气，防止肝肾损害及过敏反应。

2. 益气养阴法　适用于心力衰竭早期的气阴两虚证。阴平阳秘，人即安和。心系疾病迁延日久，耗气伤津，加之外感六淫、内伤情志、劳累过度、药物失宜等原因致使气阴两虚，脏腑功能失调。由于阴阳互根，气血相依，故阴血亏虚，血不养心则致怔忡，心与肺同居上焦，心主血脉而肺朝百脉，故心气亏虚则可引起肺虚不能主气，肺失治节，表现为心悸、咳喘，动则尤甚。这种心力衰竭所见的虚喘，虽以心气亏虚常见，亦可因阴血不足导致。

受心血管及其相关疾病所扰，患者常有口干、耳鸣、潮热、盗汗或腰膝酸软、寐差、便秘、脉弦、舌红等阴虚内热之症。此类慢性疾病病久多致阴伤，煎熬肝肾之阴，上及肺胃之津，治疗不外补益肝肾，养阴生津。临证常用黄精、玉竹、天麦冬、杞子、山萸肉，此类药善"补五劳七伤"，属意其味甘性平，益脾胃润心肺，养阴生津，以图缓效，佐以制首乌、生地黄、熟地黄、女贞子等药，共奏滋阴养血益肾之功，加之丹参、川芎、郁金等理气活血药，使津液营血得以流动濡养全身，寓通于补。"盖欲使阳得复行阴中而脉自复也"，在滋阴的同时加用生白术、生薏苡仁等药味甘平，作用缓和者，健脾益气助运，盖阳能化阴，气行则津行，血脉通利。益气之法在上文已有所阐述，《黄帝内经》中"大气"，广义上主要是指真气、宗气，即人之正气，具有推动气血津液的运行，主宰人体各种机能活动。仲景所言大气和《黄帝内经》中的大气一脉相承，即宗气，亦可称为胸中运转之正气，其运转大气、调和阴阳之论，是中医扶正以祛邪的重要治则。这种协调阴阳、调畅气机的治病求本思想，并不特指某种疾病的治疗，而是贯穿于仲景学说之中，对后世治疗杂病的影响也极为深远。

3. 温阳利水法　心力衰竭时机体脏腑气化功能障碍，水液代谢功能异常，导致体内水液潴留。这不仅与肺的宣发肃降及脾的转输有关，更为重要的是心、肾阳气的温煦作用。心为君主之官，心阳根于命门之火，心阳有温煦、推动作用。若肾失温煦，则心阳不足，出现心悸气短，汗出肢冷，下肢浮肿等心肾阳虚之证，同时影响肺、脾、肾三脏功能及三焦通调水道的作用，最终影响水液代谢。肾气充足，小便开阖无误，肾阳亏虚，肾中精气蒸腾气化失常，则开阖失常，肾主水无权而发为水肿。心肾阳虚，不仅直接产生水肿，因其而产生的瘀血亦可导致水肿的发生发展，血不利则为水，血脉瘀滞，必然影响水液的运行、排泄。水饮停潴为害，上凌于心，心阳被伐，发为心悸；饮射于肺，则肺气不利，发为咳喘；湿困于脾，化源不足，脘闷纳呆便溏；水泛于肾，损及命门，水肿日甚。

苓桂术甘汤源自《伤寒论》，具温阳健脾利水降逆之功，是脾虚兼水饮的主治方剂。可健脾化湿，温补而不留邪，化饮活血而不伤正，即张仲景治疗痰饮以"温药和之"的思想。真武汤亦出自《伤寒论》，是温阳利水方剂，其心动悸，四肢沉重，身瞤动，小便不利及水肿等症状，权衡心力衰竭发生发展至此阶段的心脾肾阳虚程度与痰瘀水饮互结之间的消长变化，加用猪苓、车前子、泽泻等加强利尿之功效，胸腔积液或心包积液显著者加己椒苈黄汤，腹水甚者，并用黑牵牛子、白牵牛子末吞服。

4. 泻肺逐水法　本法适用于急性左心衰、肺水肿、肺源性心脏病(或胸腔积液者),有强心、利尿、减轻心脏负荷的作用,但为攻邪之法,不宜长期大量使用。心肾阳虚,肺失宣降通调,脾失健运,肾失开合,膀胱气化失常,导致体内水液潴留,泛滥肌肤。水饮凌心射肺,日久肾阳衰微。表现为呼吸困难、不能平卧、咯吐白色泡沫痰、纳差、尿少肢肿。本虚为心肾阳虚,鼓动无力故胸阳不振,瘀血内阻,而致胸闷心悸;肾阳虚,气化失司,水饮内停,而致喘促,咳吐白色泡沫痰,水饮泛溢肌肤而致双下肢水肿。当下急则治其标,采用攻下逐水法攻逐水饮,使水从大肠而下,给邪以出路,以期邪去而正安。攻下法应用于肺、脾、肝、肾四脏水有较多,但心衰病之水,发展到一定阶段可表现为"水饮停滞,凌心射肺",短期应用攻下法可达到驱邪扶正的目的。

攻下逐饮法是古代医家主张用于心水标实证的独特中医治法,《金匮要略》首提"心水"病名。在治疗方面,《金匮要略》提出:"支饮胸满者,厚朴大黄汤主之""心下续坚满,此为留饮欲去故也,甘遂半夏汤主之",对于类似慢性心力衰竭的"心水"病证,当饮证以标实为主要矛盾时,以攻下逐饮之剂急去饮邪。葶苈子泻肺平喘、利水消肿,泻肺中水气愤急,下行膀胱,故凡积聚微结,伏留热气,水肿痰壅,喘嗽经闭便塞至极等证,无不当用此",加之大黄泻热通便,消瘀破积,活血通经之功,两药合用,成攻下逐饮、祛瘀平喘之方。

二、其他治则治法

1. 从痰瘀　中医认为,心力衰竭则之于心,却与肺脾肾肝功能失调均相关,肺主气,肺朝百脉,脾主运化,肾主气,燃命门之火,肝主疏泄,调畅气机。若肝郁气滞或脾失运化或心肾阳虚,津液不能敷布,聚而成痰,痰浊壅肺,血停为瘀,即致痰瘀痹阻心脉,痰浊与瘀邪亦是诱发急性心力衰竭的最常见原因。

《金匮要略》云:"病痰饮者,当以温药和之",理气化痰的常用药有半夏、厚朴、瓜蒌皮、郁金,瓜蒌皮和郁金是痰瘀内阻证常用"对药",瓜蒌皮扩动脉,可增加冠脉流量,对抗心肌缺血,配合郁金宽胸理气,宣痹止痛。若气滞血瘀明显,加用丹参和川芎,丹参除能扩张冠脉,还能扩张外周血管,改善微循环,抑制血小板聚集。但遇心力衰竭患者夹有痰郁化热时则应遵循热者寒之的原则,给予清热化痰的药物治疗,如瓜蒌仁、胆南星、川贝母等。若遇患者平素血脂偏高,痰湿阻滞,瘀血内停,窍隧不通,易伴发腔隙性脑梗死,该类患者治疗上一是要选好用好化痰开窍药,如远志、石菖蒲、郁金、半夏,甚者冰片、人工麝香、牛黄等;二要慎用虫类搜剔之品;三则加用平肝止眩药,如天麻、潼白蒺藜、穞豆衣、豨莶草等,同时,选用通天草、葛根、升麻等引经药引药上行症遂告愈。冠心病心力衰竭的患者治疗上除了活血化瘀、宽胸通阳、宣痹止痛外,不可忽视患者在本以心阳不振、心气不足为主,故必要时考虑桂枝、补骨脂、附子、乌头(制川草乌)等温通除痹之品的应用,方能收到良效。

2. 从水湿　《素问·经脉别论》有云:"食气入胃,散精于肝,淫气于筋。食气入胃,浊气归心,淫精于脉,脉气流经,经气归于肺,肺朝百脉,输精于皮毛。毛脉合精,行气于府,府精神明,留于四藏""饮入于胃,游溢精气,上输于脾,脾气散精,上归于肺,通调水道,下输膀胱,水精四布,五经并行"。一旦脾虚失职,则如冯兆张《锦囊秘录》所言:"不能致精于肺,不输水道,则清者难升,浊者难降,留滞于鬲,瘀而成痰。"痰瘀不化,壅滞血脉,加之脾虚无力推动血行，致瘀血内停；脾虚，失其健运，津液不布，则水湿停聚。慢性充血性心力衰竭为本虚标实为患，标实以血瘀水湿并见，在治标过程中，利水湿是重要的环节。根据病邪深入的程度，正气所伤的轻重、表里、阴阳，从而在治疗上有所轻重缓急。

心力衰竭患者喘、肿并见，治拟温阳化气以利水。常用山萸肉、补骨脂、附子、肉桂温肾阳，补命门之火，化气利小便而祛除水湿，此为治本除湿之常法。若患者动则气促，水肿明显，常佐以通阳药物，加强化湿作用，常用桂枝、炙附子温肾回阳，温通心脉。茯苓、白术、生薏苡仁是健脾化湿常用药，若患者脘腹胀满、纳少，在化湿的基础上还应调理气机升降以促进三焦化气利水之功，常用药有郁金、瓜蒌皮、檀香、枳实。若湿邪郁遏气机，表气不通，患者少尿、肢肿、无汗，可于方中，加入葶苈子、杏仁提壶揭盖，宣通肺表，透化湿邪，宣畅了皮表之阳气，加强肺肃降之功，促进水液代谢，湿浊排泄。化湿利水之法可佐以益气之品，以防伤正。

3. 从气　清代张锡纯认为，宗气不仅是全身诸气之纲领，也是全身血脉之纲领。盖宗气积于胸中，贯心脉而行气血，内含心气，对呼吸和血液均有推动、固摄作用，因而人体的多种生理功能均与宗气盛衰有关，形神魂魄都有赖于宗气的充盛。充血性心力衰竭随着病情的进展，静息时也会出现呼吸困难，甚至出现阵发性夜间呼吸困难，患者常伴有乏力、肢软。尤其年老患者，常常出现神志不清、反应迟钝、嗜睡、淡漠、烦躁不安等精神症状。以上症状与宗气下陷密切相关，宗气培补于后天脾肺之气，所以随着衰老，脏腑之气衰减则宗气虚，宗气虚鼓动无力则心率缓慢或结、代；气血斡旋无力则劳动耐力减低，劳则气短、心悸、乏力；气虚帅血无力，血脉无以灌注营养头目耳窍肢体诸脏，则肢体懈惰、好卧、耳目失聪、健忘等。宗气一陷，则诸气失之统摄，不能司呼吸，肺气不升故喘息、呼吸困难；宗气贯心脉而行气血，宗气既陷，清阳不升，胸阳不能温通血脉则胸中窒息感甚或胸痛；宗气下陷，无力鼓动则心悸，脉细弱而迟或小数，或促而结、代；宗气无以灌注营养头目耳窍肢体诸藏，则出现疲劳乏力及精神神经症状，故补益升提宗气是治疗老年性充血性心力衰竭的重要治则。

大气可概指为人体之正气，即阴阳相得之正气（包括宗气），其正常运转是维持人体生理之根本，大气得运，气机调畅，则人体阴阳平衡。治疗多以补益为重点，补气为首要。针对不少患者胸闷气短、乏力、心悸等宗气不足表现，以黄芪、党参，大补宗气。同时寓升于补，“补气”的基础上配伍以“升提”，才能使宗气得以统领全身气血，“走息道而行呼吸，贯心肺而行气血”，如柴胡、桔梗、升麻等升提宗气。

4. 从阳虚或从肾　心肾两脏，同属少阴，络脉相连，在维持人体阴阳平衡，协调脏腑生理功能方面起着重要的作用。步入中老年后，心、肾两脏虚衰，对机体和生命的主持功能逐渐低，形成了老年人的生理性心肾亏虚，表现出腰膝酸软、齿发脱落、脉迟、少寐等，同时心肾阳气虚损，抵御外邪能力降低，致使各种心系疾病及其他脏腑疾病迁延不愈，更加耗损阳气，从而构成了心力衰竭发生的基础。心居上焦，藏神，主血脉，是五脏六腑之大主，是营运气血的动力；肾位下焦，藏精，主水，为原气之所系，寓真阴真阳，肾阳上温心阳而益心气，肾阴上济心阴而制亢火，既提供心脏鼓动射血的物质基础，又调节心主血脉的功能活动，只有心、肾二脏相互协同，血液方能和调于五脏，洒陈于六腑，出入升降，濡润全身。心肾气虚，血液不仅失于生化，亦失于营运，致血脉不利、瘀血内阻，瘀血化水或气化不足，则水邪内停，而发为心力衰竭。每遇外感六淫、内伤七情、饮食劳倦，更损耗心肾阳气，可使上症加重甚则恶化，从而使病情缠绵难解，形成恶性循环。

苓桂术甘汤、真武汤等均可应用于心肾阳虚、水饮逆乱之喘咳、胸闷、小便不利、水肿、腹痛欲利等症。慢性心力衰竭患者晚期心肾阳虚，肾失封藏，水饮凌心，肾不纳气，见有水肿、喘促等，常常选用苏子、五味子、黄荆子、地龙等平喘纳气；人参、万年青根、毛冬青、补骨脂、车前子、泽泻等强心利尿。

第二节　心力衰竭的辨证论治

心力衰竭中医症候特征为本虚标实，虚实夹杂。本虚以气虚为主，气虚阳损及阴，顾多兼有阴虚、阳虚；标实以气滞血瘀、痰饮水湿为主，每因外感、劳累等加重。心力衰竭中医证型可概括为心肺气虚、气阴两亏、心肾阳虚、气虚血瘀、阳虚水泛、痰饮阻肺、阴竭阳脱7种基本证型。

一、心肺气虚

1. 治法　补养心肺，健脾益气。

2. 选方　保元汤加减，出自《种痘新书》。

3. 方药　党参、生黄芪、炙甘草、桂枝、川芎、白术、丹参、当归。方中党参、黄芪补益元气，扶助心气；甘草炙用，甘温益气，通经利脉，行血气；肉桂辛热补阳，温通血脉，以桂枝易肉桂，有通阳、行瘀之功；川芎、丹参或当归，养血行血和血。补心气药常用人参、党参、黄芪、大枣、太子参等，如气虚显著可少佐肉桂，补少火而生气，亦可加用麦冬、玉竹、黄精等益气养阴之品。

二、气阴两亏

1. 治法　益气养阴，养心安神。

2. 选方　生脉散合炙甘草汤加减，出自《医学启源》《伤寒论》。

3. 方药　太子参、天麦冬、五味子、炙甘草、生姜、桂枝、生地黄、阿胶、酸枣仁、柏子仁、白芍、当归。方中太子参、五味子、炙甘草补益心气，资脉之本源；配以阿胶、生地黄、麦冬、当归滋阴补血；酸枣仁、柏子仁、茯神养心安神；桂枝、生姜以行心阳。诸药同用，使阴血得充，阴阳调和，心脉通畅。若心肾阴虚，兼见头晕、耳鸣、口干、烦热、心悸不宁、腰膝酸软，用左归饮补益肾阴，或河车大造丸滋肾养阴清热。若阴虚阳亢，风阳上扰，加珍珠母、龙骨、牡蛎、石决明等重镇潜阳之晶，或用羚角钩藤汤加减。如心肾真阴欲竭，当用大剂西洋参、鲜生地黄、石斛、麦冬、山萸肉等急救真阴，并佐用生牡蛎、乌梅肉、五味子、甘草等酸甘化阴且敛其阴。

三、心肾阳虚

1. 治法　温肾助阳，振奋心气。

2. 选方　参附汤合金匮肾气丸加减，出自《重订严氏济生方》《金匮要略》。

3. 方药　人参、附子、生地黄、山药、山萸肉、茯苓、牡丹皮、泽泻、桂枝、怀牛膝、车前子、生白术、生姜。方用肾气丸以滋补肾阴；用附子、肉桂温补肾阳，两药配合，则补水中之火，温肾中之阳气，肾为水火之脏，根据阴阳互根原理，善补阳者，必于阴中求阳，则阳得阴助而生化无穷。同时附子配伍人参大补元气，温补真阳；桂枝、甘草温阳化气，振奋心阳，两方共奏补益阳气，温振心阳之功。白术、茯苓、泽泻、车前子通利小便；生姜温散水寒之气；牛膝引药下行，直趋下焦，强壮腰膝。若阳虚寒凝心脉，心痛较剧者，可酌加鹿角片、川椒、细辛、川乌、赤石脂。若阳虚寒凝而兼气滞血瘀者，可选用薤白、瓜蒌皮、郁金、檀香、延胡索、乳香、没药等偏于温性的理气活血药物。

四、气虚血瘀

1. 治法　益气活血，化瘀通络。

2. 选方　补阳还五汤加减，出自《医林改错》。

3. 方药　生黄芪、党参、当归、白芍、赤芍、干地龙、川芎、红花、桃仁、丹参。方中黄芪、党参等补中益气，桃仁、红花、丹参、赤芍、川芎活血化瘀；白芍、当归养血和血。胸痛甚者，加水蛭、生蒲黄、三七粉等活血化瘀，通络定痛。兼血虚者，加何首乌、枸杞子、熟地黄滋养阴血。兼阴虚者，加麦冬、玉竹、女贞子滋阴。兼阳虚者，加附子、肉桂、仙灵脾温补阳气。兼挟痰浊，而见胸满闷痛，苔浊腻者，加瓜蒌仁、薤白、半夏理气宽胸化痰。治疗过程中，应注意有无出血倾向或征象，一旦发现，立即停用，并予相应处理。

五、阳虚水泛

1. 治法　温阳利水，泻壅平喘。

2. 选方　真武汤合五苓散加减，出自《伤寒论》。

3. 方药　茯苓、白芍、炙附子、生姜、生白术、桂枝、猪苓、泽泻。方中用附子、桂枝温阳化气行水；茯苓、白术、猪苓、泽泻、生姜健脾化饮，渗湿利水；白芍敛阴和阳，通血脉；生姜温胃散水。可加丹参、红花、泽兰、益母草行瘀利水；若见恶心呕吐，加半夏、陈皮、生姜皮和胃降逆止呕；若尿少肢肿，加防己、大腹皮、车前子利水渗湿。水肿势剧，上凌心肺，心悸喘满，倚息不得卧，咳吐白色泡沫痰涎者，加檀香、枳实、黑牵牛子、白牵牛子、车前子、葶苈子行气逐水。本证缠绵不愈，正气日衰，复感外邪，症见恶寒发热，肿势增剧，小便短少，此时可按风水治疗，但应顾及正气虚衰的一面，不可过用表药，以麻黄附子细辛汤合五皮饮为主加减，酌加党参、黄芪、菟丝子等补气温肾之药，扶正与祛邪并用。

六、痰饮阻肺

1. 治法　涤痰祛饮，泻肺平喘。

2. 选方　葶苈大枣泻肺汤合桂枝茯苓丸加减，出自《金匮要略》。

3. 方药　葶苈子、大枣、桂枝、茯苓、牡丹皮、赤芍、桃仁、杏仁、桔梗。方中葶苈子涤痰除壅，开泄肺气；佐大枣甘温安中而缓药性，使泻不伤正；桂枝通阳化气，温化痰饮；茯苓健脾除湿化痰；丹皮、赤芍助桂枝通血脉，化瘀滞。水肿势剧，上凌心肺，心悸喘满，倚息不得卧，咳吐白色泡沫痰涎者，加杏仁、桔梗以开宣肺气，痰多可加三子养亲汤化痰下气平喘，杏仁、橘红、桔梗等宣肺透表，提壶揭盖。本证亦可用苏子降气汤加红花、丹参等化痰祛瘀平喘。若腑气不利，大便不畅者，加大黄、厚朴以通腑除壅。

七、阴竭阳脱

1. 治法　救阴扶阳，益气固脱。

2. 选方　参附龙牡汤加减。出自《世医得效方》。

3. 方药　人参、附子、桂枝、龙骨、牡蛎、干姜、炙甘草、大枣。方中桂枝、炙甘草温补心阳；生龙骨、生牡蛎安神定悸。大汗出者，重用人参、黄芪，加煅龙骨、煅牡蛎、山萸肉，或用独参汤煎服；心阳不足、寒象突出者，加黄芪、人参、附子益气温阳；夹有瘀血者，加丹参、赤芍、桃仁、红花等。若心肾阳虚，虚阳欲脱厥逆者，用四逆加人参汤，温阳益气，回阳救逆。若见大汗淋漓、脉微欲绝等亡阳证，宜重用人参、蛤蚧、五味子、山萸肉、牡蛎、龙骨，应用参附龙牡汤，并加用大剂量山萸肉，以温阳益气，回阳固脱，以防喘脱之变。

第八章 心力衰竭的中医特色疗法

第一节 针灸疗法

中医针灸疗法主要包括刺法和灸法，均是通过对人体经络上特定的腧穴进行相应刺激以达到治疗疾病的目的。我国使用针灸治疗疾病有悠久的历史，早在《山海经》中就有“高氏之山，其上多玉，其下多箴石”的相关记载，1972 年长沙马王堆汉墓出土的周代医书中，有“足臂十一脉灸经”和“阴阳十一脉灸经”两篇著作，是目前发现最早的针灸论著。战国至秦汉时期的《黄帝内经》则对经络、腧穴、针灸治疗作了较为详细的论述，奠定了以经络学说为核心的针灸理论体系，其中《灵枢》又被称为“针经”。《难经》《针灸甲乙经》以及后世的《备急千金要方》等著作都对针灸学理论的完善做出了重要贡献。而针刺使用的工具也随着人类社会发展逐步演进，最早使用砭石，后来逐渐发展出骨针、竹针和金属针，进入近代后发展出了目前广泛正使用的不锈钢针。灸法方面，人们在漫长的社会生产实践中选择了容易燃烧、火力温和的艾作为原料，后世又演变出白芥子灸、细辛灸等药物灸的方法，扩大了灸法的应用范围。

一、经络组成及循行

经络是经脉和络脉的总称，是运行气血，联络脏腑肢节，沟通内外上下，调节人体功能的一种特殊通道。“经”有路径之意，所谓“经者径也”，贯通上下，沟通内外，是经络系统中纵行的主干，有一定的循行部位；“络”有网络之意，是经脉别出的分支，较经脉细小，故曰“支而横出者为络”，纵横交错，遍布全身。经脉和络脉通过有规律的循行和复杂的联络交会，把人体五脏六腑、肢体官窍及皮肉筋骨等组织紧密地联结成统一的有机整体，从而保证人体生命活动的正常进行。

人体的经络系统的组成是经脉和络脉。其中经脉包括十二正经、奇经八脉、十二经别、十二经筋以及十二皮部，络脉则包括十五络脉、浮络和孙络等。十二正经的名称由手足、阴阳、脏腑三部分组成，隶属于十二脏腑，循行于手足、内外和前中后等不同部位，包括手三阴经——手太阴肺经、手厥阴心包经、手少阴心经，手三阳经——手阳明大肠经、手少阳三焦经、手太阳小肠经，足三阴经——足太阴脾经、足厥阴肝经、足少阴肾经，足三阳经——足阳明胃经、足少阳胆经、足太阳膀胱经。奇经八脉则是督脉、任脉、冲脉、带脉、阴维脉、阳维脉、阴蹻脉、阳蹻脉的总称，对十二经脉的气血运行起溢蓄和调节作用。十二经别是十二正经别行深入体腔的支脉；十二经筋是十二正经之气输布于筋肉骨节的体系，是附属于十二经脉的筋肉系统；十二皮部则是十二正经功能活动反映于体表的部位，也是络脉之气散布于皮肤之所在。十五络脉由十二正经、督脉、任脉各自别出一络，加上脾之大络组成。浮络是分布在皮肤表面的络脉，孙络是络脉最细小的分支。

二、腧穴分类及主治

腧穴是人体脏腑经络之气血输注于体表的特殊部位，分为经穴、奇穴、阿是穴三类。

经穴是归属于十二正经、督脉和任脉这十四经脉系统中的腧穴，共361个，具有主治本经和所属脏腑病证的作用，又称“十四经穴”。

奇穴，也称为“经外奇穴”，主治范围较为单纯，对某些疾病有特殊疗效，如中魁可治疗呃逆，定喘可治疗喘证。

阿是穴，又称为“天应穴”“不定穴”“压痛点”等，无固定名称及位置，也无一定数目，以压痛点或其他反应点取穴。唐代孙思邈《备急千金要方》载：“有阿是之法，言人有病痛，即令捏其上，若里当其处，不问孔穴，即得便快或痛处，即云阿是，灸刺皆验，故曰阿是穴也。”

三、针灸治疗心力衰竭的治则及治法

中医针灸学是以中医传统理论为指导，运用经络、腧穴及刺灸技术进行防治疾病的一门学科。因此在使用针灸进行心力衰竭治疗时，仍当以中医理论为指导，进行辨证论治，注重整体观念。祖国医学中没有“心力衰竭”病名，根据症状常将其纳入“心悸”“喘证”“胸痹”等范畴，故临床心力衰竭的针灸疗法可参考这些疾病的取穴。

慢性心力衰竭为本虚标实之证，其病机可用“虚”“瘀”“水”概括，本虚包括气虚、阳虚、阴虚，标实包括血瘀、水饮、痰浊。因此在针灸治疗心力衰竭时，针对不同的病机和证候，须选用不同穴位进行治疗。

1. 辨证与辨经相结合、辨证与辨病相结合　辨证是在临床诊治疾病时，使用中医理论将“望闻问切”四诊收集到的各种症状、体征加以分析、判断，概括为某种个“证”；辨经则是用经络理论，根据患者具体的临床症状和体征来判别其病变的经络脏腑归属，进而选用相关的腧穴进行治疗。辨证是中医诊治的基本特征，辨经则是在辨证基础上根据经络理论、腧穴特点总结出的诊治方法，在治疗具体疾病时需要相互结合，有机统一。

辨病是根据现代医学对疾病的诊断、鉴别诊断、预后而做出的诊治方法，是对一个具体疾病的整体概括。辨证则是对某一疾病中某一阶段病位、病性、病机的概括。在治疗心力衰竭时可以借鉴现代医学的诊疗手段进行“辨病”，掌握其诊断、预后及转归，而在治疗时则可以使用中医的“辨证”与“辨经”，对疾病做更仔细的归纳与总结，从而得出适宜的治疗方法。

2. 疏通经络，调和气血　经络是运行气血，联络脏腑肢节，沟通内外上下，调节人体功能的一种特殊的通路系统。若经络受邪，经脉瘀阻，则气血运行不畅，可出现麻木、疼痛、肿胀等临床表现。通过针灸的治疗使瘀阻的经络通畅，气血运行无碍，则各脏腑肢节得以濡养，维持正常的生理活动。

在心力衰竭中常有瘀血、水饮的产生，继而瘀阻心脉，痹阻气血，使心体失养，心脏搏动无力，脏腑气血不足以成疾患。故针灸治疗时当疏通痹阻之经络，调和乖违之气血，使经脉通利，气血调畅，则疾病可治。

3. 补虚泻实，标本兼治　针灸的补法主要通过补泻手法中的补法、穴位的选择及配伍来实现。如提插、捻转补法；在脏腑经络的背俞穴、原穴施行补法；使用具有补益功能的腧穴如关元、气海、命门、肾俞等。针灸的泻法也是通过补泻手法中的泻法、穴位的选择及配伍来实现，包括三棱针放血、皮肤针重叩出血等；使用具有偏泻性能的腧穴如十宣、水沟、丰隆等。

疾病在发生发展过程中，常常临床表现复杂，标本缓急错综，甚至出现假象。我们则需要分清标本缓急，抓住主要矛盾，认真分析发病本质，去伪存真，正如《素问·通评虚实论》曰："邪气盛则实，精气夺则虚"，同时"急则治其标，缓则治其本"，以达到标本兼治的目的。心力衰竭目前多认为是本虚标实之证，心体虚衰为本，瘀血、水饮、痰浊等为标，在病情较稳定时期，患者症情较为平缓，治疗当求其本，以"治本"为主，兼顾一些气急、水肿、乏力等症情；若病情较为危重，患者常常喘促气急，入夜不能平卧，此时则当"治标"为主，祛除邪实以安症情，待症状平稳后可徐徐缓图，做到"治标"与"治本"的有机结合。

4. 恰当选穴与配穴　在针灸治疗时同时应当注重选穴与配穴。选穴原则是针灸临证选取穴位的基本法则，包括近部选穴、远部选穴、辨证选穴和对症选穴等。而配穴则是在选穴原则下针对不同病证选取作用相同或相似的腧穴进行配伍，包括按部配穴和按经配穴。具体选穴和配穴方法可参考相关针灸学等著作。

四、治疗

1. 主穴　心俞、内关、神门。

2. 配穴

心虚胆怯者，加胆俞、阳陵泉、足三里。

心血不足者，加脾俞、足三里、血海。

阴虚火旺者，加厥阴俞、肾俞、太溪。

心阳虚弱者，加膻中、气海、中脘、足三里。

心脉瘀阻者，加巨阙、膻中、郄门。

心悸不安者，加郄门。

情绪郁结者，加太冲、水沟。

喘促明显者，加肺俞、肾俞、太渊、太溪、足三里、定喘。

水肿较甚者，加脾俞、肾俞、水分、复溜、足三里、三阴交。

心力衰竭病位在心，为本虚标实之证，心体虚衰，心气羸弱，治疗上当补益心体为主，故取手少阴心经原穴神门、心之背俞穴心俞为主以补养心体，安心神，助心气，再配以心包经络穴内关以调理心经气血，《备急千金要方》曰："凡心实者，则心中暴痛，虚则心烦，惕然不能动，失智，内关主之。"

心神不宁、心虚胆怯者，胆俞为胆之背俞穴，阳陵泉亦属胆经，且是八会穴之筋会，足三里属胃经，《玉龙赋》曰："心悸虚烦，刺三里"，与胆俞、阳陵泉相配可养心神、镇胆怯。

心血不足者，加脾俞、足三里、血海。中焦为气血生化之源，脾胃功能壮旺，运化水谷正常，才能化源气血濡养全身，脾俞、足三里合用可以补益脾胃，健运中焦以使气血生化得充，配以血海，《针灸甲乙经》言"若血闭不通，逆气胀，血海主之"，与脾俞、足三里同用可补益脾胃、养血宁心。

心阳虚弱者，膻中是心包经之募穴、八会穴之气会，与气海相配可理气宽胸，扶助心阳。中脘、足三里可健脾理气、温通心阳。四穴相配可温运心阳、通利心气。

心脉瘀阻者，加巨阙、膻中、郄门。心阳不足，心脏鼓动气血无力，更有阳虚寒凝气滞，故脉中血液运行迟缓而有瘀阻之虞，巨阙是心经募穴、郄门是心包经郄穴，二穴同用可温振心阳，补益心气，心气足，心阳充盛，则鼓动气血有力，再配气会膻中调气止痛，行气宽胸，以达到气行血行，血脉通利的效果。

心悸不安者，加郄门，《针灸甲乙经》曰："心痛，衄哕呕血，惊恐畏人，神气不足，郄门主之。"内关为心包经络穴，神门为心经原穴，心俞是心经的背俞穴，三者皆可作用于心脏，有养心气、安心神之效，可用于心力衰竭中心悸、怔忡等症情。

情绪郁结者，常为肝气郁结，气机不畅，太冲为肝经输穴、原穴，可疏泄肝气，条畅气机，又名"消气穴"，对于情志疾患疗效较佳。水沟属督脉，为督脉、手足阳明之会，可醒脑调神，与太冲相配以治疗情绪抑郁。

喘促明显者，取肺俞、肓俞以补益肺气，取肾俞以摄纳肾气，太渊为肺经原穴，太溪为肾经原穴。肺主气司呼吸，主吸入自然界清气，肾主纳气，可摄纳肺中清气以归于肾，正如《类证治裁》所说："肺为气之主，肾为气之根，肺主出气，肾主纳气，阴阳相交，呼吸乃和"。足三里补益脾胃，健运中焦以"培土生金"，助运肺气。定喘为治疗喘证常用之效穴。

水肿是心力衰竭常见症状，《灵枢·终始》曰："从腰以下者，足太阴阳明主之"，故治疗上当以足太阴、阳明经为主，同时肾主一身水液代谢，肾经穴位亦当取用。脾俞、足三里、三阴交三穴相配以补益脾胃，运化水液。肾俞是肾经背俞穴，配以肾经经穴复溜，两者调补肾经，疏利水液。水分属任脉而能分利清浊，与前述诸穴共用以利水消肿。

此外，亦可取耳穴、穴位注射等方法辅助治疗。

耳穴：取耳穴的心、交感、皮质下、小肠部位，毫针刺，或王不留行籽、磁珠敷贴，敷贴期间每日按压 2～3 次。

穴位注射：可使用丹参注射液或维生素 B1、B12 注射液，每次选穴 2～3 穴，每穴注射 0.5 mL，隔日 1 次。

五、展望

针灸是祖国医学中重要的组成部分，在治疗许多疾病方面具有独特的优势，并且广泛被各国患者接受，较之中医药汤剂更全球化。然而在治疗心力衰竭方面，针灸的临床研究目前还相对较少。国内学者张其梅等使用活血温阳汤合针灸治疗慢性心力衰竭患者，对照组 30 例使用常规西药治疗，30 例治疗组在此基础上加用活血温阳汤与针灸，发现治疗组心功能、生活质量以及血浆 BNP 水平均优于对照组。而马淑骅等认为针刺有可能通过调节与心肌细胞内钙调节相关的分子、蛋白，或通过改善心肌细胞肌质网钙泵功能、肌钙蛋白对 Ca^{2+} 敏感性，达到增强心肌收缩力的作用，同时可降低洋地黄非毒性的起效浓度，共同起到对洋地黄增效减毒的作用。2016 年学者 Hojung Lee 等针对针灸治疗心力衰竭的临床研究作了一项系统评价，在 4 107 篇文献中纳入了 7 项 RCT 研究进行分析，最后认为针灸治疗心力衰竭的疗效目前还不确定，还需要严格的大型临床试验证据支持。这项研究纳入的 RCT 试验数量较少，可能对研究结果有一定的影响，但针灸治疗心力衰竭的临床证据目前的确比较缺乏，其疗效究竟如何，安全性怎样，如何使用才能使心力衰竭患者真正获益，这都需要今后更多的工作去证实与探索。

第二节　中药外敷疗法

中药外敷法是指将各种中草药切碎，或将中药研粉调匀，或将中药煎为汤剂，或直接使用中医膏药，敷于患者的患处或穴位以达到治疗疾病目的的方法。广义上目前使用的各类中医药膏药，如金黄膏、玉露膏等，也属于中医外敷法的范畴。根据所用药物不同，中药外敷也具有不同的功效。正如《理瀹骈文》所说："外治之理，即内治之理；外治之药，即内治之药。所异者法耳。"

在作用机理方面，中药外敷主要是通过药物对患处的直接与间接两个作用起效，前者主要是药物通过皮肤的渗透和吸收进入体内，随血液运行到达病处，所以发挥相应药理作用；后者主要通过药物不断刺激敷药部位的皮肤或穴位，进而调节机体神经、内分泌等系统，通过影响神经体液内分泌因子（如多巴胺、5-HT 等）起到治疗疾病的作用。而在具体药物的选择与使用时，则需要同内治药物一样进行辨证施治，根据疾病不同的发展过程、不同证候、不同发病机制，选用不同的治疗方法与治疗处方。另外，也需要注意一些容易引起皮肤过敏的药物如白芥子、附子等，在临床使用时需要谨慎，以防皮肤过敏甚则起泡脱皮。

在心力衰竭的治疗上，目前临床常分为心肺气虚证、气阴两亏证、心肾阳虚证、气虚血瘀证、阳虚水泛证、痰饮阻肺证、阴竭阳脱证等 7 个证型，辨证特点已如前述，治疗时则需要根据患者不同的辨证特点判定为以上不同的证型，继而选用不同的药物进行外敷，才能取得较好的临床疗效。具体的药物可参考前述的相关方剂以供临床使用。

临床研究方面，由于心力衰竭是各种心脏疾病的终末阶段，一般患者的临床症情较重，内服药物、静脉用药以及机械辅助等治疗是目前常用的治疗方法。中药外敷法在临床上更多扮演辅助治疗的角色，常常用于以上治疗方法不能取效或为增强其疗效的情况，以达到更好地改善患者临床症状的目的。目前中药外敷治疗心力衰竭方面的临床研究尚不多见，仅罗列如下以供读者参考使用。

陈霞将 78 例慢性心力衰竭患者随机分为治疗组和对照组两组，两组均予常规基础治疗，对照组单纯予热水袋外敷神阙穴，治疗组以行气温阳散中药外敷神阙穴并结合 TDP 灯照射，中药由吴茱萸、小茴香、乳香、没药等组成，治疗 1 周后，结果发现治疗组腹胀明显改善，总有效率高于对照组。

温雅等将 120 例心力衰竭伴阴囊水肿的患者随机分为芒硝组与硫酸镁组 2 组，每组各 60 例，均予基础治疗，芒硝组予芒硝外敷阴囊，硫酸镁组予 50%硫酸镁湿敷阴囊，均为 2 次/d，记录两组消肿效果、治疗前后阴囊大小及舒适度得分，结果发现芒硝外敷疗效优于硫酸镁且舒适度更高。

俞荣华将 72 例慢性心力衰竭伴水肿患者随机分为对照组和治疗组，每组各 36 例，对照组予呋塞米治疗水肿，治疗组在呋塞米基础上加用附子、茯苓粉外敷关元穴，治疗 2 周后观察疗效，结果发现呋塞米联合中药外敷较单纯使用西药疗效更好，可有效减轻水肿，改善心功能。

傅晓霞等将 140 例心肾阳虚、水瘀内阻型慢性心力衰竭患者随机分为 2 组，每组各 70 例，对照组予西药治疗联合安慰剂外敷，治疗组予西药治疗联合壮肾灵方外敷心俞、肾俞。

壮肾灵方为茯苓皮 30 g、白术 30 g、白芍 30 g、附子 100 g、红参 30 g、黄芪 60 g、淫羊藿 50 g、香加皮 20 g、益母草 20 g、葶苈子 20 g、水蛭 20 g、细辛 30 g、干姜 30 g。治疗 12 周，观察治疗前后中医证候积分、心功能、BNP 水平等。结果发现经治疗后，治疗组患者心功能明显优于对照组，壮肾灵方外敷有临床疗效。

第三节　中医膏方疗法

中医膏方，又名膏剂，属于丸、散、膏、丹、酒、露、汤等中医药传统剂型之一。历代的膏剂又有外用和内服两种，外用膏剂，有软膏、硬膏两种，是将药物细粉与适宜的基质制成具有适当稠度的半固体外用制剂，主要用于中医外治法中，前者如金黄膏、冲和膏等，后者如麝香解痛膏等；内服膏剂，则多指煎膏，是将中药饮片加水多次煎煮，去渣取汁，经蒸发浓缩后，加阿胶、龟甲胶、鹿角胶等动物胶质及黄酒、炼蜜或炼糖制成的半流体状制剂或固体状剂型。

中医膏方是在传统中医药理论指导下，在整体观念、辨证论治基础上，以一般中药饮片为基本原料，配以高档中药材为主的精细料，以及胶类、糖类等相关辅料，按一定的药物处方和制剂工艺加工制成膏剂的一类中药制品。在传统中医治疗学中，中医膏方具有重要的作用与独特的魅力，是我国传统医药学的一大瑰宝。我国使用中医膏方进行保健疗疾的历史非常悠久，早在先秦古籍《山海经》中就有用于治疗皮肤皲裂的羊脂类膏剂，马王堆出土的战国时期帛书《五十二病方》中也有肪膏、脂膏、彘膏、豹膏、蛇膏等记载，《黄帝内经》中的《灵枢·痈疽篇》则记载有“化为脓者，泻则合豕膏”等，东汉时期的《武威汉代医简》中则开始出现相对完整的膏方处方，并记录有内服的膏方。后世各个朝代中医膏方都有一定发展，如南北朝时期陶弘景的《神农本草经集注》：“疾有宜服丸者，服散者，服汤者，服酒者，服膏煎者，亦兼参用所病之源以为其制耳”，唐代孙思邈《备急千金要方·合和第七》曰：“凡合膏，先以苦酒渍，令淹浃，不用多汁……盖令兼尽其药力故也”，宋代《太平圣惠方》中记载的枸杞煎、神仙服黄精膏、神仙茯苓膏等，及至明清时期，膏方逐渐走向成熟，治疗范围扩展至内外妇儿等各病种，并出现了龟鹿二仙膏、琼玉膏等著名膏方，

中医膏方外敷治疗心力衰竭的内容已在第二节中有相关论述，本节将着重探讨中医内服膏方（以下简称“膏方”）治疗心力衰竭的作用。

一、膏方治疗心力衰竭的优势

在膏方治疗心力衰竭方面，由于膏方本身的特点，其处方一般较普通中药汤剂更大，通常膏方的中医饮片在 30 味左右，故成分更为复杂，配伍亦需要更为精当，在实际临床中的治疗作用则显得更为多样。膏方的临床应用不仅仅是养生保健，同时具有治病疗疾的作用。如万颖等观察慢支咳喘膏治疗老年支气管哮喘急性发作期患者的临床研究中，在常规西药治疗基础上加用慢支咳喘膏，可有效地帮助老年支气管哮喘缓解临床症状，改善肺功能，降低血清 IgE 水平。陈孝银等使用琼玉膏干预人肝癌细胞移植裸鼠模型后发现，相比于模型组，琼玉膏组裸鼠的体质量增长迅速，癌组织质量偏低，且 HBxAg 表达更低。再如尚冰等观察龟鹿二仙膏对人子宫内膜基质细胞（hESCs）增殖功能和纤维连接蛋白（FN）表达的作用，使用龟鹿二仙膏含药血清干预体外培养的 hESCs，发现龟鹿二仙膏呈

时间及剂量依赖性，能显著促进 hESCs 增殖，同时上调 FN 表达。这些研究结果从临床和基础的各方面说明膏方具有治疗疾病的作用，并且有较好的临床价值。

此外，膏方由于成分浓缩，药力也更显持久。我们临床中可以发现，很多患者在服用膏方后，来年的一整年几乎都可获益，比如精力更为充沛，感冒次数减少，患病几率下降等。而部分疗效略低的患者服用膏方后，来年也可有几乎半年的时间能够获益。此外，膏方细料中人参、鹿茸、阿胶等药物，大多被认为具有很好的心脏保护作用。因此综合膏方以上诸多特点，使用中医膏方治疗心力衰竭具有很好的临床前景和临床价值。当然，膏方取得较好临床疗效的临床现象还需要更多和更严格的临床试验和临床证据去证实，这样才能得到更多的肯定与推广。最近，一项李道睿发表的关于益肺清化膏辅助治疗非小细胞肺癌术后患者的多中心随机对照临床研究是一项很好的膏方研究，随访时间长达 2 年，最后结论提示益肺清化膏辅助治疗非小细胞肺癌术后患者的疗效确切，能够明显改善患者的生存质量状况及临床症状，并且可以调节患者免疫功能，无严重不良反应。这项研究可以给我们很多临床启示。而在膏方治疗心力衰竭的研究方面，目前较好的临床研究尚不多见，陈守宏等使用具有益气温阳、活血利水作用的益心膏（黄芪、生晒参、附子、防己、白术等）治疗心力衰竭，发现益心膏可以改善心力衰竭患者的 BNP、LVEF，并且可以提高心衰患者的生活质量。相信随着研究的深入和发展，越来越多的临床证据将陆续出现，膏方治疗心力衰竭的优势也将会被慢慢揭示和接受。

二、膏方治疗心力衰竭的方法

由于没有“心力衰竭”病名，根据临床症状，祖国医学常将心力衰竭纳入“胸痹”“心悸”“喘证”等范畴，故中医膏方也根据这些中医病证制定相应的治则治法和处方方药。祖国医学中心力衰竭的论述早有记载，如《黄帝内经》中《素问·痹论》云：“心痹者，脉不通，烦则心下鼓，暴上气而喘。”《灵枢·胀论》记载：“心胀者，烦心，短气，卧不安。”东汉时期的张仲景更是进一步提出了与心力衰竭有关的“支饮”“心水”两个概念，如《金匮要略》云：“心水者，其身重而少气，不得卧，烦而躁，其人阴肿”，并创制了真武汤、葶苈大枣泻肺汤等至今行之有效的经典方剂。宋代《三因方·水肿》谓：“短气不得卧，为心水。”与心力衰竭临床症状颇为相似。2005 年中华中医药学会内科分会在“中医内科疾病名称规范研究”一书中正式将该病命名为“心衰病”，指出“心力衰竭是指心体受损、脏真受伤、心脉‘气力衰竭’无力行气运血所致的危重疾患，主要临床表现为心悸、喘促、水肿、肝大等证”。

1. 中医膏方治疗心力衰竭的基本思路

（1）分期论治，补益心阳：心力衰竭病机可概括为心气（阳）虚为本，水饮瘀血为标的本虚标实证。气虚不能化水，则水饮内停，“气为血之帅”，心气亏虚，则瘀血内生，阻滞脉道，故产生水饮、瘀血等病理产物。“血不利则为水”，瘀血、水饮又互相影响，进一步损伤心气，形成恶性循环。

在治疗上，早期以心肺气虚为主，心气受损，累及于肺，致使肺气亏虚而有气喘乏力等症，即《医学衷中参西录》所谓：“心有病可以累肺作喘”，治疗上注重补益心气、宣肺平喘，常用保元汤加减，且重用黄芪、太子参、党参等补气之品。中期以气阴两虚为主，此时患者多经过利尿、强心等治疗后，往往出现口干心烦、舌红少苔等阴虚之候，主要因为心气不足，水液气化不利而有水肿，进而过用利尿剂后耗伤真阴，患者阴液不足又兼有心气亏虚，故治疗上既要补益心气，又需滋养心阴，常用生脉散加减，用药上补益心气同时佐以滋阴生津之品，如黄精、玉竹、麦冬等，使气阴双补。后期以心肾阳虚为主，此时阴损及阳，阳气虚衰，心阳虚衰日久累及于肾，导致肾阳衰惫，蒸腾气化水液功能障碍，再有心阳鼓动气血不利，体内水饮内停，故有阳虚水泛等证候，甚则出现水凌心肺，发为喘脱危证，故治疗上以温阳化湿、平喘利水为主，可用真武汤、苓桂术甘汤加减，并且多配以万年青根、猫爪草等益气消肿之品。

心气亏虚是慢性心力衰竭发病之本，贯穿疾病全过程，且心气鼓动气血，以阳为用，故治疗上需重视补益心气，温补心阳。因肾阳乃命门之火，心阳根于肾阳，开具膏方时，常可在桂枝、附子等温壮心阳同时，配伍补骨脂、仙茅、仙灵脾等补益肾阳，且在精细料中常加用参蛤散(生晒参、蛤蚧)。参蛤散是治疗慢性心力衰竭常用的药对，人参大补元气、补脾益肺，蛤蚧助肾阳、补肺气，两者相合，可补心气、纳肺气、温肾气、温补心肾之阳、纳气平喘，契合心力衰竭的病机。

(2) 重视“瘀血”，酌用虫类药：瘀血是血液运行不利导致的病理产物。心气虚衰，心阳虚弱，必然推动血液无力产生瘀血，而心主血脉，心体受伤，脉道凝涩，血行不畅，又加重瘀血。叶天士提出“久病入络”“久病必瘀”，王清任则曰：“周身之气通而不滞，血活而不瘀，气通血活，何患不除”。现代医家颜德馨教授认为“气为百病之长，血为百病之胎”“瘀血乃一身之大敌”，提出使用“衡法”治疗心力衰竭。周仲瑛教授则认为“阴阳两虚、心脉瘀滞”是心力衰竭的重要病因病机，治疗当注意益阴助阳、活血通脉，使用养心通脉合剂取得了较好的临床效果。结合古今众位医家的观点，在慢性心力衰竭的膏方实践中须重视瘀血的治疗，常用补气活血、温阳活血、行气活血等方法。

补气活血：气虚者，不能生血、行血、摄血，则血液生化无源而有血虚血瘀，血行不畅发为血瘀，血不循常道行于脉外亦是血瘀。故《素问·八正神明论》有云：“血气者，人之神，不可不谨养也。”对于气虚兼有血瘀的心力衰竭患者，出现乏力气短，动则加甚，脉细舌暗等证，常常可以补阳还五汤为基础方，重用黄芪、党参、白术等，兼以红花、赤芍、川芎等活血药以补气活血。

温阳活血：阳气虚寒，则血液凝滞，阳气推动无力，则血液瘀阻脉内。故临床中，在活血化瘀治法中，常常强调阳气的补益，且在补阳同时兼顾阴精的填补，所谓“阳得阴助而生化无穷”，常以右归丸加减，配以活血药。

行气活血：“气为血之帅”，气行则血行，气滞则血瘀。《难经·本义》曰：“气中有血，血中有气，气与血不可须臾相离，乃阴阳互根，自然之理也。”且慢性心力衰竭患者多有腹胀纳差、胸闷脘痞等气滞证，故慢性心力衰竭的活血治法中须兼理气才能事半功倍。但理气之品多偏香燥，故可多选用理气不伤阴者，如香橼皮、佛手、八月札等。

另外，在心力衰竭瘀血证调治中需重视虫类药，如水蛭、地龙、蜈蚣、全蝎、地鳖虫等，用量为9～15 g。慢性心力衰竭患者多存在心血瘀阻、经脉不通等证，久病则络脉闭塞，即叶天士所云“初病气结在经，久则血伤入络”“经年宿病，病必在络”，草木之剂往往难以到达病所，而虫类药大多“灵动迅速，可追拔沉混气血之邪”，搜剔络脉，化瘀行滞，可取得较好临床疗效。且膏方滋补浑厚，药性均衡，对于慢性心力衰竭这类慢性病，加用虫类药可使“血无凝著，气可宣通”而无伤胃之虞，从而达到缓图为功之效。

(3) 顾护脾胃，兼顾并发症：中焦脾胃为后天之本，生化之源，水谷之海，《景岳全书》

云："土气为万物之源，胃气为养生之主……是以养生家必当以脾胃为先。"膏方中补益药较多，又有各种胶类、糖类，味厚质重，容易滋腻碍胃。慢性心力衰竭患者，由于心气亏虚，中焦脾胃运化功能下降，往往可见纳差、便溏等脾虚不运之证，若一味滋补可能会有"虚不受补"之虞。故膏方治疗慢性心力衰竭时，一定要顾护脾胃，脾气健运，药物才能吸收，脾土壮旺，气血才不会生化乏源。临证中腹胀明显者，常可配伍砂仁、枳壳、木香等行气健脾，胃纳不馨者配伍谷麦芽、六神曲、鸡内金等消食健胃，大便稀溏者用炒白术、炒薏苡仁等健脾祛湿。

心力衰竭是各种心脏疾患的终末阶段，常常伴有很多兼症，如高血压、高血糖、高血脂等。在慢性心力衰竭的膏方调治中要兼顾并发症，并善于借鉴现代药理学的研究成果：血糖较高者，可选用降糖作用的药物，如玉米须、天花粉、葛根、凤尾草、山药等；血压较高者，可选用天麻、钩藤、白蒺藜、青葙子、车前子等有降压作用的药物；血脂偏高者，则加用荷叶、苏叶、决明子、生山楂等；合并冠心病者，可用丹参、水蛭、穿山甲等活血祛瘀。当然选药时须符合病因病机，不可盲目堆砌。

2. 中医膏方处方基本内容

(1) 中医膏方基本组成：中医膏方的组成通常由普通中药饮片、精细料（如人参、虫草等）、胶类糖类及其他相关食物（如核桃、芝麻）这三部分组成。

第一部分中药饮片的药味数一般 30 味左右，以优质药材为主，且多选用如玉竹、黄精、山药等膏滋析出量较大的药物，少用一些草类及矿物类中药，以利于膏方的成形。在剂量方面，通常开具约 15 d 的量，服用时间大约 45 d，故而单味药的总剂量一般控制于 150 g 左右，用量较大的药物可以增加到 400 g 左右，而一些矿石或贝壳类药物可以用到 500 g 左右，如代赭石、龙骨、牡蛎等。其他需要先下、后下、包煎的中药同一般汤剂的用法。

第二部分的精细料应用时，通常不宜与其他药同煎，应该用文火另煎浓缩取汁或碾成粉末后于收膏时调入膏中。在剂量方面，生晒参、西洋参等每日用量为 3 g，一般不超过 10 g；野山参每日不超过 0.5 g；冬虫夏草每日不超过 1 g；羚羊角粉每日不超过 0.3 g；西红花每日不超过 0.5 g；珍珠粉每日不超过 1 g；蛤蚧粉每日不超过 2 g；紫河车粉每日不超过 2 g；灵芝孢子粉每日不超过 1 g。其他需用的精细料以药典规范为准。

第三部分胶类、糖类及其他相关食物应用时，需要注意患者的基础疾病，如合并肾功能不全或尿酸增高者，常需减轻阿胶、龟甲胶用量，改用琼脂替代；合并子宫肌瘤、乳腺增生等妇科疾病，则尽量不用西洋参、哈士蟆油等；合并糖尿病的患者，不用饴糖，改用木糖醇、元贞糖等。

(2) 中医膏方辨证论治

1) 心肺气虚证

膏方调治基本用药：

补益心气：太子参、黄芪、党参、黄精、白术、茯苓、黄荆子等。

活血化瘀：丹参、桃仁、红花、赤芍、丹皮、归尾、地龙、全蝎、穿山甲等。

理气和胃：佛手、香橼皮、砂仁、紫苏梗、陈皮、谷芽、麦芽、山楂、焦六曲等。

精细料及其他：生晒参、西洋参、红参、藏红花、阿胶、龟甲胶、鳖甲胶等。

随症加减：心悸不适、惊悸不安、口干、舌红者，加用黄精、甘松、五味子、葛根、麦冬等养阴宁心安神；兼见胸闷胸痛阵作，或憋闷如窒，加用红花、川芎、延胡索、蒲黄、莪术、檀香、郁金等宽胸顺气止痛；见乏力、气短、咳唾者，重用黄芪、党参、紫石英、蛤蚧粉等补肺纳气之品。

2）气阴两虚证

膏方调治基本用药：

滋养心阴：南沙参、北沙参、麦冬、黄精、葛根、玉竹、枸杞、龙眼肉等。

补益心气：太子参、黄芪、党参、黄精、白术、茯苓、黄荆子等。

活血化瘀：丹参、桃仁、红花、川芎、赤芍、丹皮、归尾、地龙、全蝎等。

理气和胃：佛手、香橼皮、砂仁、紫苏梗、陈皮、谷芽、麦芽、山楂、焦六曲等。

精细料及其他：生晒参、西洋参、藏红花、紫河车、阿胶、龟甲胶、鳖甲胶、核桃粉等。

随症加减：尿少、下肢浮肿者，加入炒白术、泽兰、猪苓、车前子等健脾利水消肿之品；心阴亏损，心火炽盛者，则加用黄精、制首乌、知母、盐柏、酸枣仁、夜交藤、生龙骨、生牡蛎等；虚烦不得眠者，加用酸枣仁、灵芝、茯神、枸杞、柏子仁、木香等。

3）心肾阳虚证

膏方基本用药：

补益心气：太子参、黄芪、党参、黄精、白术、茯苓等。

温补心阳：毛冬青、万年青根、五加皮、桂枝、肉桂、附子、细辛等。

补肾壮阳：菟丝子、肉苁蓉、淫羊藿、狗脊、巴戟天、鹿角等。

利水消肿：茯苓、泽泻、车前子、玉米须、葶苈子、猪苓、泽兰等。

活血化瘀：丹参、桃仁、红花、莪术、归尾、地龙、全蝎、穿山甲等。

理气健脾：白扁豆、薏苡仁、山药、陈皮、砂仁、佛手、谷麦芽等。

精细料及其他：生晒参、红参、高丽参、蛤蚧、紫河车、阿胶、鹿角胶等。

随症加减：水液伤阴致使口干舌燥者，则加用生津不滋腻之品，如麦冬、玉竹、北沙参、白茅根等；气急短气，呛咳喘促者，予茯苓、杏仁、紫苏子、桔梗宣肺利水；水湿壅盛，形盛邪实者，予防己、椒目、大黄等泻实祛湿；水气凌心，心中澹澹大动，喘不得卧，动则尤甚者加红参、制附子、葶苈子等。

4）气虚血瘀证

膏方基本用药：

补益心肺：黄芪、党参、北沙参、山药、白扁豆、白术、茯苓等。

活血化瘀：桃仁、红花、赤芍、莪术、三棱、地龙、穿山甲等。

利水消肿：茯苓、猪苓、泽泻、葶苈子、泽兰、益母草等。

补肾益精：仙灵脾、山萸肉、菟丝子、肉苁蓉、狗脊、巴戟天等。

理气健脾：砂仁、佛手、香橼皮、鸡内金、陈皮、谷麦芽等。

精细料及其他：生晒参、西洋参、红参、蛤蚧、阿胶、鹿角胶、鳖甲胶等。

随症加减：心悸不安，烦躁失眠者，加酸枣仁、夜交藤、合欢皮、合欢花等；阴伤口干、舌燥津亏者，加麦冬、玉竹、五味子、白茅根等；咳嗽咳痰者，加桔梗、杏仁、紫苏子、紫菀、款冬等下肢水肿、小便不利者，加车前子、桑白皮、茯苓皮、生姜皮等。

5）痰饮阻肺证

膏方基本用药：

补心益肺：党参、黄芪、山药、白术、茯苓等。

祛痰平喘：苏子、白芥子、莱菔子、杏仁、桔梗、麻黄等。

燥湿化痰：半夏、制南星、旋覆花、苍术、陈皮、厚朴等

清化热痰：前胡、白前、川贝母、竹茹、竹沥、天竺黄等。

利水消肿：泽泻、葶苈子、茯苓、猪苓、泽兰、益母草等。

健脾和胃：六神曲、谷麦芽、砂仁、陈皮、鸡内金等。

精细料及其他：生晒参、红参、蛤蚧、阿胶、龟甲胶、鳖甲胶等。

随症加减：气短乏力者，重用党参、黄芪、白术等补气药；痰白量多、苔白腻者，重用半夏、制南星、苍术等燥湿药；痰色黄者为有热，酌加清热解毒之品，如金银花、连翘、蒲公英等；喘促气急较甚者，重用麻黄、杏仁、枇杷叶等止咳平喘药；水肿较甚者，可加茯苓皮、车前子、桑白皮、生姜皮等。

3. 中医膏方不良反应处理

(1) 个别人服用膏方后出现腹胀、纳呆、腹泻、口腔溃疡、口鼻少量出血、便秘、失眠、多梦、兴奋、多汗等，可能是由于使用滋阴、活血、祛风湿、温燥等药不当引起。出现上述情况可与处方医师联系，获取指导。或由处方医师开具相关小复方与膏方同时服用。

(2) 服某种膏方后，若出现皮肤瘙痒、荨麻疹、红斑、红疹，说明对膏方中的某种药物过敏，则应停服该膏方。

第四节　常用中成药及中药制剂

一、常用口服中成药

1. 补益强心片　由人参、黄芪、香加皮、丹参、麦冬、葶苈子等组成，具有益气养阴、活血利水功效，适用于慢性心力衰竭(NYHA 心功能Ⅱ～Ⅲ级)，中医辨证属气阴两虚兼血瘀水停证者。

陈绪忠等在常规西药治疗基础上加用补益强心片，治疗 8 周后，发现治疗组患者的心功能及血浆 ANP、NT-proBNP、AngⅡ、醛固酮均较对照组改善更明显，证明补益强心片在西医常规治疗基础上可以进一步改善心功能，并可能与其下调 RAAS 系统及对 ANP、NT-proBNP 等细胞因子的调节有关。高子任等亦在常规治疗基础上加用补益强心片治疗 4 周，发现也能改善心力衰竭患者的心功能及生活质量，并降低患者血浆 NT-proBNP、抗利尿激素水平。而贺新荣等使用补益强心片联合左卡尼汀治疗慢性心力衰竭患者，与单纯静脉使用左卡尼汀比较，治疗 4 周后，发现联合治疗组治疗效果显著，可明显改善患者心功能，提高其生活质量。

2. 参附强心丸　由人参、制附子、桑白皮、猪苓、葶苈子、大黄等组成，具有益气助阳、强心利水功效，适用于慢性心力衰竭心肾阳衰证者。

邓颖等在常规西药治疗基础上加用参附强心丸，治疗 12 周后，发现在西医常规治疗的基础上参附强心丸能进一步改善心力衰竭患者心功能，并能抑制 RAAS，调节 ANP 和 BNP，逆转心室重塑。王竹文等发现在西药治疗基础上加用参附强心丸治疗 8 周后，可显著改善心力衰竭患者心脏舒缩功能，降低中医证候积分，降低其血浆 NT-proBNP 水平，其作用机制可能与抑制炎性细胞因子减轻炎症反应有关。孙浩等也发现参附强心丸联合盐酸贝那普利治疗老年高血压合并心力衰竭患者，能够改善患者心功能并降低血浆 BNP

水平，是一种有效的治疗方法。

3. 利心丸　由貂心、茯苓、地黄、牡丹皮、防己、琥珀、朱砂、天冬等组成，具有补心安神作用，可用于心律失常、风湿性心脏病、心力衰竭等。

李立志等将90例心功能Ⅲ～Ⅳ级的心力衰竭患者随机分为利心丸组、利心丸加小剂量地高辛组、常规剂量地高辛组，其余常规基础治疗，治疗1个月后，发现前两组患者并发的室上性早搏及室性早搏总数均较治疗前显著减少，且利心丸加小剂量地高辛组心功能改善最为明显。

4. 玉丹荣心丸　由玉竹、丹参、五味子组成，有益气养阴、活血化瘀、强心复脉等作用，适用于心力衰竭气阴两虚证或气阴两虚兼心脉瘀阻者。

5. 益心通脉颗粒　由黄芪、人参、北沙参、玄参、丹参、川芎等组成，具有益气养阴、活血化瘀、通脉强心等功效，适用于心力衰竭证属气阴两虚、心脉瘀阻者。

6. 芪苈强心胶囊　由黄芪、人参、附子、丹参、葶苈子、泽泻、玉竹、桂枝、红花、香加皮、陈皮等组成，有益气温阳，活血通络，利水消肿等作用，适用于心力衰竭证属阳气虚乏，络瘀水停者。

一项纳入512例心力衰竭患者的多中心随机双盲平行对照的临床试验证明在西药治疗基础上加用芪苈强心胶囊，治疗12周后患者心功能、生活质量改善更为明显，并且可以降低血浆NT-proBNP水平。姜婷等使用Meta分析系统评价芪苈强心胶囊联合西药治疗慢性心力衰竭的有效性，共纳入17项研究，1 964例患者，结果显示芪苈强心胶囊联合西药较单纯西药治疗慢性心力衰竭可进一步提高临床疗效。

二、常用中药注射剂

1. 参麦注射液　主要成分为红参、麦冬，具有益气生脉、养阴生津等作用，可用于治疗心力衰竭气阴两虚证者。

龙明智等在常规西药治疗上加用参麦注射液治疗2周后，发现患者左室收缩功能得到明显改善，且未发现严重不良反应。轩静静等将急性心肌梗死后的心力衰竭患者随机分为治疗组及对照组，治疗组在常规药物治疗基础上及血运重建后加用参麦注射液治疗，随访1年后，发现治疗组BNP、LVEF、LVEDd均明显改善，且心脏不良事件更低，证明参麦注射液能显著提高急性心肌梗死后心力衰竭患者的远期预后。陈弘东等发表的一项关于参麦注射液辅助治疗慢性心力衰竭的有效性和安全性的系统评价也表明参麦注射液可改善心力衰竭患者NYHA心功能分级好转率、LVEF、心排出量、每搏出量、BNP、6 min步行试验值，而在改善心率方面未显示明显效果。

2. 生脉注射液　主要成分为红参、麦冬、五味子，具有益气养阴、复脉固脱等作用，可用于治疗心力衰竭气阴两虚、脉虚欲脱者。

李香等将121例慢性心力衰竭患者随机分为对照组（58例）和治疗组（63例），对照组在常规治疗基础上加用卡托普利和卡维地洛，治疗组在对照组基础上加用生脉注射液静滴，治疗2周后，发现治疗组临床症状和左心室收缩功能改善更为明显。而辛倩等也发现在常规基础治疗上加用生脉注射液治疗1周后，患者心脏收缩功能也可改善。徐丽等将127例心衰患者随机分为对照组、左卡尼汀组、生脉注射液以及左卡尼汀、生脉联合治疗组，治疗3周后结果发现联合治疗组患者的疗效最佳。

3. 丹红注射液　主要由丹参、红花组成，具有活血化瘀、通脉舒络等作用，适用于心力衰竭有瘀血闭阻者。

杨忆微等将110例缺血性心肌病心力衰竭患者随机分为治疗组与对照组，对照组予常规基础治疗，治疗组在对照组上加用丹红注射液，治疗2月后发现丹红注射液可有效降低患者的血清CRP、NT－proBNP水平，逆转左心室重构，改善患者心功能。李威等使用丹红注射液联合参麦注射液辅助治疗气阴两虚型慢性心力衰竭患者，发现比单纯使用参麦注射液更能改善心力衰竭患者临床症状，增加6 min步行距离，降低NT－proBNP水平，提高心功能。张川等进行的丹红注射液治疗心力衰竭的Meta分析，纳入中文文献5篇，患者352例，结果显示丹红注射液结合西药常规治疗能改善心力衰竭患者LVEF、全血黏度，且疗效优于单纯西药治疗。

4. 黄芪注射液　主要成分为黄芪，具有益气养元、养心通脉等作用，适用于心力衰竭心气虚损者。

于刃锋在常规治疗基础上加用复方丹参注射液和黄芪注射液联合治疗10～14 d，发现心力衰竭患者心功能改善显著，疗效明显。刘纯伟则在心力衰竭基础治疗上加用黄芪注射液，治疗2周后发现患者心功能改善明显，疗效优于对照组。温志浩等进行的黄芪注射液治疗慢性心力衰竭临床随机对照研究的系统评价纳入117个临床研究，却发现黄芪注射液治疗慢性心力衰竭的临床随机对照研究质量普遍不高，还有待进一步提高。

5. 参附注射液　主要成分是红参、附子，具有回阳救逆、益气固脱等作用，适用于心力衰竭阳气虚衰者。

徐伟等在常规治疗上加用参附注射液治疗急性心力衰竭患者并检测呼气流速峰值，与对照组比较，结果发现在西医治疗基础上加用参附注射液治疗缺血性心肌病合并急性心力衰竭患者的疗效优于单纯西药治疗，呼气流速峰值亦明显改善。金周成等则发现参附注射液不仅可改善心力衰竭患者心功能，还能恢复慢性心力衰竭患者的甲状腺激素水平，提高治疗效果。杜浩等在参附注射液治疗心力衰竭临床疗效的Meta分析中，纳入31个研究，结果发现参附注射液较西药常规治疗心力衰竭可进一步提高临床疗效，对心功能的改善有一定的作用，但研究样本量大多较小，需要更多高质量大规模的RCT进一步验证。

6. 葛根素注射液　主要成分是葛根素，有扩张冠状动脉、降低心肌耗氧量、改善微循环等作用。

石礼等发现在基础治疗上加用葛根素注射液能改善心力衰竭患者心功能，并降低血黏度及心肌耗氧量。郑志光等使用葛根素注射液联合美托洛尔治疗急性心力衰竭，与单纯使用美托洛尔比较，观察其疗效及安全性，结果发现联合给药近期疗效较好，可改善心功能，且耐受性良好。连宝涛等进行的葛根素注射液联合西药常规治疗心力衰竭临床疗效的Meta分析中，纳入RCT研究16个，1 291例患者，结果发现葛根素注射液联合西药常规治疗心力衰竭的临床疗效优于单用西药。

第九章　中医名家防治心力衰竭的经验

第一节　施　今　墨

一、心力衰竭经验

施今墨(1881～1969年)先生,原名施毓黔,是我国近代著名的中医临床家、教育家和改革家,与肖龙友、孔伯华、汪逢春并称为“北京四大名医”,在医学界享有崇高声望。

施氏认为祖国医学与现代医学在认识心脏的生理与病理方面,有共同的地方,也有不同的地方,且现代医学疾病的分类方法与祖国医学所谓的“门”亦不完全相同。根据各个疾病的临床症状,如现代医学的肺源性心脏病,可归于中医学中“喘嗽门”“短气少气门”,心脏神经症可归于“怔忡门”“神志门”,冠心病心绞痛则可纳入“心痛”“胸痹”等范畴。

施氏在临床诊疗中常将心脏疾病分为心阳不振、心阴不足、心绞痛和怔忡四大类,四种类型单独出现或者合并兼见。如现代医学中心肌炎、心脏瓣膜病、心内膜炎等疾病就可兼见上述各种类型。故临证时当以中医学辨证论治的方法,灵活机变,随证施治。且在治疗具体心脏疾病时,施氏认为不能只考虑心脏本身,而应该与肝脾肺肾其他四脏联系起来,注意五脏之间的相互联系和相互影响,合理使用和肝、健脾、理肺、补肾等方法,把握中医学中整体观念,综合治疗,以达到治疗心脏病的目的。

1. 心阳不振　心脏处于胸廓,为阳中之阳,内藏君火,为五脏六腑之大主。心主血脉,血液在脉中正常的运行须赖心气之推动与心阳之温煦。临床上施氏常用“心气亏”代表“心阳不振”,因气为阳,血为阴,心气可包含于心阳中。心脏阳气充盛是心脏发挥功能正常的重要保证。若心阳不振,患者可出现面色泛白,短气喘促,肢寒畏冷,自觉心中惕惕然,倦怠乏力,汗出易作等症情。此时当以温壮心阳为要。心内藏君火,命门内寄相火,君相相资,故温助心阳可用助相火之药,如附子、肉桂等。附子可回阳救逆、散寒除湿,《本草纲目》中记载其“治三阴伤寒,阴毒寒疝,中寒中风,痰厥气厥”。肉桂《医学衷中参西录》言其“味辛而甘,气香而窜,性大热纯阳……性能下达,暖丹田,壮元阳,补相火……又善补助君火,温通血脉”。故附子与肉桂相配,大能扶助相火,温壮心火,对心气衰微确有好处。

但施氏认为,在温壮心阳同时,不可一味使用纯阳助火之品,“须辅以参、芪、苓、术之类,它如鹿茸、鹿角胶之类可适当用之”。施氏认为阴阳互根互用,阳得阴助才能化用不竭,且心脏疾患亦不能久用辛温之药,以免伤阴耗津,此法正如张景岳所谓“善补阳者,必于阴中求阳,则阳得阴助而生化无穷”之阴中求阳之意。

2. 心阴不足　临床中施氏喜用“心血亏”以代表“心阴不足”。阳化气,阴成形,血主濡养,心血充足才能滋养心体,以保障心脏生理功能的发挥。又心为君主之官,神明出焉,心阴血充润更可使心神得养,神有所依,人体精神安泰。若心脏阴血不足,心体失养,神无所依，临床可见面色无华，爪甲苍白，心悸不安，动则加甚，且有口干舌淡，失眠健忘，头晕目眩等症。治疗上施氏以人参、五味子为主，辅以当归、黄芪、麦冬、熟地、白芍等补气养血之品。人参补气、五味子为养阴，两者皆入心经，可于心脏中益气养阴，配以当归、黄芪之药对补气生血，兼熟地、白芍四物养血之剂，对心脏阴血不足治得所宜。

另外，施氏认为，在上述药物中应适当加以木香、香附之行气活血之品。香附为“气中之血药”，《本草衍义补遗》言“凡血气药必用之，引至气分而生血，此阳生阴长之义也”，再兼木香以行气健脾，配合上述养血补气之剂，可使“气血沟通，疗效显著”。

3. 心绞痛　心绞痛即现代医学冠心病、心肌梗死而见心前区憋闷钝痛，甚则发为胸痛彻背、背痛彻心之症状者。中医学常认为该病发作与阴寒凝滞、痰浊痹阻、气滞血脉、血脉瘀滞等有关，阴寒凝滞，胸阳不振，气血受寒邪阻滞而运行不畅，使心脉痹阻，或痰浊内生，阻滞血脉，痰瘀互结，阻遏心阳，或气机闭塞，气滞胸中，导致心脉气滞血瘀，或血行不畅，血瘀心脉，施氏认为都属“血行不畅”。故临证时施氏多以丹参、三七为主药以活血化瘀，辅以菖蒲、远志等芳香之品以开心窍，再配合瓜蒌、薤白、桂枝等温通心阳，半夏、陈皮以燥湿化痰。

丹参、三七是施氏治疗心绞痛常用之药对。丹参活血补血，有“丹参一味功同四物”之说，施氏认为其“活血，通心包络亦可补心，生血祛瘀”。而三七散瘀止血、消肿定痛，又与人参同属五加科，兼具强心作用。故两者合用以治疗心绞痛疗效甚佳。

4. 怔忡　怔忡首见于宋朝《济生方·惊悸怔忡健忘门》：“惊者，心卒动而不宁也；悸者，心跳动而怕惊也；怔忡者，心中躁动不安，惕惕然后人将捕之也。”明代医家虞抟在《医学正传·怔忡惊悸健忘证》中论述“怔忡者，心中惕惕然动摇而不得安静，无时而作者是也；惊悸者，蓦然而跳跃惊动，而有欲厥之状，有时而作者是也。”怔忡、惊悸与心悸三者有联系也有区别。现代一般认为怔忡多由较为严重的心脏损害所致，发作无时，病势较重，全身情况不佳。

施氏在治疗怔忡时，认为该病多与精神因素有关，常使用朱砂重镇安神，菖蒲、益智仁醒神益智，茯神、酸枣仁、柏子仁、龙眼肉养心安神，以及地锦草等药物。在治疗心动过速疾患时，施氏常用“仙鹤草、地锦草、龙眼肉合冰糖服之”，可使很多患者“少时即安”。方中地锦草是施氏治疗心动过速时的经验用药。地锦草，又名“草血竭”“血见愁”“卧蛋草”等，属于大戟科植物，具有清热解毒、利湿退黄、活血止血等功效，临床常用于消化道炎症、出血等疾患。施氏常用其配伍仙鹤草、龙眼肉、远志等药物，以达到宁心安神之作用，对于心动过速患者效果显著。

对于心律不齐心脏病患者，施氏常以生脉散为主方，加用龙眼肉、柏子仁以养心安神；对于心脏瓣膜病患者，施氏则令其天王补心丹、柏子养心丸久服，配合炙甘草汤、黄连阿胶鸡子黄汤等中药汤剂治疗；对于冠心病、心梗等慢性期的心脏病患者，施氏喜用活血通络法治之，常用丹参、三七、延胡索活血定痛，九香虫、五灵脂活血祛瘀，并配合木香、香附行气活血。此外，对于动脉硬化患者，施氏常用阿胶、龟胶、鹿胶、生地黄、白芍、天冬、麦冬等药物，临床也有确切疗效。

心脏各类疾病的发病，施氏认为还是以虚证为多，其阳虚者有之，阴虚者亦多见，虚中挟实亦较为常见，而大实大热之证则少有。在心脏疾病的中医辨证论治中应当注意气血两端，使气血“和谐流畅”，则“心脏病亦非不治之症也”。

二、心力衰竭医案欣赏

1. 医案一　王某，女 47 岁，患咳嗽多年，初时每届天气转凉即行发作，近年来不分季节，喘嗽已无宁静之时，每觉肺气上冲，咳呛难忍，稍动即喘。去年 2 月发现周身逐渐水肿，心慌心悸，经医院诊断为肺源性心脏病，舌苔淡黄，脉细弱并有间歇。

辨证立法：夙患咳喘，肺气久虚，失其清肃之权，日久及于心脏。心主血，肺主气，气血失调，水湿不运，遂生水肿，拟强心以养血，平气逆以治咳。

处方：

茯苓 10 g　茯神 10 g　龙眼肉 12 g　炒远志 10 g　炙白前 6 g
炙紫菀 6 g　旋覆花 6 g　代赭石 10 g　炙草梢 3 g　阿胶珠 10 g
南沙参 10 g　北沙参 10 g　柏子仁 10 g　白杏仁 6 g　炙苏子 5 g
炙化红 5 g　冬瓜子 24 g

二诊：服药 3 剂后，即见症状减轻，遂连服至 10 剂，水肿见消，咳喘大减，心跳心慌亦轻，饮食睡眠均佳，拟返乡要求常服方。

处方：

朱麦冬 10 g　朱茯苓 10 g　柏子仁 10 g　阿胶珠 10 g　白杏仁 6 g
薏苡仁 12 g　龙眼肉 12 g　半夏曲 10 g　款冬花 5 g　枇杷叶 6 g
旋覆花 10 g　代赭石 10 g　炙白前 6 g　炙紫菀 6 g　化橘红 5 g
广橘络 5 g　炒远志 10 g　炙草梢 3 g

2. 医案二　李某，女，37 岁，素有心脏病，屡经医院及针灸治疗，时轻时重，病历 10 年。近来颜面及周身均见浮肿，心跳过速，90～100 次/分，胸闷气短而喘，小便少，大便溏泄每日 5～6 次，全身窜痛，舌质红，苔白腻，脉沉弱。颜面四肢浮肿按之凹陷。

辨证立法：久患心脏病，正气不足，脾运失职，水道不利，症现全身浮肿，大便溏，小便少。水气泛肺凌心，症现心动过速，气短而喘。舌质红，非阴虚有热而是水不化气，津液不能上承。拟健脾利水治之。

处方：

赤茯苓 12 g　淡猪苓 10 g　川桂枝 3 g　赤小豆 12 g　杭白芍 10 g
炒泽泻 10 g　野于术 6 g　米党参 10 g　冬瓜子 12 g　墨旱莲 10 g
北沙参 10 g　冬葵子 12 g　车前草 10 g　炒远志 10 g　薏苡仁 12 g
苦杏仁 10 g　苦桔梗 5 g　炙草梢 3 g

二诊：服药 2 剂，症状减轻，遂又再服四剂。现症大便每日 2、3 次，已非溏泄，小便增多，周身浮肿见消，窜痛亦见好，心悸气短亦减轻，希予常服以便返乡休养。

处方：

川桂枝 3 g　白术炭 6 g　川杜仲 10 g　杭白芍 10 g　薏苡仁 12 g
川续断 10 g　苍术炭 6 g　苦杏仁 6 g　炒远志 10 g　墨旱莲 10 g
冬瓜子 12 g　紫厚朴 5 g　车前草 10 g　冬葵子 12 g　苦桔梗 5 g
云茯苓 10 g　云茯神 10 g　炙草梢 3 g

3. 医案三　刘某，男，64 岁，久患心跳气短，行动即喘，去岁冬季发现足肿，经医院检查，诊断为心功能不全，左心室扩大。治疗后足肿消退，本年 2 月又现浮肿迄今已 5 个月，浮肿由足至腿，渐及腹部，胀满不适，腹围增大，小便短赤，大便数日1行。舌苔白，脉沉实。

辨证立法：年事已高，患病日久，肾虚不能宣化水气，脾虚不能制水，水气盈溢，偏流下肢，逐渐及腹，前医屡进健脾温阳利水诸剂，未见少效，蓄邪实未去难取功效。治水之法，贵在因急变通，不可因噎废食，法宜补虚泻实，攻补交施，拟行气活血利水治之。

处方：

大腹皮 10 g　蓬莪术 6 g　京三棱 6 g　大腹子 10 g　广木香 3 g
嫩桂枝 5 g　猪茯苓 10 g　福泽泻 10 g　紫油朴 5 g　云茯苓 10 g
野于术 6 g　车前草 10 g　车前子 10 g　冬瓜子 12 g　冬葵子 12 g
甘草梢 3 g　黑牵牛子 3 g(研细面分 2 次冲服)
白牵牛子 3 g(研细面分 2 次冲服)

二诊：服3剂小便增多，腹胀稍消，大便日行2、3次，溏泄而不畅。前方加青陈皮各5 g，再服3剂。

三诊：前方又服3剂，大便溏，小便多，腹部舒适，睡眠好，食欲增，再按原方服6剂。

四诊：服药6日，肿胀大减，大小便均甚通畅。上方去黑、白牵牛子，剂量加一倍为蜜丸，每丸重10 g，早晚各1丸，白开水送服。晚间加服桂附八味丸1丸。

第二节　赵　锡　武

一、心力衰竭经验

赵锡武先生(1902～1980年)曾是全国知名的中医师，自15岁开始学医，27岁行医于北京，业医50余年，临床经验丰富，对于心血管疾病、肾脏疾病、糖尿病等疾患都有其独特见解。

赵氏提出治疗心力衰竭可以真武汤为主方，并配合使用“治水三法”。“治水三法”即《素问·汤液醪醴论》所谓“开鬼门”“洁净府”和“去菀陈莝”三者。心力衰竭是各种心脏疾病的终末期导致心功能严重失代偿的表现，患者常有气喘、乏力等活动耐量降低以及肺循环、体循环淤血等症状。根据这些临床表现以及患者的脉证等症情，赵氏认为心力衰竭多由于心肾两虚，肾为五脏之根本，心阳根于肾阳，肾阳不足则心阳亦亏，故温肾阳即可助心阳，以真武汤温壮肾中之阳，所谓“益火之源，以消阴翳”。但在临床实践中，赵氏发现，单纯使用真武汤温阳利水治疗心力衰竭虽有“温阳强心之功效”，但“不如佐以利水三法为宜”。

“开鬼门”法即“宣肺、透表”，宣发肺气，透达肌表。肺为“华盖”，在五脏六腑中位置最高，调节周身水液代谢，《血证论·肿胀》言“肺为水之上源，肺气行则水行”，故宣发肺气，对于心力衰竭引起之水肿具有重要意义。赵氏常用真武汤为主方，配合越婢汤，有肺热者则配以麻杏石甘汤。越婢汤(麻黄、石膏、生姜、甘草、大枣)出自《金匮要略》，功能发汗利水，主治恶风、一身悉肿之风水证；麻杏石甘汤(麻黄、杏仁、石膏、甘草)则具有辛凉宣泄，清肺平喘之功效。两方与真武汤相合，既能温壮心肾之阳，又可宣发肺气之遏，温阳化气，利水消肿，还能平喘，对于心力衰竭各种症情具有裨益。

“洁净府”即“行水利尿”，使水行肿消。对于右心功能不全的患者，临床常见双下肢水肿、腹水，甚则小便不利等症情，赵氏常用真武汤、五苓散加车前子15 g，沉香、肉桂各9 g治疗。五苓散是化气利水的代表方剂，多用于阳不化气、水湿内停的水肿证，方中桂枝通阳化气为主药，佐以白术、泽泻、茯苓、猪苓等利水之品，可使阳气得化，水湿得去；车前子加强利水;沉香引诸药下行;肉桂既可温肾助阳,又可纳气平喘,用于治疗心力衰竭而见水肿明显者确为的当。赵氏认为此方即为真武汤加洁净府法,又有变通方消水圣愈汤(出自清代陈修园《时方妙用》),皆是温阳化气、行水利尿之法。

"去菀陈莝"法即"散瘕通络,活血化瘀之意"。赵氏认为"日久为陈,瘀积为菀,腐浊为莝","去菀陈莝"即是使用活血化瘀之剂祛除心力衰竭中瘀血之顽疾。心力衰竭患者临床可见口唇发绀、颈静脉怒张、肝脏肿大,舌象瘀斑、舌下络脉青紫,脉象细涩等瘀血之证。《金匮要略・水分篇》中提出血分、水分之概念,尤在泾认为"水分者,因水而病为血也;血分者,因血而病为水也",又有"血不利则为水"之说,而赵氏认为心力衰竭瘀血证中"多伴有水肿",且可从"阴浊壅塞去理解和认识"。阴浊壅塞于内,上则滞涩胸中,气机不畅,可见胸闷憋塞,气喘咳促等证;下则阻遏中焦、下焦,而见肝脾胀满,心下痞塞。在治疗上,赵氏则提倡在真武汤温阳强心基础上配合活血化瘀之品,常用桃红四物汤去生地黄加藕节、苏木等药。

心为五脏六腑之大主,精神之所舍。心又主血脉,推动血液循环于脉中,所谓"人心动,则血行于诸经……是心主血也"。赵氏认为"心欲动而神欲静",这一动一静构成了心脏一张一缩节律的生理基础,更需要心阳旺盛和心血充盈的维持。因为心阳旺盛才能保证心脏搏动的动力,进而推动血液前行以滋养全身;心血充盈才能滋养心体,藏舍精神,而使心脏阴阳调和以发挥生理功能。在治疗心力衰竭疾病时,赵氏虽然重视"开鬼门""洁净府""去菀陈莝"三法的使用,但也同时强调心力衰竭患者"常见水肿及腹水症情虽然在水,但根本矛盾还是心功能不全",因此"治水三法"乃是"治水之标",温阳利水之真武汤才是"治水之本"。

此外,心律失常亦是心力衰竭患者常见的症情,理论上可出现各种类型的快速或缓慢性心律失常,甚则可出现恶性心律失常(如室速、室颤等),临床上治疗一般较为棘手。赵氏认为心力衰竭而见心律失常者病情较为复杂,"颇需要时间,非短期能愈",治疗上较为推崇炙甘草汤、桂枝甘草龙骨牡蛎汤、茯苓甘草汤等诸方,临床中见舌红脉细、心悸内热等阴虚证者可用炙甘草汤合生脉散,见舌淡苔滑、畏冷肢寒等阳虚证者可用真武汤,而水气凌心、烦躁不安、心悸喘满者,可用桂枝龙骨牡蛎汤。

二、心力衰竭医案欣赏

1. 医案一　董某,女,56岁,因咳嗽3月,气短心悸加重,于1963年12月28日急诊入院。患者20余年来经常有咳嗽气喘症状,但能自行缓解,尚能参加劳动,曾多次就近医治。近5~6年来,咳嗽发作频繁,甚则卧床不起,入院前三日更加严重,咳嗽气急,吐白色泡沫痰,不能平卧,夜间阵发性咳嗽日渐加重,食欲减退,上腹部胀满,口渴不欲饮,故来诊治。既往30年来颈部有肿块逐渐增大。胸片示心影普遍增大,左心室、左心房显示膨隆,肺纹理增厚,两肋膈角消失,呼吸时可见有上下移动液面。心电图示:窦性心动过速,左心室劳损。

中医施治:痰湿互结,肺气不宣,心阳不振,先予真武、越婢、生脉加减。

处方:

黑附片 9 g　杭白芍 12 g　生姜 9 g　大枣 6 枚　党参 18 g
麦冬 12 g　五味子 6 g　鲜白茅根 60 g　生石膏 15 g　麻黄 4.5 g
茯苓 15 g　白术 9 g　甘草 9 g

配以吸氧，上方服2剂后喘咳气短悉减，睡眠好转，夜间阵发性呼吸困难发作减轻，但仍胸胁满闷，血压170/120 mmHg，遂于前方加入活血理气及震慑之品（苏木12 g，枳壳6 g，龙骨、牡蛎各15 g）。入院后第19 d已不喘，活动如常，心率减为90次/min，一般情况较好，仍有胃脘作胀，头痛，心下痞硬，血压180/130 mmHg，故改用通阳宣痹，利湿化痰之品。

处方：

全瓜蒌30 g　薤白12 g　半夏12 g　茯苓12 g　陈皮9 g
枳实6 g　竹茹12 g　丹参12 g　杜仲12 g　桑寄生30 g
牛膝12 g

前方服2剂后，患者感冒，头痛项强，胁下苦满，改用和解之剂。

处方：

桑寄生30 g　钩藤12 g　白薇12 g　菊花12 g　柴胡12 g
葛根18 g　半夏9 g　枳壳6 g　杭白芍9 g　甘草6 g

改服前方2剂后，表证已解，无心悸气短胸痞等证，已能起床活动，欲思饮食。胸片示心影较前缩小，肺淤血征减轻，胸腔积液消失。肝由肋下5 cm缩小为2 cm，心率75次/min，律齐，心力衰竭症情得到控制，后出院回家疗养。

2. 医案二　邓某，女，48岁，1963年6月15日入院。患者浮肿已半年，一周来加重而入院。患者1961年元月感冒后开始咳嗽气短，下肢浮肿，经治疗后好转，但常心悸，两月前开始症状又加重，动则心悸气短，下肢逐渐浮肿，心下痞满，咳嗽吐白痰，尿少。既往有慢性咳嗽史。查体：端坐呼吸，颜面浮肿，唇轻度发绀，颈静脉怒张，心界向左稍扩大，心率100次/min，律齐，二尖瓣区可闻及Ⅱ级吹风样收缩期杂音。胸部叩诊高度回响，两肺满布细湿啰音。腹稍膨隆，移动性浊阴（+）。肝右肋下可触及二指，剑突下四指，中度硬度，下肢凹陷性水肿Ⅲ度。胸片示右心室段显著延长膨隆，两肺广泛性索状及斑片状模糊阴影。心电图示肺型P波。

中医施治：心肾阳虚，痰湿阻遏，肺气壅塞，宜温阳宣肺，豁痰利湿，真武汤加“开鬼门”法治之。

处方：

附子6 g　杭白芍9 g　白术9 g　茯苓12 g　甘草9 g
麻黄3 g　生石膏12 g　生姜9 g　杏仁9 g　白茅根30 g
车前子15 g　大枣5枚

上方服用3帖后，尿量显著增加，每日达1 500～1 900 mL，下肢浮肿明显减退，用至第5剂后肿退，仅小腿略肿，咳嗽减轻，故上方加入宽胸理气之品，厚朴6 g、陈皮6 g。

服第6剂后浮肿消失，心率减慢，两肺底部可闻及湿啰音，考虑还有胸闷咳嗽气短等证，上方去白茅根、厚朴、车前子，加入止咳降气之苏子9 g。

再服5剂后，咳嗽已止，仅微有气喘，心下稍有痞满，又以厚朴麻黄汤清肺泄热，豁痰平喘之剂，服药一周后，诸症均除，心率83次/min，食纳正常，二便调，出院回家。

3. 医案三　张某，男，54岁，咳喘5年，近2周来咳喘气短不能平卧而入院。患者于1961年11月份因咳喘肢肿、腹满入院治疗。诊断为肺源性心脏病心力衰竭，经用中西药后心力衰竭控制。本次入院因感冒咳喘发作，痰多黏腻、肢肿尿少，心下痞满，腹胀不适而急诊入院。

中医施治：根据脉证所见，系心肾阳虚，痰湿阻滞，宜用温阳利水，蠲饮化湿之法，方以消水圣愈汤治之。

处方：

桂枝 9 g　　甘草 9 g　　麻黄 4.5 g　　黑附片 9 g　　知母 9 g

防己 12 g　　生姜 9 g　　杏仁 9 g　　大枣 6 枚

服药后尿量增多，每日达 1 500 mL 以上，最多达 3 300 mL，水肿渐消。咳喘吐痰减轻。住院第 13 d，水肿显著消退，腹水征转阴，仅小腿微肿，体重由入院时 71 kg 减至 59 kg，遂改用益气养心、清肺化痰之剂。

处方：

党参 15 g　　麦冬 12 g　　五味子 6 g　　杏仁 9 g　　甘草 9 g

生石膏 9 g　　麻黄 15 g　　小麦 30 g　　远志 6 g　　茯苓 12 g

上方 3 剂后咳喘虽减，但尿量显著减少，浮肿大显，因此又继续用消水圣愈汤并加入茯苓 30 g、车前子 30 g，尿量再显增多而浮肿消退，咳喘亦减，精神食欲均好，心率 84 次/min，临床表明心力衰竭已控制。

第三节　郭　士　魁

一、心力衰竭经验

郭士魁(1915～1981 年)先生从事中医药工作 50 余年，具有丰富的临床经验，曾师从于著名中医师冉雪峰先生，对各科疾病都有独到的见解，曾就职于中医科学院西苑医院心血管病研究室，并担任主任一职。

郭氏根据心力衰竭呼吸困难、乏力、水肿等临床特点，认为可以纳入中医“咳喘”“心悸”“怔忡”“痰饮”“水肿”等范畴，如《素问・痹论篇》云：“心痹者，脉不通，烦则心下鼓，暴上气而喘”，《灵枢・胀论》云：“心胀者，烦心，短气，卧不安”等，还有《金匮要略》中关于“心水”的论述：“心水者，其身重而少气，不得卧，烦而躁，其人阴肿。”这些中医古籍记载的证候群与现代心力衰竭非常相似。郭氏认为心力衰竭由于心体亏虚，心脏阴阳气血俱虚而有诸症。心气亏虚鼓动血脉无力，气血运行不畅故有气滞血瘀，所谓“心主身之血脉”，气血不能濡养其余诸脏腑，故有其余诸症：肺气虚弱、肺血瘀滞而有咳喘、气促、短气不足以息；脾气亏虚，脾失健运，故有纳呆、腹胀、便溏或便秘，又脾为“生痰之源”，脾运化水湿不利故生痰生饮而有水湿诸证；肝藏血，又称为“血海”，心脏鼓动气血不足，则肝血瘀滞故有肝体肿大，又“瘀血不去、新血不生”，肝失血濡养，肝体阴阳失衡，调畅气机、藏血功能下降；肾阳为诸阳之根，心阳源于肾阳，心阳亏虚，肾阳必然不足，又肾主纳气，肾阳虚弱，肾气亏虚则纳气功能下降，故气喘、短气之证迭显，肾主水，心肾阳气虚少，化气利水功能失司故水肿诸症出现，如《素问・大奇论》中曰：“肝满肾满肺满皆实，即为肿”。总之，郭氏认为心力衰竭总属心阳亏虚，心气不足，故而出现后续诸症，在治疗上郭氏也强调应以益气温阳为主。

1. 辨证论治　在临床治疗中，郭氏主要将心力衰竭分为心阳虚、心脾两虚、心肾阳虚、气阴两虚、阳气虚脱等五种证型进行辨证论治。

(1) 心阳虚患者常有畏寒肢冷，心慌心悸，动则加甚，短气乏力，舌质略暗，苔薄白，脉细数等表现，治疗上郭氏以“益气养心”为主，常用当归汤加减。

处方：

党参 20～30 g　黄芪 20～30 g　桂枝 10～12 g　白术 12～15 g　当归 12～15 g
丹参 12～15 g　远志 10 g　茯苓 15～30 g　柏子仁 12 g

(2) 心脾两虚患者主要有心血虚及脾气虚两组证候，临床可见纳差腹胀、便溏或便秘，同时有心悸失眠、短气喘咳，并可能伴有轻度浮肿症情，舌暗淡体胖，苔薄白，脉细数或结代。治疗上郭氏认为应以“温阳健脾、活血利湿”为主，可予四君子汤合苓桂术甘汤加减，酌用益母草、车前草、当归、北五加皮、丹参等药以加强疗效。益母草、当归、丹参可活血化瘀，现代药理研究认为这类药物可以改善微循环及血管功能，从而减轻心脏后负荷。车前草有清热利尿、凉血解毒等功效，现代药理研究发现其含有黄酮类、苯乙醇苷类、三萜及甾醇类等化合物，具有降血脂、保肝、抗氧化、抗炎、降尿酸、抑制血管紧张素转氨酶等多重药理作用，对于抗心力衰竭有较好疗效。

(3) 心肾阳虚患者阳虚表现较心阳虚患者更为明显，常有畏寒肢冷，尿少浮肿，面色青紫等明显阳虚症情，并且心慌心悸、短气喘促，活动后加甚，舌体胖质暗，舌苔白腻，脉细数或结代。治疗上郭氏认为当以温阳利水为主，佐以理气活血，方选真武汤合苓桂术甘汤加减。

处方：

党参 12～15 g　白术 12 g　茯苓 15 g　桂枝 10 g　附片 6～10 g
生姜 10 g　当归 10～12 g　丹参 12～15 g　车前草 12～15 g
北五加皮 3～10 g

(4) 气阴两虚患者多表现为心烦面红、盗汗失眠、口干乏力、头晕等，同时有心悸、心慌、气短等心力衰竭症情，舌脉象多为舌红、脉细数或结代。治疗上郭氏多采用“益气育阴”之法，处方多用生脉散、炙甘草汤、复方人参汤等。

处方：

党参 10～15 g　丹参 10～15 g　沙参 10～15 g　柏子仁 10～15 g
麦冬 10 g　五味子 10 g　桂枝 10 g　北五加皮 3～10 g

(5) 阳气虚脱多为心力衰竭的终末阶段或危重阶段，患者此时一般病情较为严重，临床表现为咳喘心悸，烦躁不安，短气不能平卧，四肢厥冷，周身浮肿，小便量少，冷汗淋漓，脉微细欲绝，此时当以“育阴回阳固脱”为法，以真武汤、生脉散、保元汤等化裁，且郭氏认为可以只用附子、干姜、人参、黄芪、山萸肉等以回阳固脱。

2. 临证体会　郭氏认为风湿性心脏病有发热时心阴虚较明显，患者除了心悸心慌、少气等症情外，多有颧红盗汗、失眠心烦等阴虚证候，临床可以益气育阴治法，酌用生脉散等方剂。对于心肌炎引起的心力衰竭患者，临床表现亦多为阴虚证候，治疗宜“清热解毒养心阴为主”，因心体本虚，外邪侵入，邪正交争，故有发热之象，治疗上清热解毒以祛邪外出，育养心阴以滋心体，攻补兼施而能起效。若邪正相争日久，正气亏耗，则渐渐出现气虚证候，患者可有短气、乏力等症情，此时须佐以补气药以鼓舞心气，如黄芪、人参、党参之属。

若气虚证候不能逆转，病情进一步发展，则可逐渐出现阳虚证候，患者短气喘促症情加重，且有肢冷畏寒，甚则浮肿，各个脏腑，主要心脾肾三脏，阳气损耗，阳不化气，气不化水，而有临床诸症。郭氏认为此时针对不同脏腑的阳虚应当选用不同的药物，“哪一脏为主选用哪一脏药为主”。如心阳不足为主，当温通心阳，可用桂枝等；脾阳亏虚，四末不温，运化失司，水湿内停，可以四君子汤为主；肾阳虚损，不能温煦五脏，水不化气，湿邪泛滥，甚则水气凌心而有喘脱之虞，可以附子为主，选用真武汤等方剂。

阳虚较甚发生水肿时，郭氏认为此时仅使用气分药已药力不够，“需在益气温阳的基础上加利水药”，如茯苓、泽泻、益母草等。《景岳全书・肿胀》中说：“盖水为至阴，故其本在肾；水化于气，故其标在肺；水惟畏土，故其制在脾。”肺、脾、肾对水饮运化、输布、蒸腾均有重要作用，若三脏阳气亏虚，水液代谢功能失调，水饮内聚，泛滥体内则有水肿之证。此时温脏腑阳气之品势必用之，而利水渗湿之药也需适当使用，以加强温阳化气利水之功效。益母草具有活血调经，利尿消肿等功效，对于月经不调、水肿尿少等病证疗效较好，益母草也可以抑制胸主动脉结扎法诱导心力衰竭大鼠心肌组织中 NOX2 的活化，减少活性氧的产生，进而抑制心肌自噬以改善心功能。

当心力衰竭再进一步恶化，出现肝脾肿大时，郭氏认为此时病情已累及血分，出现较为严重的瘀血证候，只用利水药临床疗效不好，“必须加用血分药”，用药上可以酌用当归芍药散。而当长期肝瘀血引起心源性肝硬化时，一般的活血化瘀药物，如丹参、赤芍之类，已不能取效，郭氏常用三棱、莪术、红花等破血逐瘀之品，以“寓补于攻下之中”。由于心力衰竭可出现体循环瘀血，胃肠道血液运行障碍，蠕动功能下降，很容易有便秘症状，郭氏常用黑、白牵牛子研细面冲服，用量可达 6 g。

心力衰竭到后期时由于心脏气血阴阳长期亏耗，前述阳虚证候基础上因阴液的损伤、心血的亏耗，以及临床中利尿剂的大剂量使用，又逐渐有阴虚之候，临证可见舌面光红，舌质紫暗，此时一味使用温阳利水、活血化瘀之法已非所宜，郭氏认为此时可于滋阴药中酌加温阳利水药以加强疗效，方选炙甘草汤化裁。

对于重度心力衰竭患者，临床可见咳喘欲脱、烦躁不安等阳脱之证，郭氏常用“温阳敛阴固脱之剂”，方中重用人参、附子、干姜、山萸肉等药物，且山萸肉用量可达 30～60 g。人参大补元气，附子、干姜取四逆汤回阳固脱之意，山萸肉补益肝肾、收敛固涩，大剂量使用可固脱气血，急救心阳。若患者大汗淋漓，郭氏于上方中常加入黄芪、白术以固表止汗。而心力衰竭重证出现心率较快者，郭氏认为可适当加入“北五加皮 3～10 g(一般维持量 3 g)”以加强疗效。

二、心力衰竭医案欣赏

1. 医案一　李某，女，54 岁，1976 年 3 月 16 日初诊，患者近半年来咳嗽气短、乏力，痰少或有白泡沫痰。曾在某地医院诊为慢性气管炎，治疗无明显效果，来京求治。气短，咳嗽无痰，夜间咳嗽，气短需坐起咳嗽。查体：心脏扩大，以左心为主，心律不齐，可闻及早搏 3～5 次/min，心率 110 次/min，心尖部可闻及Ⅲ级收缩期杂音，双肺底可闻湿性啰音，诊断为扩张型心肌病。舌胖暗，苔薄白，脉细数有结象，血压 120/80 mmHg。

辨证：心咳。

立法：益气温阳，活血利湿。

处方：

党参 30 g　　丹参 18 g　　沙参 15 g　　当归 15 g　　桂枝 12 g

附片 6 g　　　茯苓 30 g　　　白术 12 g　　　泽泻 15 g　　　玉竹 18 g
柏子仁 10 g　　生姜 12 g　　　五味子 10 g　　炙甘草 10 g
生晒参 10 g(另煎兑服)

1976 年 3 月 23 日二诊：服药后气短减轻，咳嗽很少，夜间有时轻咳，舌胖暗略红，苔薄白，脉沉细，有结象，心律不齐，可闻早搏，心率 90 次/min，心尖部杂音同前，双肺未闻及干湿啰音。上方继服。

1976 年 4 月 6 日三诊：服上药后在一般活动下，无明显气短，不咳嗽，夜间可以平卧，睡眠好，舌胖暗，苔薄白，脉沉细，心律齐，心率 82 次/min，心尖部杂音同前，双肺未闻及干湿啰音，下肢不肿。上方继服。

2. 医案二　侯某，男，62 岁，1979 年 7 月 17 日初诊，原有高血压病 20 余年，糖尿病、冠心病心绞痛 10 年余。一年来活动后心悸、气短、胸闷或有心绞痛。近一周加重，每日心绞痛发作 2～3 次伴胸闷气短。活动后心悸，夜间经常憋醒、咳嗽，须坐起或下地活动，含硝酸甘油缓解。畏冷，出汗多，舌质胖暗红，苔白，脉弦滑数，心律整齐，心率 90 次/min，心尖部可闻及Ⅲ级收缩期杂音，血压 140/90 mmHg。

辨证：胸痹、心悸。

立法：益气温阳，活血养心。

处方：

党参 20 g　　　太子参 15 g　　桂枝 12 g　　　川芎 20 g　　　葛根 20 g
玉竹 20 g　　　麦冬 15 g　　　柏子仁 10 g　　红花 10 g　　　瓜蒌 20 g
薤白 15 g　　　荜茇 12 g　　　高良姜 12 g　　茯苓 15 g　　　生黄芪 20 g

1979 年 7 月 24 日二诊：服药后，胸闷减轻，心绞痛减少，近二日未发生心绞痛，夜间憋醒也减少。舌质暗胖，苔薄白，脉弦滑细，心律整齐，心率 80 次/min，心尖部杂音同前，血压 130/82 mmHg，用上方加郁金 15 g 继服。

1979 年 8 月 7 日三诊：服上方无明显心绞痛，活动后胸闷气短减轻，夜间无憋醒。舌质暗胖，苔薄白，脉弦细，血压 130/80 mmHg，上方继服。

1979 年 8 月 14 日四诊：近来无胸闷及心绞痛，夜间睡眠好无憋醒，劳累后有气短乏力，舌胖暗，苔薄白，脉弦细，心律整齐，心率 78 次/min，血压 120/80 mmHg，上方继服。

3. 医案三　杜某，女，54 岁，1979 年 4 月 18 日初诊，原有高血压病 20 年余，冠心病心绞痛 5 年。近来自觉上楼、上小坡，走路快则气短心悸，胸闷，疲乏无力。畏冷，便溏日 2 次，睡眠可。查体：舌胖暗，苔白，脉弦细，心律整，心率 86 次/min，心尖部可闻及Ⅱ级收缩期杂音，双肺(－)，血压 140/90 mmHg。

辨证：气虚，气滞血瘀。

立法：益气活血养心。

处方：

党参 20 g　　　川芎 20 g　　　葛根 20 g　　　黄芪 30 g　　　玉竹 20 g
当归 10 g　　　红花 10 g　　　麦冬 15 g　　　桂枝 10 g　　　茯苓 15 g
补骨脂 10 g　　生姜 10 g　　　五味子 12 g　　炙甘草 6 g

1979 年 5 月 3 日二诊：服药 14 剂，自觉心悸气短减轻，舌胖暗，苔薄白，脉弦细，心律整，心率 80 次/min，心尖部杂音同前，血压 140/90 mmHg，上方加郁金 10 g 继服。

1979年5月17日三诊：服药后，一般活动如上二楼、上小坡，无明显气短心悸，未发生胸闷及心绞痛。大便基本成形日1～2次，睡眠可，舌质暗胖，苔薄白，脉弦细，心律整，心率80次/min，血压140/90 mmHg，上方继服。

第四节　李　介　鸣

一、心力衰竭经验

李介鸣(1916～1992年)先生曾任阜外心血管病医院中医科主任，从事中医学工作近60年，20世纪30年代曾拜师于施今墨先生，对其学术思想多有继承发挥，并在脾胃病、心脏病等疾病诊疗方面建树颇丰，影响深远。

李介鸣先生认为心力衰竭属于祖国医学中“心悸”“咳喘”“痰饮”等范畴，其中心悸、呼吸困难、水肿等是心衰疾病常见的症情，针对这些病情也须采用不同的治疗方法。在发病机制方面，李氏认为心力衰竭总由心脏长期受累，或外邪内侵，累及心体，或痰饮内停，阻遏气机，心脏受累，或瘀血停滞，痹阻血脉，累及心脏，致使心气受损，心血耗伤，心体虚弱，故有乏力，心气虚少，累肺作喘，故有短气咳喘，气虚水停，或气不化水，则有水湿停聚而有水肿。内邪停聚，心气亏虚，衰弱之体，若有六淫侵犯、七情失调、劳倦失宜等因素致使调护失当，则会诱发或加重心力衰竭。

在治疗心力衰竭方面，李氏主要针对心悸、呼吸困难、水肿各个症情分别使用益气养阴、温补肺肾、扶阳抑阴3种治疗方法。

1. 心悸气短，益气养阴　李氏认为心力衰竭是由于心脏长期受累，特别在病变早期，病位多在心肺。心肺同居上焦，心气亏虚，心血不足，可累肺作喘，若肺气受伤，肺气虚弱，又可影响心气衰弱，正如《医学集成》所谓：“心系于肺，肺为华盖，统摄大内，肺气清则心安，肺气扰则心跳”，心肺相互影响，故临床多见心悸气短等症状。李氏认为此时心力衰竭的中医病机主要是“气阴两虚、心血瘀阻”，外邪内伤等病理因素导致心气受损，心脏鼓动气血运行功能下降，血液运行迟缓，则有气虚血瘀，内外之邪耗伤心血，又有心血不足，气属阳，血属阴，“气为血之帅，血为气之母”，气不足不能行血生血，血不足不能载气化气，气血虚弱致使心脏气阴两虚，心血瘀阻。临床除见心悸气短症状外，还可见乏力胸闷，下肢水肿，两颧暗红，失眠梦多，脉沉细或结代等气阴两虚证候。

在治疗方面，李氏采用益气养阴、活血化瘀之法，常用生脉散为主方加减。

处方：

太子参15 g　麦冬12 g　五味子10 g　生地黄12 g　阿胶9 g
炙甘草9 g　黄芪24 g　丹参15 g　茯苓15 g　生牡蛎24 g
生龙骨24 g　玉竹15 g

李氏认为生脉散可以增加心脏每搏输出量，提高心脏功能，对于改善气阴两虚症状颇为有效。方中太子参、麦冬、五味子是生脉散主药，益气养阴，顾颖敏等在心力衰竭患者基础治疗的同时加用生脉散，总疗程12周后，发现生脉散可明显改善心衰患者的中医证候、生活质量以及心功能，具有逆转心室重塑的作用；黄芪补益心肺之气，又可健脾利水，与太子参相伍以补气之不足；生地黄、阿胶、玉竹滋阴养血，与太子参、黄芪等补气之品阴阳相兼，气血并补；丹参活血养血，所谓“一味丹参，功同四物”，其多种有效成分均具有抗心力衰竭作用，如陈成等发现丹参多酚酸盐可改善阿霉素腹腔注射法制备的心力衰竭大鼠模型，上调心肌中α-MHC并下调β-MHC水平，其机制可能与降低PKC的表达有关，冯俊等则发现丹参酮ⅡA可降低心力衰竭大鼠的心肌凋亡水平，其机制可能是通过上调mi-R133水平实现；生龙骨、牡蛎重镇安神，茯苓健脾安神，以治心悸心慌；炙甘草甘温补心养血，对于脉结代、心动悸之证所必需。全方虽药味平平，但长期服用，可以改善心脏功能，调整气血阴阳。

2. 呼吸困难，温补肺肾　呼吸困难是心力衰竭又一常见的临床症状，李氏认为此症的出现总由“心之气阴两虚，病久及肾，肺肾两虚，水气上泛所致”。肺主气司呼吸，又主一身之气，正如《医门法律》所言：“人身之气，禀命于肺，肺气清肃则周身之气莫不服从而顺行”。肾主纳气，《医碥》曰：“气根于肾，亦归于肾，故曰肾纳气，其息深深”，肺吸气，肾纳气，两者相互配合，才能共同调节呼吸气机，发挥生理功能，正如《类证治裁》曰：“肺为气之主，肾为气之根，肺主出气，肾主纳气，阴阳相交，呼吸乃和”。若心体受伤，心气不足，心血亏虚，上累及肺，使肺气虚损，司呼吸功能下降，下累及肾，肾纳气失调，则临床出现呼吸困难之症。同时，肺气受损，肺通调水道功能失司，肾气亏虚，蒸腾气化水液不利，则生湿生痰，痰湿内聚，阻塞肺道，则有咳嗽咳痰，甚则水湿上犯，凌心射肺，而有端坐呼吸不能平卧，甚则发为喘脱重症。

此类患者临床多见咯吐稀白泡沫痰，咳喘气促，不能平卧，心慌憋闷，尿少汗出，面暗唇青等。此时心力衰竭的主要病机李氏认为是“肺肾两虚，痰饮内停”，而治疗方法可选用“温补肺肾，祛痰化饮”之法，主方选用右归饮化裁：

处方：

制附片 9 g　熟地黄 12 g　山萸肉 10 g　茯苓 24 g　苏子 10 g
肉桂 6 g　葶苈子 10 g　五味子 10 g　橘红 9 g

方中附片、肉桂温肾助阳，扶助阳气，且肉桂纳气平喘，配以熟地黄、山萸肉补益肾精；山萸肉、五味子酸敛肺肾之气，后者又有强心功效；苏子止咳平喘，橘红消痰利气，茯苓淡渗利水，以利水气。葶苈子质轻味淡，上行入肺，下能通调水道，既可泻肺气之闭塞，又可利水消肿。现代医学研究又有强心功能，张晓丹等使用葶苈子水提液干预腹主动脉缩窄法所致心衰大鼠模型，发现葶苈子具有显著利尿作用，作用机理可能是通过抑制肾小管对Na^+、Cl^-和水的重吸收，从而促进Na^+、Cl^-和水的排除。本方取葶苈大枣泻肺汤之意，但李氏认为此时心肺肾脏气已虚，不可用药过于峻猛而犯“虚虚之戒”，故全方以补益收敛为主，佐以化痰利水之品，攻逐之药只有葶苈子一味，可谓以补为主，兼以攻邪，配伍精当。

3. 水湿泛滥，扶阳抑阴　心力衰竭发展到后期，很多患者都会产生不同程度的水肿。临床见水肿可由双下肢开始，逐渐向上蔓延，渐渐累及躯干，病情较重者可伴发腹水、胸水、心包积液。李氏认为，这种由下而上的水肿可纳入中医学中“阴水”范畴，其病机是心脏阴阳气血亏虚日久，累及肺脾肾三脏阳气虚衰所致。人体水液代谢主要由肺脾肾调节，肺主通调水道，对水液输布、运行和排泄有疏通调节作用，即《血证论》所谓“肺为水之上源，肺气行则水行”；脾主运化，运化水液以濡养周身；肾主水，能够蒸腾气化水液，使肺、脾、膀胱等脏腑在水液代谢中发挥各自的生理作用。若心力衰竭日久导致肺、脾、肾三脏阳气不足，调节水液代谢功能下降，可使水湿内停，泛滥周身而有水肿诸症，正如《金匮要略》中说：“心水者，其身重而少气，不得卧，烦而躁，其人阴肿。”

临床可见患者下肢水肿明显、肢冷畏寒、腰膝酸冷、心慌喘促等。在治疗上，李氏多采用“扶阳抑阴、温阳化气行水”法，以苓桂术甘汤加减：

处方：

制附片 9 g　　白术 12 g　　茯苓 24 g　　桂枝 12 g　　炙甘草 6 g
木香 6 g　　大腹皮 12 g　　车前子 30 g　　冬瓜子 30 g　　冬瓜皮 30 g

方中茯苓、桂枝、白术、甘草健脾利水，培补中焦以利水气，配伍附子扶助肾阳以温阳化气，佐以木香行气健脾，大腹皮、车前子、冬瓜皮、冬瓜子以利水消肿。

二、心力衰竭医案赏析

1. 医案一　楚某，女，54 岁，工人，1991 年 12 月 6 日初诊。

主诉：劳累后心慌气短 3 年，加重 20 天。

患者 3 年前每于劳累则心慌气短，感冒后症状加重，咳嗽不能平卧，有时夜间突然憋醒住院治疗。经利尿、消炎等治疗后，症状减轻，为明确诊断与 1991 年 11 月 18 日收入我院内科。经超声心电图检查示二尖瓣轻度改变，主动脉瓣少量反流，少量心包积液；X 线示风心病，二尖瓣狭窄并关闭不全，不除外主动脉狭窄；心胸比率：0.64，EF：46%；心电图示不完全性右束支传导阻滞，ST－T 改变，偶发房早伴差传；ESR：40 mm/h，抗“O”1∶800，经强心、利尿、扩血管、抗风湿治疗，ESR 降至正常。11 月 25 日出现心房纤颤，予普罗帕酮 150 mg，每日 3 次口服，3 d 后转为窦性心律，频发房早，为进一步中西医结合治疗。刻下：心悸喘憋，纳差恶心，脘腹胀满，口干不欲饮，大便干，下肢轻肿，舌质暗苔薄白，脉弦滑。

辨证立法：水饮凌心射肺，肝血瘀阻，治宜利肺调肝，方用五苓散合葶苈大枣泻肺汤加减。

处方：

葶苈子 10 g　　大枣 7 枚　　陈皮 12 g　　旋覆花 12 g　　代赭石 18 g
半夏 10 g　　丹参 15 g　　木香 12 g　　炒川楝 12 g　　车前子 30 g
猪苓 20 g　　茯苓 20 g　　桂枝 10 g　　泽泻 15 g　　白术 12 g

二诊：上方服 6 剂后，阵发房颤 2 次，下肢浮肿消退，心悸，口燥咽干，有时汗出，纳少，舌同前，脉细结代。治疗予前法，更予安神定悸，上方加煅龙骨、牡蛎各 24 g，珍珠母 30 g，琥珀粉 3 g，去车前子、泽泻、猪苓，继服 6 剂。

三诊：药后心悸止，头晕、咳嗽、咯白泡沫痰，胸闷，便调，舌苔薄黄，脉细结代。更法予利肺化痰。

处方：

旋覆花 12 g　　海浮石 15 g　　陈皮 10 g　　半夏 10 g　　五味子 10 g
葶苈子 10 g　　紫菀 12 g　　连翘 15 g　　丹参 18 g　　白术 12 g
白前 10 g　　茯苓 20 g　　生甘草 6 g

药后咳嗽咳痰症状消失，后该方加减治疗 1 月余，病情稳定，带药出院。

2. 医案二　魏某，男 44 岁，1991 年 10 月 23 日初诊。

主诉：发现心脏杂音 15 年，劳累后心慌气短 10 年。

患者 1976 年体检发现心脏有杂音，在大庆市医院诊断为“风湿性心脏病，二尖瓣狭窄”，因无自觉症状，未经治疗。81 年出现咳嗽咯血，双下肢浮肿，开始间断服用地高辛、双氢克尿噻。89 年劳累后心悸，查心电图示房颤。91 年心慌气短加重，同年 8 月曾在当地医院查超声心动图示风心病联合瓣膜病，二尖瓣关闭不全，心脏扩大，左房血栓形成，房颤，心功能Ⅲ级。刻下：咳嗽，咯少量白黏痰，活动后心慌气短，服用利尿剂尿量尚可，下肢关节痛，ESR 快，CRP 阳性，舌质红苔薄白，脉细结代。

辨证：气阴两虚，心血失养。治宜益气养血通络。方用生脉散合四物汤加减。

炙黄芪 24 g	当归 20 g	生地黄 15 g	熟地黄 15 g	玉竹 15 g
五味子 10 g	麦冬 12 g	赤白芍 12 g	丹参 15 g	党参 10 g
阿胶 12 g	穿山龙 30 g	炙甘草 9 g		

二诊：服用 8 剂后关节疼痛减轻，左下肺少许湿啰音，因患者无感冒及咳嗽，考虑心功能不全所致。舌脉同前。治予前法，上方加北五加皮 5 g、木瓜 10 g。

三诊：服用 14 剂后，复查 ESR 正常，CRP±，尿量增多，心率 88 次/min，治疗守前方，去穿山龙。

后随着加减病情稳定，转外科行瓣膜置换术。

3. 医案三　姚某，女，63 岁，1991 年 5 月 8 日初诊。

主诉：劳累后心悸气短 5 年，加重 3 年。

患者 10 岁时活动后出现心悸气短，医院检查发现心脏杂音，诊断为“风湿性心脏病，二尖瓣狭窄，心功能代偿”。曾于 1958 年、1961 年行“二尖瓣扩张术”，术后恢复可。1972 年出现房颤，82 年开始有活动后心悸气短加重，并出现阵发性呼吸困难，夜间不能平卧，双下肢浮肿，间断服用地高辛、双氢克尿噻等药。近 3 年来上述症状加重，经强心、利尿、扩血管等治疗后效果一般。肝脏肿大，体力活动丧失。入院时血压 140/80 mmHg，二尖瓣面容，口唇轻度发绀，颈静脉怒张，双肺呼吸音清，心界向左侧扩大，心率 64 次/min，心电图示房颤，ST－T 改变。心脏超声示风心病，二尖瓣狭窄关闭不全，主动脉瓣轻度损害，肺动脉高压。

刻下：心悸怔忡，头晕气短，疲乏无力，恶心干呕，纳差食呆，肝大腹胀，尿少腿肿，双手麻木，舌质暗苔薄白，脉沉细结代。

辨证：脾肾阳虚，气虚血瘀。治宜扶阳抑阴，益气行水化瘀。

处方：

制附片 6 g	炙黄芪 30 g	玉竹 20 g	太子参 20 g	丹参 15 g
生地黄 12 g	熟地黄 12 g	麦冬 10 g	车前子 30 g	山萸肉 12 g
五味子 12 g	炙甘草 6 g	藿香 10 g	佩兰 10 g	焦三仙 10 g

二诊：上方服用 7 剂后，尿量增多，心悸气短减轻，舌暗苔薄白，脉结代，上方继服 7 剂。

三诊：药后病情无明显变化，胃胀灼热不适，舌脉同前，上方加延胡索 10 g，继服。

后随着加减病情逐渐稳定出院。

第五节　邓　铁　涛

一、心力衰竭经验

邓铁涛（1916～）先生是我国著名的中医药专家，全国第一批“国医大师”，从事中医药工作70余年，精研中医药传统理论，培养了大批中医药人才，在国内外享有崇高声望。

心力衰竭是各种心脏疾病的最终阶段，也是临床上常见的危重症。根据心力衰竭水肿、乏力、呼吸困难等临床症状，可纳入祖国医学中“喘证”“水肿”“怔忡”“心水”等范畴，在治疗上邓氏认为祖国医学重视从整体上进行调理，从根本上纠正其病理基础，而且副作用少，适合心衰病患的长期服用，应用前景广阔。

在心力衰竭的辨证论治中，邓氏提出了“心衰辨证，以心为本，他脏为标”“本虚标实，以心阳亏虚为本，瘀血水停为标”“阴阳分治，以温补阳气为上”和“病证结合，灵活变通”四个观点。

1. 心衰辨证，以心为本，他脏为标　邓氏认为“心衰病位在心，但不局限于心”，而与五脏相关。心脏与其余四脏息息相关，五脏生理上相互联系，病理上亦可相互侵及，正如《景岳全书》所说“心系有五：上系连肺，肺下系心，心下系脾肝肾，故心通五脏系之气，而为之主也”。在心力衰竭的发生发展过程中，心与肝脾肺肾四脏“互相制约，互相影响”。如心肺同居上焦，生理上相关，病理上相互影响，若肺病日久，肺气虚弱，通调水道功能下降，宣发肃降失司，水液输布和排泄障碍，则生湿生饮，郁遏上焦，心阳被阻，心气阻塞而有心衰发病；若脾气虚弱或脾阳不足，水谷运化失调，中焦虚寒，痰饮内生，亦可上犯心阳，且脾之化源不足，气血亏虚，亦可使心血虚少，久之累成心病；若肾阳亏虚，命门火衰，不能上温心阳，则心阳不足，同时肾阳虚弱，蒸腾气化水湿功能下降，亦可成湿成饮，若水湿泛滥，凌心射肺可发为喘脱危证。可见其余脏腑功能失调可累及心脏，发为心力衰竭。

同时，心脏受病，功能下降，亦可累犯其余四脏。如心气不足，鼓动气血无力，其余脏腑气血虚少，肺气虚而有短气咳喘之证，脾气虚而有腹胀便溏之虞，肾气虚而有腰酸肢肿之候。心阳不能温煦上焦，则肺气虚寒，而有喘咳白色痰涎；母病及子，则脾阳不足，又有肢冷纳呆；心阳源于肾阳，心阳不足则肾阳必定虚寒，且心肾为水火之脏，心肾不交，又有失眠心悸等证。

总之，心力衰竭发病的病位在心，而与其余四脏关系密切，“以心为本，他脏为标”，五脏相关。在治疗上邓氏认为“应重点调理心脏的气血阴阳”。

2. 本虚标实，以心阳亏虚为本，瘀血水停为标　心力衰竭病位确定为心，且“以心为本，他脏为标”。而在发病机制上，邓氏则认为是“以心阳（或兼心阴）亏虚为本，瘀血水停为标”。心脏的正常搏动，主要依赖于心脏阳气鼓动，心阳充沛，才能维持正常的心力、心率和心律，才能推动血液循环，维持人的生命活动，使之生机不息。另外，心阳不仅维持了心脏本身生理功能，而且对全身亦有温养作用，正如《血证论》所说“心为火脏，烛照万物”。由此可见，心脏功能主要由心阳体现，同时心阴充盈亦非常重要。心血充足，阴阳匀调，才能更好地维持心脏生理功能。

若心阳亏虚，心气搏动无力，则出现短气喘咳，动则加甚，夜不得卧，舌淡胖，脉沉细，后期严重者可出现张口抬肩，烦躁不安，大汗淋漓，肢冷欲绝，脉浮大无根等危候。若阳损及阴，或过用利尿剂等伤阴之品，临床可见口干脉细，舌红少苔，甚则光红无苔等阴液不足之证。

此外，心阳不足、心气亏虚，亦可导致瘀血、水肿等证候。

“气为血之帅，血为气之母”，气能行血、生血，若心气虚少，必然引起血行不畅，血液停滞，或心阳不足，温煦功能下降，血寒凝涩，都可发为瘀血。瘀血停滞血脉，阻塞脉道又可进一步郁遏心阳，阻塞心气，使心衰进一步加重，两者成为恶性循环。临床心衰患者瘀血证常可见胸中隐隐作痛，颈静脉显露，爪甲紫暗，舌质紫暗或舌下青筋显露，脉沉细涩等。

心阳(气)不足，可累及其余脏腑阳气亏虚，代谢水液功能下降，若肺气不足，通调水道失司，脾气亏虚，运化水湿能力下降，肾气虚弱，蒸腾气化水液不利，均可使水湿内停，痰饮内生，而发为水肿诸症，还有“血不利则为水”，瘀血也可引起水肿。临床常见患者尿少肢肿，下肢为甚，心悸乏力，喘咳咯稀白痰，舌淡胖苔白，脉沉细或虚数。若有胸腔积液可见胸胁胀满，而有“悬饮”之候。

瘀血、水肿的形成都可进一步损伤心阳，耗伤心气，加重心力衰竭，形成恶性循环。针对这一恶性循环，邓氏认为治疗的关键是“补虚固本”，以补虚为本，在此基础上兼用活血化瘀，利水消肿等治法。

3. 阴阳分治，以温补阳气为上　根据上述心力衰竭病位、病机的分析，在治疗上邓氏强调要“调补心脏的气血阴阳”，而将心力衰竭的证型主要分为心阳虚型与心阴虚型两大类，治法分别是温心阳和养心阴，代表方分别为暖心方和养心方。

暖心方主要由红参、熟附子、薏苡仁、橘红等组成，方中红参、附子温补心阳，以扶心阳之衰，薏苡仁健脾利水，以达温阳利水之效，橘红化湿健脾，祛痰行气，以成通阳化痰之功，临床用治心力衰竭心阳虚的患者疗效较好。临床研究方面，林晓忠等在西医常规治疗上加用暖心胶囊治疗心力衰竭患者 3 个月后，发现暖心胶囊可显著提高心衰患者的运动耐量，并降低血浆 BNP 浓度；邹旭等使用暖心胶囊治疗 NYHA 心功能Ⅱ～Ⅲ级，EF≤45%的心力衰竭患者，随访 12 个月后发现暖心胶囊可明显改善心力衰竭患者的心功能，并能降低再入院率；而刘泽银等则发现暖心胶囊对于舒张性心力衰竭患者亦具有良好疗效，能够明显改善其生活质量。另一项更为严格的 150 例随机双盲安慰剂对照试验中，在进行 24 周的暖心胶囊干预后，结果显示暖心胶囊能较好改善慢性心力衰竭患者的心功能，具有明显的临床疗效和良好的安全性。在基础研究方面，学者们也发现使用暖心胶囊干预阿霉素诱导的心力衰竭大鼠模型后，心力衰竭大鼠心功能可明显改善，心肌组织中 Ca^{2+}-ATP 酶活性亦有提高，而血浆中血浆 AngⅡ和醛固酮水平则有一定下调。

养心方由生晒参、麦冬、法半夏、茯苓、三七等组成，方中生晒参培补元气，配以麦冬以益气养阴，法半夏燥湿化痰，祛除血脉湿浊痰凝，茯苓健脾利水，使痰湿邪有去路，三七活血化瘀。全方以滋养心阴为主，配以化痰、利水、活血等药，结构严谨，配伍精当。其中三七与人参同属五加科，含有皂苷类、多糖、黄酮类等多种化合物，除活血止血功效外，也有一定强心益气作用，如蔡广等予缺血性心肌病患者静脉滴注三七总甙后，与对照组静脉滴注复方丹参注射液比较，发现对心功能改善更为明显。华新宇等在常规心力衰竭药物治疗基础上加用三七总皂苷粉针，以 15 天为 1 个疗程，2 个疗程后发现治疗组心功能较对照组明显改善，并且能够有效降低心力衰竭患者血浆中 Fas、Fas-L、TNF-α 等凋亡相关因子的水平。

心五行属火，位于上焦，且鼓动气血、温煦周身等功能全赖心阳维持，故心力衰竭出现的种种症状多表现为心阳的虚衰，故在治疗时更应注重心阳的温补，心气的扶助，温心阳、益心气以消散寒邪，祛除浊阴。在治疗时邓氏除人参、黄芪、白术外，还常喜用五爪龙，且用量一般都在 30 g 以上。五爪龙又名五指毛桃、南芪，性甘平微温，具有健脾利湿、益肺止咳、舒筋通络等功效，现代研究发现有很好的镇咳平喘、调节免疫等药理作用。如刘春玲等采用环磷酚胺建立免疫功能低下的小鼠模型，使用五指毛桃干预后可增加小鼠胸腺、脾脏重量，提高小鼠体内碳粒廓清功能，明显改善免疫功能；周添浓等研究发现五指毛桃能明显减少氨水引发的小鼠及枸橼酸引发的豚鼠咳嗽反应的次数，延长咳嗽潜伏期，能够对抗组胺-乙酰胆碱引起的豚鼠支气管哮喘，对磷酸组胺所致豚鼠离体气管平滑肌收缩也有拮抗作用，并且具有抗豚鼠过敏性休克等作用。

在治疗心力衰竭时，若患者阳虚阴寒较为明显时可用附子、肉桂等大辛大热之品回阳救逆，如参附汤等；若寒象不甚明显可用甘温之品扶助心阳，缓图为功，如五爪龙、黄芪、人参之品，并配合温胆汤温通心阳；若阳损及阴，患者阴虚之候较明显时则酌加养阴补血之剂，如玉竹、墨旱莲、女贞子等。

4. *病证结合，灵活变通*　在临床对心力衰竭进行辨证施治时，邓氏认为要适当借鉴现代医学的疾病诊断，做到“病证结合”，根据引起心力衰竭的病因不同，做出相应的诊疗方案调整。心力衰竭如冠心病引起者，在心气虚基础上须注意“痰瘀互结”，益气同时注意祛痰活血，常用温胆汤配合三七、白术、豨签草等；若高血压引起者，适当配合平肝潜阳之法，在补心气、温心阳基础上佐以石决明、代赭石、牡蛎等潜镇之品；如肺系疾病引起肺源性心脏病者，须注意平喘降气，可配合三子养亲汤、海浮石、鹅管石等；若风湿性心脏病者，须注意祛风除湿，可加入威灵仙、豨签草、防己、桃仁、红花等；若为甲状腺功能亢进引起者，可配以软坚散结之品，如浙贝母、山慈姑、玄参等。总之，当随证化裁，灵活加减，以求收功。

二、心力衰竭医案欣赏

周某，男，76 岁，因“劳累后气促 5 年，双下肢肿 1 年，加重伴咳嗽咯痰 2 周”入院。患者于 5 年前开始出现劳累后气促，初起于体力劳动时感到气促，渐则加重，走平路亦觉气促，近 1 年出现双下肢水肿，休息后可减轻，近 2 周因受凉症状加重，气促，动则加剧，伴神疲咳嗽，咯痰，量少质黏，胸闷口干，唇稍绀，颈静脉充盈，双肺满布细湿啰音，心率 120 次/min，律齐，第一心音低钝，心尖区、三尖瓣听诊区闻及收缩期、3/6 级吹风样杂音，腹平软，肝肋下 2 cm 可触及，肝颈静脉反流征(+)，双下肢凹陷性水肿。血常规：白细胞计数 13.9×10^9/L，中性粒细胞 92%，空腹血糖：9 mmol/L，心电图示心率 127 次/min，窦性心动过速，心肌劳累。胸片示慢性肺气肿并肺感染，心影大，心力衰竭改变。心脏超声示主动脉瓣退变伴轻度关闭不全，二尖瓣、三尖瓣重度关闭不全，符合冠心病，EF 值 26%。

入院诊断：

西医诊断：老年性退行性心瓣膜病，心功能不全，心功能Ⅳ级。

中医诊断：喘证。

入院后曾先后予头孢拉定、泰能等抗感染，并予强心、利尿、扩血管等抗心力衰竭、化痰、降糖等治疗，中药则予益肺健脾补肾、化痰清热之品治疗，症状缓解不明显，请邓老会诊，患者症见气促，动则加甚，双下肢肿，声低息微，口开短气，面色晦暗，咳嗽痰难咯，纳差，神疲，口干欲饮，大便软，小便少，舌偏红苔少，脉细数。证属气阴两虚，痰浊阻肺，治宜益气养阴，润燥化痰。

处方：

西洋参另炖10 g　生晒参另炖10 g　麦冬 12 g　炙甘草 6 g　大枣 4 个

浙贝母 15 g　　玉米须 30 g

每日一剂，水煎服。

二诊：服药 7 剂，咳嗽、咯痰、肢肿减轻，仍气促，精神好转，口干减轻，纳仍欠佳，兼胸闷，药已对症，但内有痰浊，加法半夏 10 g、橘红 6 g，继服 7 剂。

三诊：气促、咳嗽、咯痰明显减轻，无肢肿，纳转佳，口稍干，气阴渐复，病情好转出院，守方继续调理。

第六节　颜　德　馨

一、心力衰竭经验

颜德馨(1920～2017)先生是我国第一批"国医大师"，在学术上推崇气血学说，认为气血病变是临床辨证的基础，并提出"气为百病之长、血为百病之胎""久病必有瘀、怪病必有瘀"等著名观点。在心脑血管疾病诊疗方面，颜德馨先生认为气血失衡是众多疾病的基本病机，并创立"衡法"的治疗理念，对学术界影响深远。

颜氏认为心力衰竭的基本病机是"心阳式微，阳虚水泛，凌心射肺"。疾病初期以"心肺虚弱"为主，此时心气亏虚，肺气虚弱，心气不足行血无力，使血行缓慢而致瘀血内停，肺气虚少，宣发肃降失司，通调水道功能下降而致水液输布不利，以使水湿内停，水肿发生。病情进一步发展后，心气衰少，气属阳，而致心阳不足，此时心脏温煦功能下降，在心气虚少上而有肢寒畏冷等阳虚表现，阳虚不能蒸腾气化水液，可使体内水邪泛滥，水肿更为明显，如《金匮要略》曰："水在心，心下坚筑，短气，恶水不欲饮"，若水邪上犯，凌心射肺则出现咳喘气促、烦躁不得平卧等重症。而后心阳不足可进一步累及肾阳，出现周身阳气衰少等表现。

在病位方面，颜氏认为"主要在心，但与肺、脾、肾诸脏关系密切"。心肺同居上焦，心主血脉，上朝于肺，肺主气司呼吸，贯通心脉，两者相互配合，以保证气血正常运行，若心气虚弱，无力行血，则血失统帅而瘀滞不行，血行异常则肺失其所养，出现心肺亏虚，肺宣发肃降功能失司，则肺气上逆而现喘咳之证，所谓心病可累肺作喘。心属火，脾属土，心病累及脾土，所谓"母病及子"，可引起脾气亏虚，则有腹胀纳呆便溏之虞。心为君火，为一身之主宰，所谓"心为火脏，烛照万物"，肾为相火，为阳气之根，肾阳充盛则心阳充足，若心阳亏虚，久病及肾，可使肾阳虚弱，阴邪丛生。此外，肺脾肾三脏与体内水液代谢关系密切，肺主通调水道，脾主运化水谷精微，肾主一身之水，若此三脏气虚衰少，则水邪内停，又可进一步损伤心阳，而使心衰加重。故颜氏认为心力衰竭是本虚标实之证，"心肾阳虚为本，血瘀、痰浊、水邪为标"。

在心力衰竭的治疗方面，颜氏认为起病初期主要是心肺气虚，心肺同病，此时心气虚可致肺气虚，反之肺病日久，肺气亏虚，亦可累及心气虚。气不足可致水停而有水肿，气不足可致血瘀而有瘀血，不外气血两端，故"治疗或从气治，或从血治，或气血同治"，可分为行气利水和活血化瘀两者。

在行气利水治法中，由于气可行水，气可化水，故治水肿当先治气，而肺主一身之气，调节周身气、血、津液，故治气又当治肺，正如《类经》曰："肺主气，气调则营卫脏腑无所不治"。治疗此期心力衰竭较轻者，颜氏常用泻白散合五皮饮加杏仁、桔梗、紫苏子、茯苓等。

方中桑白皮、地骨皮、桔梗、杏仁、紫苏子平喘化痰，宣肃肺气以复肺脏功能，清利肺道以畅气机，肺气复则周身气机复，配以五皮饮、茯苓等利水消肿，可使气行水消，对于心力衰竭初期症状较轻者颇为适宜。若心力衰竭症状较重，短气喘咳较甚者，常用葶苈大枣泻肺汤合防己茯苓汤，水肿较甚者可加椒目、大黄等加强利水，正气虚弱者可加人参、黄芪、白术等扶正之品。

在活血化瘀法中，心力衰竭可有水湿内停，痰浊内生，痹阻血脉以使血行不畅，久之而成瘀血，瘀血日久又可引起水肿，所谓“血不利则为水”，两者形成恶性循环。故治疗上颜氏以“血水同求”，常用血府逐瘀汤合五苓散。血府逐瘀汤活血化瘀，祛除瘀血，五苓散化气利水，祛除水邪，两者相合血水同治，配伍精当。在活血化瘀药物使用上，颜氏也有所讲究，在心力衰竭发病初期，水肿、瘀血较轻，常以泽兰、益母草以化血利水；中期病情有所加重，常常气虚、水湿较甚，血脉瘀阻，可用蒲黄、水蛭等化瘀通络，祛除血脉壅塞、畅利脉道以使气血通利；至后期阴寒凝滞，阳气虚衰，水湿泛滥，常用真武汤加苏木、红花、桃仁等以温阳活血，温阳利水。

心力衰竭发展至后期，心阳亏虚累及肾阳，以致心肾阳虚，此时疾病进一步加重，在气虚基础上出现阳气的亏耗而有温煦功能的下降，阳虚寒凝，可致血寒凝涩，脉道进一步瘀阻，瘀血症情加重；阳虚不能温化水湿，蒸腾无力，湿聚体内，水邪泛滥。故瘀血、水停较前期更为严重，治疗上颜氏则强调“补气温阳、活血行水”。在补气方面，可从宗气入手，上走息道以推动肺之呼吸，如《灵枢·邪客》中曰：“宗气积于胸中，出于喉咙，以贯心脉而行呼吸焉”，下注心脉帮助心脏推动血液循环。若宗气不足则不能助心行血，而有血行瘀滞，所谓“宗气不下，脉中之血，凝而留止”。故当“补益宗气，活血化瘀”，颜氏常用神效黄芪汤、补胃汤、益气聪明汤合血府逐瘀汤，前三者扶助正气，补益宗气，配合血府逐瘀汤活血祛瘀，攻补兼施，补气行血。在温阳方面，此时心阳孱弱，肾阳亦虚，血瘀水泛，浊阴内盛，常是危重阶段，颜氏常用王清任之急救回阳汤，方由党参、附子、干姜、白术、甘草、桃仁、红花组成。附子大辛大热，较大用量与干姜、甘草以成四逆汤以回阳救逆，匡扶心肾之阳，与党参相合又成参附汤以益气温阳，佐以桃仁、红花以温阳活血。因附子有一定毒性，且用量较大，临床可酌加生甘草以兼制其毒，或配以生地等甘润之品佐制。

在心力衰竭用药方面，颜氏常用经验对药，主要有“附子配半夏”“黄芪配葶苈子”“泽兰配益母草”这3个。

附子配半夏：附子是毛茛科植物乌头子根的加工品，味辛性大热，有毒，归心、肾、脾经，可上温心阳，中暖脾阳，下助肾阳，《本草纲目》言其可“治三阴经证，及阴毒伤寒，阴阳易病”，是温阳要药。半夏燥湿化痰、降逆散结，为祛痰燥湿要药，与附子同为辛燥之品，两者相合可辛温助阳，又能燥湿化饮，对于心力衰竭之阳虚水停证用之恰当。本草虽有“半蒌贝蔹及攻乌”之“十八反”忌，但颜氏临床应用却“屡用屡验”，并无不良反应。

黄芪配葶苈子：黄芪味甘，性微温，入肺、脾、肝、肾经，有益气固表、利水消肿之功效，现代药理研究发现黄芪可以强心、减轻心脏负荷、扩张冠状动脉、改善心肌代谢、调节免疫，对心力衰竭有很好的作用。而葶苈子味苦性寒，入肺、膀胱、大肠经，能泻肺降气，利水消肿，《开宝本草》言其“疗肺壅上气咳嗽，定喘促，除胸中痰饮”，《本草经百种录》则加载“葶苈滑润而香，专泻肺气，肺如水源，故能泻肺即能泻水。凡积聚寒热从水气来者，此药主之……大黄之泻从中焦始，葶苈之泻从上焦始，故《伤寒论》中承气汤用大黄，而陷胸汤用葶苈也”。葶苈子也有较好的强心作用，与黄芪相配可以攻补兼施，疗效更强。

泽兰配益母草：泽兰苦辛，微温，功能活血化瘀，行水消肿，《本草通玄》曰：“泽兰，芳香悦脾，可以快气，疏利悦肝，可以行血，流行营卫，畅达肤窍，遂为女科上剂”。益母草辛苦，微寒，能够活血调经，利尿消肿，颜氏认为益母草可以“行血而不伤新血，养血而不滞瘀血，为血家圣药”，与泽兰相配可以血水同治，加入益气温阳等方药中可起到事半功倍之效。

二、心力衰竭医案欣赏

1. 医案一　温阳通脉、行气利水法治疗心力衰竭。

翟某，女，60 岁。

主诉：下肢水肿 1 月余。

病史：冠心病反复住院，下肢凹陷性水肿，唇绀面紫，腹中胀满，电解质紊乱，心脏摄片示右心扩大，以冠心病合并心力衰竭入院。

初诊：面浮肢肿，不得平卧，饮水作喘，六脉沉细，舌胖淡暗。急喘治肺，慢喘治肾，痰浊夹瘀阻塞营卫，阴邪凝滞，阳失斡旋，气化失宣，慎防升降出入废，病垂危矣。

处方：

桂枝 6 g　小茴香 3 g　葶苈子 18 g　菖蒲 9 g　苏木 9 g
生蒲黄 9 g　生半夏 9 g　猪苓 9 g　茯苓 9 g　白术 9 g
椒目 2.4 g　防己 9 g　泽泻 9 g　黄芪 15 g　生姜皮 1.5 g

服药 1 帖即见喘平，胸宇满痞渐减，原发出入调治，症势平安，门诊随访。

2. 医案二　温补心阳、活血通络法治疗心力衰竭。

丁某，女，52 岁。

主诉：胸闷心悸 16 年，伴身体浮肿 1 周余。

病史：患风湿性心脏病 16 年。心脏超声示二尖瓣狭窄与关闭不全。

初诊：近因感冒引发肢肿、心悸、胸闷、气短。唇绀，心悸不宁，胸闷喘促，咳白色泡沫样痰，面浮肢肿，尿少，腹鸣便溏，完谷不化，舌紫苔白，脉沉细结代。证属心阳不振，痰瘀交阻，气机受阻。治以温运心阳，活血通络。

处方：

附子 6 g　炙甘草 6 g　桂枝 3 g　小麦 30 g　煅龙骨 30 g
煅牡蛎 30 g　茯苓 9 g　酸枣仁 9 g　党参 9 g　远志 9 g
白术 9 g　丹参 15 g　琥珀粉吞服 1 g

7 帖，水煎服，日 1 剂，分 2 次服。

二诊：服 7 剂后，心悸明显改善，肢肿消大半，唯关节酸痛，腰部尤甚，舌淡苔薄，脉细稍数。证属阳气初复，血瘀未消，原方续服 1 周。

三诊：诸症渐消，偶有肢痛，少寐，舌淡苔薄，脉细缓。仍以原方加减。

处方：

附子 9 g　威灵仙 9 g　酸枣仁 9 g　远志 9 g　当归 9 g
党参 9 g　茯神 9 g　苍术 9 g　白术 9 g　桂枝 6 g
干姜 2.4 g　黄芪 30 g　炙甘草 3 g　木香 3 g

21 帖，水煎服，日 1 剂，分 2 次服。后心气调畅，心血得养，诸症皆除。

3. 医案三　益气养阴、祛瘀利水法治疗心力衰竭。

徐某，男，68 岁。

主诉：胸闷、下肢水肿 2 周余。

病史：患者有咳喘史 10 年余，每遇气候交变即作，近年来日趋加重，动辄气促伴下肢浮肿，多次入院治疗。本次入院前 2 周因起居不慎，上症加剧，气促不得平卧，咯痰黄黏，胸中满闷，小便量少，两下肢浮肿，两肺满布干湿啰音，心率 100 次/min，律齐，肝颈反流征(+)性，拟"慢性支气管炎继发感染，肺气肿，肺心病，慢性心力衰竭"收入病房。

初诊：咳喘不得平卧，咯痰黄黏，胸中满闷，两下肢高度浮肿，小便量少，巩膜瘀丝，面色黧黑，爪甲青紫，脉细滑小数。咳喘有年，肺、脾、肾三脏俱虚，感受外邪，肺失清肃，痰热壅阻，运化失司，水浊内停，久病入络，虚实同巢，症在危途，治拟益气化瘀、清化热痰。

处方：

党参 15 g　沙参 12 g　白术 9 g　白茅根 30 g　芦根 30 g
竹沥半夏 9 g　天竺黄 9 g　陈胆星 9 g　黄芩 9 g　葶苈子 15 g
带皮茯苓 15 g　杏仁 9 g　益母草 30 g　泽兰叶 15 g

7 帖，水煎服，日 1 剂，分 2 次服。

二诊：1 周后咳喘减轻，入夜已能平卧，咯痰量少，色黄而黏，豁之尚畅，两下肢浮肿仍甚，苔薄，舌质暗，脉细，继以前法。

处方：上方去天竺黄，加苏木 4.5 g、降香 2.4 g，并予丹参 24 g 静脉注射，另加水蛭粉 1.5 g 吞服。

7 帖，水煎服，日 1 剂，分 2 次服。

第七节　李　可

一、心力衰竭经验

李可先生认为心力衰竭患者病情错综复杂，脏腑气血阴阳皆耗失，且阳气衰微，阴液内竭，故回阳救阴为最要，根据其长达 60 余年的临床经验，创制破格救心汤以治疗心力衰竭。

破格救心汤来源于《伤寒论》中四逆汤、参附龙牡救逆汤及《医学衷中参西录》中来复汤加麝香而成，方中重用附子和山萸肉。全方如下：

附子 30～200 g　干姜 60 g　炙甘草 60 g　高丽参(另煎浓汁兑服) 10～30 g
山萸肉 60～120 g　生龙骨粉 30 g　生牡蛎粉 30 g　活磁石粉 30 g
麝香(分次冲服) 0.5 g

煎服方法：病势缓者，加冷水 2 000 mL，文火煮取 1 000 mL，5 次分服，2 h 1 次，日夜连服 1～2 剂，病势危者，开水武火急煎，随煎随喂，或鼻饲给药，24 h 内不分昼夜频频喂服 1～3 剂。

全方药味不多，量大力宏，配伍精当，是回阳固脱之峻剂。方中附子用量为 30～200 g。附子乃大辛大热之品，《本草经读》中言其"味辛气温，火性迅发，无所不到，故为回阳救逆第一品"。《本草正义》则说："附子，本辛温大热，其性善走，故为通行十二经纯阳之要药，外则达皮毛而除表寒，里则达下元而温痼冷，彻内彻外，凡三焦经络，诸脏诸腑，果有真寒，无可不治。”附子辛温之性可见一斑。李可先生认为：“心衰垂危，患者全身功能衰竭，五脏六腑表里三焦，已被重重阴邪所困……阳回则生，阳去则死。非破格重用附子纯阳之品的大辛大热之性，不以雷霆万钧之力，不能斩关夺门，破阴回阳，而挽垂绝之生命。”在现代药理学研究方面，卢志强等通过静脉注射大剂量戊巴比妥钠建立大鼠急性心衰模型，分别设附子高、低剂量组及附子与α、β肾上腺素受体阻断药合用组，观察大鼠LVSP、心率、左室内压上升/下降最大速率(±dp/dtmax)等血流动力学相关指标，结果发现附子对急性心力衰竭大鼠具有明显的强心作用，其部分机制与激动α、β肾上腺素能受体有关。而展海霞等采用静脉注射普罗帕酮建立大鼠心力衰竭模型，使用附子、干姜水煎液进行十二指肠插管给药，并检测血流动力学各项指标，发现附子与干姜配伍可以加快心力衰竭大鼠的心率、升高左心室内压、提高左心室内压最大上升和下降速率，具有明显的抗心力衰竭作用。而缪萍等通过腹腔注射阿霉素建立大鼠心力衰竭模型，同时使用四逆汤及其不同配伍方进行干预，发现四逆汤及其不同配伍方可以多靶点、多途径的预防和缓解心力衰竭的发生和发展，以四逆汤全方抗心力衰竭效应更为明显，附子配干姜能部分改善相应指标，附子配甘草的强心作用较弱，单用附子的作用最弱。可见四逆汤方的配伍具有较好强心作用。李可先生也提到“方中四逆汤为中医学强心主剂，临床应用1 700余年，救治心衰，疗效卓著”。

而在附子的毒性方面，李可先生认为“附子为强心主将，其毒性正是其起死回生药效之所在”，故方中用量巨大。但李氏一生治疗心力衰竭病患逾万例，所用附子量达5吨以上，却无一例中毒，究其原因，李氏认为可能与煎煮的时间以及药物的兼制这两个因素有关。李氏在其经验辑中谈到“附子武火急煎1小时，正是其毒性分解的高峰”，而罗昌国等也认为附子经过先煎、久煮后能将其中主要毒性成分双酯型二萜类生物碱水解为毒性为其1/1 000～1/100的单酯类生物碱，且进一步水解则变为毒性更小或无毒的醇胺类生物碱，后者的毒性仅为乌头碱的1/2 000。在甘草解附子毒性方面，李氏认为甘草能解附子毒性，《伤寒论》的四逆汤中炙甘草用量是生附子2倍，而在破格救心汤中炙甘草60 g也足以监制100 g以上附子的毒性。徐姗珺等将附子单煎及附子与甘草、附子与甘草酸、附子与甘草次酸分别合煎，用HPLC法分析各种煎液中乌头碱及次乌头碱的煎出量，并用动物实验测定各煎液不同给药途径的急性毒性，结果发现甘草与附子合煎口服可减小附子毒性，可能因为其可减少附子中有毒生物碱的煎出。

方中另一特点是大剂量山萸肉的应用。山萸肉，《神农本草经》中记载：“主心下邪气，寒热，温中，逐寒湿痹，去三虫。久服轻身。”张锡纯在《医学衷中参西录》中论述山萸肉“大能收敛元气，振作精神，固涩滑脱……通利九窍，流通血脉……敛正气不敛邪气，与其他酸敛之药不同”，并创立“来复汤”以治疗寒温外感诸症，大病瘥后不能自复，症见寒热往来，虚汗淋漓，目睛上窜，喘逆，怔忡，气虚不足以息等。李可先生发现使用大剂四逆汤方治疗心力衰竭重症患者的治愈率尚可，但垂死患者救活率仅有“十之六七”，后逐渐意识到心力衰竭病危患者脏腑气血阴阳散失，受张锡纯启发，遂以来复汤补四逆汤之不足。张锡纯认为山萸肉“不独补肝也，凡人身之阴阳气血将散者，皆能敛之。故救脱之药，当以萸肉为第一”。而李可先生则认为“山萸肉可适应一切心力衰竭虚中夹瘀的特征，对冠心病尤为重要，可助附子固守已复之阳，挽五脏气血之脱失”。破格救心汤中并有龙骨、牡蛎、磁石等重镇收涩之品，配合山萸肉收敛将散之元气。方中前有四逆汤大辛大热之剂，以回阳强心、破除阴邪，后有大剂山萸肉、龙骨、牡蛎、磁石等收敛之品固摄元气，一开一合，配伍精当。

此外，破格救心汤中还使用麝香以醒神开窍，高丽参补益元气。麝香，又名"当门子"，具有开窍醒神、活血散结等作用，《本草纲目》言其"通诸窍，开经络，透肌骨……治中风、中气、中恶，痰厥，积聚癥瘕"。在药理学研究方面，学者们也发现麝香具有增强神经中枢耐缺氧、保护脑损伤等作用，并在小剂量时能兴奋神经中枢，同时有一定的强心功能。李可先生认为麝香在此处对心力衰竭昏迷患者，特别是痰厥昏迷有"斩关夺门、辟秽开窍"之功。

李氏的破格救心汤具有扶正固脱、活血化瘀、开窍醒脑等功效，对于各科危急重症，阴竭阳亡，元气暴脱，症见冷汗淋漓，四肢冰冷，面色㿠白或萎黄、灰败，唇舌指甲青紫，口鼻气冷，喘息抬肩，口开目闭，二便失禁，神识昏迷，气息奄奄，脉象沉微迟弱(1 min 50 次上下)，或脉如潮涌壶沸(1 min 120～240 次以上)，凡心跳未停、一息尚存者，均可投以本方。

二、心力衰竭医案赏析

1. 医案一　某男，88 岁，2006 年 8 月 18 日进入一附属监护病房。西医诊断：冠心病、房颤，外感引发急性心衰，呼吸衰竭(已上呼吸机)，肾衰竭。脉微细如丝，下三部、左趺阳微微搏动，其余依稀难辨，肺积水(已抽水 500 mL)。自主呼吸偶见，心率 20 次/分，依赖起搏器。四肢厥冷，痰壅，嗜睡，面色泛红，亡阳厥脱，危在顷刻，救阳为急。

处方：

制黄附 200 g　干姜 100 g　炙甘草 120 g　高丽参另炖 30 g　山萸肉 120 g
生半夏 45 g　茯苓 45 g　五味子 30 g　细辛后下 45 g　麝香 1 g
节菖蒲 30 g　龙牡 30 g　磁石 30 g　油桂后下 10 g　生姜 45 g

水、姜汁 10 mL 兑入。

按语：八八高龄，证属急救监护，外感引发急性心力衰竭、呼吸衰竭、肾衰竭，以大剂破格救心汤；肺积水，干姜、生半夏、细辛、五味子、小半夏加茯苓、油桂助下焦气化；痰壅、嗜睡，节菖蒲、生姜、姜汁涤痰开窍。

2. 医案二　卢某，女，77 岁，2009 年 10 月 19 日就诊。昏迷 14 d，呼之不应，二便失禁，舌淡红无苔而干，脉结代缓，太溪无脉。诊断：冠心病，房颤，慢性心功能不全，心功能Ⅲ级；高血压 3 级，极高危，高血压性心脏病；老年退行性心瓣膜病，主动脉瓣轻度关闭不全，二尖瓣重度关闭不全；2 型糖尿病 3 年；颈椎病；胆石症。入院一度上消化道出血(呕血)。痰浊蒙窍，上闭下脱(牙关紧闭)。

处方：

生南星 30 g　生半夏 50 g　生川乌 10 g　竹沥 100 mL　九节菖蒲 30 g
生姜 75 g　麝香 0.15 g　黑豆 30 g　防风 30 g　甘草 30 g
蜂蜜 150 g

加水 3 000 mL，文火煮取 300 mL，兑入竹沥、姜汁 10 mL。3 剂。

按语：昏迷 14 d，呼之不应，二便失禁，牙关紧闭，脉结代缓，太溪无脉。房颤、心功能不全，高血压危象，痰浊蒙窍，上闭下脱，先用夏九麝香三生饮(生南星 30 g，生半夏 50 g，生川乌 10 g，九节菖蒲 30 g，生姜 75 g，麝香 0.15 g，黑豆、防风、甘草各 30 g，蜂蜜 150 g）醒脑开窍。等把患者救醒以后再辨证论治。

3. 医案三　曹某，女，62 岁，2007 年 9 月 19 日就诊。患者 9 月 13 日肺心病急性心衰，抽泣样呼吸，目神散，但欲寐，动则喘，心动神摇，面色萎黄灰暗，脉沉细微，舌中大片剥苔，近 3 个月减重 10 kg，病势危急，投下方 3 剂，基本脱险。守方，去麝香。

处方：

生黄芪 250 g　炙甘草 120 g　干姜 90 g　制附片 100 g　高丽参冲服 15 g
三石各 30 g　山萸肉 120 g　瓜蒌 45 g　薤白 30 g　白酒 150 mL
肾四味各 30 g　生姜 45 g　大枣 12 枚　核桃 6 枚

加水 3 000 mL，泡半小时，文火煮取 300 mL，3 次分服。3 剂。

按语：因肺心病、急性心力衰竭就诊。抽泣样呼吸、目神散，动则喘，心动神摇，近 3 个月减重 10 kg，病势危急，以破格救心汤救急，黄芪补大气，瓜蒌薤白白酒汤宽胸涤痰，肾四味（枸杞子、酒泡菟丝子、盐水补骨脂、仙灵脾）固摄肾气。

第八节　陈　可　冀

陈可冀（1930～）先生是我国著名的中西医结合专家，中国科学院院士，在中西医结合防治心脑血管疾病方面做出了很大贡献，极大地推动了中医及中西医的学术发展，学术界地位崇高，学术思想影响深远。

一、心力衰竭经验

1. 本虚标实，从虚、瘀、水着手　心力衰竭患者临床多表现为乏力气短、水肿身重、心悸怔忡等症情，根据其症状可纳入祖国医学中“心悸”“水肿”“喘证”等范畴。陈可冀先生认为心力衰竭属于本虚标实之证，本虚为心脾肺肾气虚，标实为瘀血、水湿。

心力衰竭早期常为心肺气虚，心气亏虚，心神无依故有心悸心慌症状，心气不足则心体搏动无力，鼓舞气血功能下降，故有乏力等症。周身气血不足累及肺气损伤则有肺气，肺气虚弱则宣发肃降无权，故有喘咳，气少不足以息则有短气。心肺气虚，气不能化水则有水肿，肺通调水道功能下降亦可产生水肿。故此时陈氏常采用“益气健脾利水或宣肺利水”法治疗，常用方剂为生脉散、保元汤合五苓散或五皮饮、参蛤散合葶苈大枣泻肺汤等。若合并瘀血、伤阴等症情时亦应酌情加减，有瘀血时可加入赤芍、川芎、桃仁、红花等活血化瘀之品，合并阴伤时又可酌用玉竹、首乌、生地等养阴之药。生脉散益气养阴，有较好的抗心力衰竭作用，陆江等在常规治疗基础上加用生脉注射液治疗心力衰竭患者，治疗 14 d 后与对照组比较，治疗组心功能改善更为明显。在基础研究中徐琰采用腹主动脉缩窄法建立心力衰竭模型，使用生脉散干预后治疗组大鼠较模型组的心功能改善，且 NF-κB 表达量更低。参蛤散原名独圣饼子，对于喘证疗效确切，近年来用来治疗心力衰竭的研究也日渐增多，如张伟珍等在基础西药治疗下，加用参蛤散可以有效改善心肾阳虚型心力衰竭患者的心功能和相关临床症状，并能降低心力衰竭患者血清 BNP 水平。

至心力衰竭发展到中晚期，临床证见肝肿大、下肢水肿、舌淡脉弱等阳虚水泛者，陈氏常使用真武汤化裁。真武汤中附子温肾助阳，白术益气健脾，茯苓淡渗利水，生姜走而不守，共成温阳利水之剂。若肝肿大等瘀血情况较重者，则可加重活血化瘀药味及药量。

2. 治标选用“活血利水”法　心力衰竭为本虚标实之证，心脾肺肾脏气本虚，不能行气利水、鼓动血行，脏腑功能虚衰而有水肿、瘀血等证，故标实为瘀血、水湿，即血、水两端。在瘀血方面，心主血脉，心脏推动血液在脉中正常的运行，若心气虚则推动血行不利，以致血液运行迟缓而生瘀血；或阳虚寒凝，心阳亏虚不能温煦血脉，血寒凝滞，痹阻脉内亦生瘀血；或肺气虚弱，治节功能下降，调节周身血行不利，可致瘀血；或痰湿水邪，泛滥体内，痹阻血脉，可致瘀血，凡此种种皆生瘀血，故当使用活血化瘀之法。心力衰竭特别是合并右心衰时有体循环淤血，肝脾淤血则有肝脾肿大，陈氏认为此时属于“癥瘕痞块”，更当用活血化瘀之药。

在治疗水肿方面，陈氏借鉴《黄帝内经》中“开鬼门，洁净府，去菀陈莝”的方法。当心力衰竭合并肺部感染时，陈氏常选用“开鬼门”法宣散表邪，疏利肺气，以越婢加术汤化裁，《金匮要略方义》言：“白术……与麻黄相伍，能外散内利，祛一身皮里之水……方以越婢汤发散其表，白术治其里，使风邪从皮毛而散，水湿从小便而利。二者配合，表里双解，表和里通，诸症得除。”若心力衰竭日久出现肝脾肿大，舌质紫暗等瘀血证时，陈氏则在补益心肾基础上酌用活血化瘀之品，即“去菀陈莝”法，选用桃红四物汤等祛除瘀滞之血加强疗效。现代研究也发现很多活血化瘀药物，如赤芍、川芎、红花等都可以保护血管内皮细胞，改善血管舒张收缩功能，在给心力衰竭患者用药后是否与现代医学所谓扩血管药有相似之处是个值得思考的问题。到心力衰竭后期，症状严重且顽固，陈氏则在温补心肾之阳以化气利水，所谓“洁净府”，使水湿从小便而去，在配合活血化瘀法以血水同治增强疗效。

3. 辨证与辨病结合，标本同治　陈氏是中西医结合的大家，临床上非常善于借鉴现代药理研究成果，综合运用以提高疗效。在治疗心力衰竭时陈氏常选用药理实验证实具有抗心力衰竭作用的中药，如北五加皮、葶苈子等。北五加皮，又名香加皮，具有祛风湿、利水、强心等功效，其主要化学成分为杠柳苷，对 Na^{+}-ATP 酶、K^{+}-ATP 酶有抑制作用，与洋地黄类强心作用相似，实验也发现香加皮的醇提物对离体蛙心有剂量依赖性的强心作用。葶苈子具有强心作用已有较多报道，也已被众多医家接受和临床运用中。

二、心力衰竭医案欣赏

1. 医案一　温阳活血利水法为主治疗肥厚性心肌病导致的心力衰竭。

王某，女，65 岁，因反复心慌、气短 20 余年，加重 5 年，于 2006 年 2 月 9 日来诊。

病史：患者 1985 年因心慌气短，于北京某医院诊断为“心肌病”。此后症状反复发作。1998 年心电图检查示“房颤、完全性右束支传导阻滞”。2001 年出现心慌气短加重，伴双下肢水肿，诊断为“肥厚性心肌病、房颤、完全性右束支传导阻滞、心力衰竭”，予口服阿米洛利、呋塞米、美托洛尔等治疗。后曾于北京某医院救治，医生建议行心脏移植术。2006 年 1 月 27 日双下肢红肿疼痛，诊为“丹毒”。现心慌气短，稍进食水后胃脘胀满，怕冷，口干，双下肢水肿，咳嗽，二便可。既往患慢性支气管炎 10 年，对鱼虾过敏，无特殊嗜好。其弟患“心肌病”，一侄儿幼年死于“心肌病”。

查体：舌暗，苔薄白欠润，脉弦滑数、结代。血压 130/70 mmHg，心率 80 次/min，肝脏肋下可扪及。

2006 年 1 月 27 日心脏超声示室间隔厚 16 mm，左房内径 44 mm，非对称性肥厚型心肌病，轻度二尖瓣关闭不全、重度三尖瓣关闭不全、左右房扩大，中度肺动脉高压。心电图示房颤、完全性右束支传导阻滞。

诊断：

西医诊断：肥厚型心肌病，房颤，完全性右束支传导阻滞，心脏扩大，全心衰，肺动脉高压。

中医诊断：心悸阳虚水泛挟瘀。

处方：真武汤、苓桂术甘汤合五皮饮加减。

炮附子 15 g　赤芍 12 g　白芍 12 g　茯苓 30 g　桂枝木 15 g
车前草 30 g　大腹皮 20 g　生姜皮 12 g　桑白皮 30 g　炒白术 15 g
泽泻 15 g　炙甘草 12 g

7 剂。

二诊：2006 年 2 月 22 日，患者仍有胃胀，进食水后明显，咳嗽减轻，咳稀白痰，水肿较前减轻，耳鸣，眠差。查体：舌暗、苔白微腻，脉结代，心率 76 次/min，律绝对不齐。前方加厚朴 15 g 行气燥湿，7 剂。

三诊：2006 年 3 月 8 日，患者无明显不适，嘱其效不更方，继用前方观察治疗。

2. 医案二　郑某，男，69 岁，因反复心慌胸闷不适，喘憋 5 年余，加重 1 年，于 2003 年 9 月 17 日来诊。

病史：患者 5 年来反复心慌、胸闷不适、喘憋，查体发现全心扩大，多次在当地及北京多家医院诊断为"扩张型心肌病"。3 年前冠脉造影示正常。平时口服地高辛 0.125 mg，每日 1 次；安博维 150 mg，每日 1 次；美托洛尔 25 mg，每日 2 次。现尚可平卧入睡，动则气喘心慌，胸闷不适，体力差，夜寐差，食纳二便可。既往无特殊病史。

查体：舌暗，苔中后部略白腻，脉细滑数。叩诊心脏向双侧扩大。血压 100/70 mmHg，心率 68 次/min，双下肢不肿。1 个月前心脏超声示全心扩大，以左室为主，LVEF 39%。心电图示完全性左束支传导阻滞。

诊断：

西医诊断：扩张型心肌病，心功能 3 级。

中医诊断：喘证，胸痹，气虚血瘀水停。

治则：益气活血利水。

处方：生脉散、苓桂术甘汤加减。

党参 12 g　黄芪 30 g　茯苓 15 g　猪苓 15 g　桂枝 10 g
白术 10 g　泽泻 10 g　首乌藤 30 g　炒枣仁 30 g　车前草 30 g
益母草 30 g

二诊：9 月 25 日患者服前方后自觉诸症明显好转，仍有乏力，微有口干，夜寐欠佳，偶有心前区刺痛心慌，舌脉同前。上方加珍珠母 30 g、天花粉 30 g、延胡索 15 g 以加强安神养阴、活血止痛之功。

三诊：10 月 18 日自觉心慌心悸好转，夜寐气喘亦减轻，仍有乏力，心前区刺痛，舌脉同前。自述有小三阳病史。上方党参加至 30 g，另加用垂盆草 12 g 加强益气健脾养肝之功。

四诊：11 月 19 日患者仍有乏力气短，多梦易醒，舌脉同前。上方加北沙参 12 g，猪苓加至 20 g 以加强益气养阴利水的作用。复查超声心动图示全心扩大，以左室为主，LVEF 40%。后经常与其通电话长期服用本方剂。

3. 医案三　崔某，男，73 岁，主诉半年前因急性心肌梗死行冠脉介入治疗后又发作心前区疼痛，于 2004 年 9 月 10 日就诊。

病史：患者半年前因发作持续心前区疼痛近 1 h，在当地医院住院治疗，诊断为急性下壁心肌梗死，冠脉造影示右冠脉近端 100%闭塞。行冠脉扩张术并安装支架一枚。后曾查 24 h 动态心电图示多发多形性室性早搏，阵发性房颤，广泛导联 ST 段改变。超声心动图示左心室扩大 70 mm，LVEF 29%。平时服用多种强心、利尿、扩血管、扩张冠状动脉等西医对症处理药物。现仍反复出现活动后气短、劳累时发作心前区憋闷疼痛、乏力、夜间平卧受限，食纳二便可。既往嗜烟多年。

查体：舌暗，苔薄，脉沉细。血压 100/70 mmHg，心率 60 次/min，双肺呼吸音清，心脏向左下扩大。

诊断：

西医诊断：冠心病，陈旧性下壁心肌梗死，PTCA＋支架术后，心功能 3 级，阵发性房颤。

中医诊断：胸痹，气虚血瘀。

治疗原则：益气养阴，理气活血定痛。

处方：生脉散合桃红四物汤加减。

党参 20 g　麦冬 12 g　五味子 10 g　桃仁 10 g　红花 10 g
当归尾 10 g　川芎 10 g　赤芍 10 g　生地黄 12 g

7 剂，水煎服，每日 2 次。

二诊：服上方后仍有咳嗽气短，舌淡暗，苔白腻微厚，脉沉细。上方加丹皮 12 g、车前草 15 g，加强活血利水之功。

三诊：患者服上方 7 剂后，心前区憋闷疼痛未作，体力加强，夜间已可平卧。

第十章 心力衰竭的研究进展

第一节 西医防治心力衰竭前沿与展望

一、促红细胞生成素与心力衰竭

促红细胞生成素(erythropoietion, EPO)是一种由肝脏与肾脏产生的激素样物质,调节、分化红系细胞的细胞因子,可抑制红系祖细胞的凋亡,促使红细胞成熟,稳定红细胞膜;具有抗凋亡、抗氧化、促进血管内皮生长、抗炎以及促进红细胞生成等作用。目前临床用于治疗慢性肾功能不全所致的贫血,或多发性骨髓瘤的治疗。有研究表明,EPO也可用于临床贫血心衰患者的治疗,有助于改善患者的预后。

1. *心力衰竭产生贫血的机制* 慢性心力衰竭常与贫血伴发,两者可相互影响。其发病机制有以下几个方面。

(1) 稀释性贫血:患者出现心力衰竭时,外周血管扩张,从而导致血压下降,引起代偿性的交感神经兴奋,肾血流量减少,使RAS系统激活,产生水钠潴留,血容量增加导致稀释性贫血。而血容量的增加反过来又会影响到心力衰竭的加重,引起心肌细胞的凋亡,心室肥大扩张,导致心室重构的发生,进一步导致心功能的下降,引起恶性循环。

(2) EPO生成减少或抵抗:① 心力衰竭时常伴有神经内分泌系统的激活,外周血管收缩,肾脏血流灌注不足,导致肾脏缺血,进而使EPO生成减少;② 心力衰竭时炎症因子表达增加,如TNF-α的产生可干扰EPO生成;③ 长期服用ACEI、ARB类药物可影响到EPO的产生与活性。

(3) 炎症因子影响:包括TNF-α、IL-1、IL-6等炎症因子可在心力衰竭时产生增加,可通过抑制肾脏分泌EPO,同时抑制EPO在前体红细胞中的活性,减少铁储备等生物利用度而导致贫血。部分肾功能正常患者EPO水平增加可能与EPO抵抗有关,内源性EPO水平可通过血红蛋白水平及EPO酶联免疫检测法assay预测。

(4) 铁和叶酸的缺乏:心力衰竭使胃肠道功能下降,铁摄入减少引起缺铁性贫血。目前心力衰竭引起贫血原因尚未明确,考虑多种因素作用结果。

(5) 其他:此外,心力衰竭患者容量负荷增加,产生胃肠道淤血,可能导致出血后贫血;或是因吸收功能减弱,营养不良导致贫血发生。

2. *EPO对心血管的作用* 研究发现,贫血是心力衰竭死亡率的独立预测因子,在慢性收缩性心力衰竭、慢性舒张性心力衰竭和急性心力衰竭中,贫血与其预后都密切相关。慢性心力衰竭常与贫血并发,且长期预后较差。慢性肾衰伴心力衰竭神经激素和促炎细胞因子激活,会促进慢性病贫血的发展同时伴铁的缺陷利用,促红细胞生成素不当的产生和抑郁骨髓功能。实验证明,予心力衰竭患者重组促红细胞生成素和静脉注射铁的经验治疗对贫血有益。

EPO与心血管系统关系密切，研究证实，其受体不仅在骨髓中表达，其他一些细胞类型如心肌细胞和内皮细胞也可以表达，胚胎时期，封闭心外膜上EPO信号可抑制心肌细胞增殖和存活。

EPO可刺激红系祖细胞分化，促进细胞自骨髓向血液中释放，进而转化为成熟红细胞，提高血红蛋白水平，增加血液携氧力，改善慢性心力衰竭患者骨骼肌功能；提高红细胞膜抗氧化功能；促进心肌细胞生长，减少心肌细胞凋亡和促新生血管生成，改善心力衰竭预后。其影响心力衰竭过程的机制为：① EPO可刺激心肌组织新生血管化。当心肌细胞与周围毛细血管密度增加失衡时，心肌供氧障碍，EPO可促进血管生成，产生心肌重构。一般认为EPO与EPOR为调节因子，可增加循环中EPCs的合成分化，维持内皮细胞完整，继而降低心血管患者死亡危险；② EPO改善心力衰竭能量代谢。心力衰竭导致的心肌重构时心肌需氧增加，EPO可化生新生血管，改善微循环，从而改善心力衰竭缺氧状态；③ EPO抗心肌细胞凋亡。其通过调节线粒体膜降低蛋白酶水解，进而减少心肌细胞凋亡。

人们利用基因重组技术研究出重组EPO，氨甲酰化得到的衍生物氨甲酰化促红细胞生成素(CEPO)，去除了促红细胞的增殖作用，实验证明其有对心血管系统有保护作用。一项为期24周发前瞻性随机单盲临床试验(NCTnct00286182)，比较EPO与安慰剂的疗效的安全性和有效性，将一亚组(n=22)在治疗前和治疗后3个月和6个月行心脏磁共振成像(MRI)以评估心脏结构和功能的改变。实验得出，注射EPO可对EF保留的老年心力衰竭患者可使血红蛋白显著增加，而没有在使用CMR成像定量测量的左室结构，功能或压力容积关系中存在明显变化。另KkhZ的研究表明，通过经皮注射50IU促红细胞生成素纠正慢性心力衰竭患者的贫血，进行为期6个月的疗程，可改善EPO的缺乏、细胞因子的作用等。

二、活性氧与心力衰竭

活性氧是含有活性氧功能基团的化合物，包括含氧自由基、氧的非自由基衍生物、氢过氧化物等。氧自由基是氧在还原时，接受电子不足产生的高能态不稳定物质，具有高度化学反应活性，主要包括超氧阴离子自由基、羟自由基、氢过氧自由基等。

活性氧的产生与清除保持动态平衡。活性氧的产生主要依赖于线粒体，线粒体呼吸链复合体Ⅰ、Ⅱ、Ⅲ中途的电子漏是生成活性氧的主要路径。其清除主要通过抗氧化酶类与还原性物质。抗氧化酶类包括超氧化物歧化酶(superoxidedismutase，SOD)、谷胱甘肽过氧化物酶(glutathioneperoxidase，ASH-PX)过氧化氢酶(catalase，CAT)等，通过催化各种化学反应清除活性氧；还原性物质包括一些维生素类、辅酶类及还原性微量元素等，可通过直接还原活性氧达到清除作用。

心力衰竭时机体氧化与抗氧化系统失衡，活性氧增加，增加的活性氧可通过介导心肌梗死、心肌肥大与心肌重构参与心力衰竭过程，同时还影响心肌离子通道功能从而导致心肌不规则舒缩，加重心力衰竭进展。实验证明，增加氧自由基、代谢不良及吞噬作用有助于肺动脉高压型心室肥厚和舒张性心力衰竭的形成。以心肌活性氧为目标的戊四硝酯对缺血性心力衰竭大鼠左室重构与功能有一定影响。

氧自由基的作用与心功能的减退密切相关，其机制涉及：代谢性应激引起线粒体功能障碍，NADH/NADPH氧化酶和一氧化氮合酶的调节，局部释放炎性细胞因子如肿瘤坏死因子-α、白细胞介素的影响，同时也与神经内分泌系统的激活相关。氧自由基损伤心肌细胞的机制主要有以下几个方面：① 对细胞膜的破坏；② 对线粒体的破坏；③ 对肌质网的破坏；④ 对溶酶体的破坏。

氧化应激为活性氧簇（ROS）过量产生，局部氧过多可造成多种细胞损伤，反过来增加活性氧簇。其增强可引起细胞功能和结构改变，从而诱发加重心力衰竭。研究表明，抗氧化剂可减轻压力负荷诱导的啮齿类动物左心室肥厚程度，证明活性氧簇对心肌肥厚可起到一定作用。ZuoL的研究表明，EF保留的心力衰竭开始伴随一种适合活性氧簇生长的炎症状态，可触发NO活性降低，升高冠状动脉内皮细胞中的活性氧水平，这会促使心肌细胞肥大和静息张力增加。除此以外，氧化应激在许多器官中有促纤维化作用，NOX2氧化酶产生的活性氧簇对促进心肌纤维化的发展中可起到关键作用。多种氧化剂可减轻心肌重构，改善收缩功能，抑制心室扩张，降低死亡率。

体内有内源性氧化防御系统对抗异常活性氧簇，包括维生素C、维生素E、过氧化物歧化酶（SOD）、谷胱甘肽过氧化物酶抗氧化酶（GP）。低强度激光照射可以使氧自由基蓄积，增加心室壁厚度，减少胶原纤维的形成，减轻心梗后的心室重构。而Marchioli R的实验证明，维生素E对心血管疾病患者的心室功能可能产生的有害影响。

三、甲状腺激素与心力衰竭

甲状腺激素由甲状腺分泌，受促甲状腺释放激素和促甲状腺激素调节。甲状腺组织分泌的甲状腺激素主要包括甲状腺素（T4）和三碘甲腺原氨酸（T3），其中T4的含量占绝大多数，而T3的含量则很少。甲状腺激素的主要生理作用是促进葡萄糖、脂肪、蛋白质等的代谢，促进新陈代谢，使产热增加。甲状腺激素对心血管系统的活动有明显的加强作用，可使心率加快、心肌收缩力加强、心输出量增加。甲状腺激素对心血管系统的作用主要是通过儿茶酚胺介导的。

正常的甲状腺激素水平是维持正常心功能所必需的。甲状腺激素在防止和减轻心脏重构中发挥重要作用。甲状腺激素可保持心肌长度和宽度的平衡。甲状腺功能减退可诱导心肌细胞长度不成比例的增加，造成心脏重构。研究显示，单纯的甲状腺功能减退可最终导致心力衰竭，表现为气急、水肿、胸腔积液、T波改变、心肌收缩力降低、心输出量减少，心脏呈增大和无力状态。亚临床型甲状腺功能减退症（subclinical hypothroidism，SHT）患者可有甲状腺功能减退患者的所有心脏改变，患者心室舒张功能差，与甲状腺功能正常患者相比，SHT心力衰竭患者中亚组患者住院时间长、预后差。在心力衰竭患者中，TSH水平稍升高即提示患者预后差，而收缩性心力衰竭EF＜35%合并甲状腺功能异常的患者，其死亡风险增加。

对心力衰竭患者使用甲状腺激素治疗的研究已有多年历史。在心力衰竭时心脏的许多变化与甲状腺功能减退极为相似，而给予甲状腺激素替代后可使这些变化回归正常。动物实验表明对于心力衰竭病理模型，给予生理剂量的甲状腺激素可恢复心脏对钙的处理能力，增加心肌收缩力。有临床研究证明，甲状腺激素对损伤后心肌细胞的修复的生成与代谢方面有重要作用，可通过促凋亡和促生成的信号通路对心肌缺血再灌注损伤起到保护作用。

甲状腺激素治疗心力衰竭不是一种常规的方法，尚有许多问题有待进一步阐明，如甲状腺激素的最合适剂量、治疗起止时间和疗效判定标准的界定等，尚需密切关注国内外的最新进展。

四、肾上腺髓质素与心力衰竭

肾上腺髓质素(Adrenomedullin，ADM)是1993年由日本学者Kitamura等首先在人嗜铬细胞瘤组织中分离的具有降压活性的多肽，并证实它以相当的浓度存在于正常人血浆中，参与血压的调控。ADM的发现标志着人体内可能存在一种新的循环调控系统，因而引起人们的广泛关注。ADM主要在肾上腺、心脏、肺、肾脏、血管内皮细胞和血管平滑肌细胞合成和分泌。

ADM主要参与调节心血管功能和体液/电解质内环境稳定，其主要的生物学效应有：① 舒张血管，降低血压；② 排钠和利尿；③ 抑制血管平滑肌细胞移行、增殖；④ 对损伤心肌有保护作用；⑤ 增强心肌收缩。

心脏神经内分泌激素在慢性心力衰竭的发病过程中起了重要作用。其中交感神经系统和RAAS对心肌的生物学功能的不良作用已经明确。而ADM在该网络的调节中扮演了重要角色。慢性心力衰竭患者血浆ADM水平较正常人显著升高，用免疫组织化学方法研究发现慢性心力衰竭患者心室ADM免疫反应性较正常人明显增强，提示心室ADM表达受慢性心力衰竭状况的影响。心力衰竭时ADM水平升高，一方面可能通过改善循环血流，降低前后负荷，改善心脏功能；另一方面，通过作用于肾脏调节机体钠盐平衡，可以维持最佳循环血量。此处，ADM还抑制新生大鼠心脏成纤维细胞DNA，胶原合成及有丝分裂，抑制成纤维细胞增殖，这也提示ADM同时还具有抑制心肌重构的作用。

在急性心力衰竭的急诊评估中，具有生物活性的ADM对未来30 d心力衰竭结果预测具有重要意义，提示ADM为心力衰竭患者预后的独立预测因子。慢性心力衰竭患者血浆ADM浓度较正常人显著升高，并且随心力衰竭程度加重而进一步升高。因此，血浆ADM水平可作为判断慢性心力衰竭严重程度的指标。慢性心力衰竭患者经治疗好转后，血浆ADM浓度显著下降，提示测定血浆ADM水平有助于慢性心力衰竭治疗效果的临床评价。

外源性滴注肾上腺髓质素对心力衰竭患者具有有益的血流动力学，肾脏和激素效应。Oya等给8名慢性心力衰竭患者静脉滴注ADM，结果发现ADM降低平均动脉压(MAP)和PCWP分别为11 mmHg和3 mmHg，增加心脏指数和搏出量指数分别为56%和42%，增加尿量和尿钠排泄量分别为69%和114%；ADM滴注后期血浆醛固酮浓度明显下降。

ADM在心衰的病理生理调节中发挥着重要的作用。这也将有助于进一步阐明心力衰竭的发病机制，也可能为心力衰竭的治疗提供新的思路和方法。

五、生长激素与心力衰竭

生长激素(GH)不仅可以调节生长及营养代谢、骨骼肌的活动，而且在心血管生理中也起着重要作用。它是胚胎及儿时心脏发育及成年后维持心脏形态和功能的必不可少的激素。人生长激素的大部分作用是通过 IGF－1 介导的。最初认为在生长激素的刺激下，IGF－1 主要在肝脏合成并分泌，执行循环激素的功能。目前研究发现许多肝外组织亦有生长激素结合位点，并且证实 IGF－1 在体内组织中几乎是无所不在的。IGF－1 可在心肌组织内合成，在心肌内起旁分泌和自分泌作用，此外其他组织产生的 IGF－1 也可以内分泌形式作用于心肌组织。心肌内的生长激素受体的表达高于其他组织，生长激素同其受体结合后的细胞内信号转导途径目前正在研究，其中包括 tyrosine kinase JAK2，MAP kinase 和 STAT 转录因子的激活等。

GH 不足或缺乏，会增加成人的心脏病变和心脏病病死率。GH 减少，心肌生长速度减慢。对心肌收缩的直接作用减弱，并且经 IGF 的间接作用也减弱，致使心脏功能降低。GH/IGF 轴在分子和细胞水平对维持心脏正常功能中起着决定性的作用。研究显示，心力衰竭患者血中 GH 和 IGF 水平降低，并且两者呈正相关关系。不同程度心力衰竭患者血中 GH 和 IGF 水平不同。心力衰竭程度重者（心功能Ⅲ级和Ⅳ级组）较心力衰竭程度轻者（心功能Ⅱ级组）（不知道比较结果如何）；该结果也为 GH 和 IGF 在心力衰竭发生、发展中的作用以及应用提供了理论和实验依据。

1992 年 Castagnino 等报道，在实验性心肌梗死的动物模型中，用 GH 治疗可保护心肌细胞的胶原网状结构，减少左室室壁瘤的发生。继而有报道在心肌病大鼠模型中，IGF－1 首次用于心功能不全的治疗，发现可使大鼠的心输出量增加。

随着基础理论的深入，GH 已经初步用于扩张性心肌病的治疗。Cittadini A 等的临床随机对照实验表明，生长激素替代延缓了合并生长激素缺乏的慢性心力衰竭的进展。GH 治疗心力衰竭的机制可能与促进心肌组织生长、增强心肌收缩力、降低外周阻力、交感神经活性降低等有关。重组人生长激素（recombinant human growth hormone，rh－GH）具有与内源性生长激素同等的作用。利用 rh－GH 治疗心力衰竭取得了阶段性成果，实验研究也显示，重组人生长激素和重组人胰岛素样生长因子合用可治疗儿童与低水平胰岛素样生长因子和生长激素不足。但其治疗心力衰竭的机制尚不完全明确，加之价格昂贵，临床应用还存在困难。

六、内皮素与心力衰竭

内皮素（endothelin，ET）是存在于血管内皮与其他各种组织细胞中调节心血管功能的重要因子，对维持基础血管张力与心血管系统稳态有着重要意义。大量动物实验和临床研究均表明心力衰竭病程中血浆 ETs 浓度高于对照组。心力衰竭患者血浆的 ETs 浓度升高与心功能损害的严重程度和 LVEF 的降低呈正相关，同时，心肌组织及机体其他各器官中 ETs 浓度均有明显升高，Zolk 等发现心力衰竭晚期患者左心室心肌中 ET1 的浓度较正常时升高 1.61 倍。CHF 时 ET 增高的原因可能主要在于肺动脉高压肺血管阻力增高，使 ET 的清除减少；以及血流动力学障碍造成血管内皮损伤、交感神经和肾素-血管紧张素-醛固酮激活而刺激 ET 分泌增多；增多的 ET 又可加重心肌重塑，如此形成恶性循环，加速心力衰竭的进展。多数研究者已达成共识：内皮素是心力衰竭强烈的独立预后因子。

内皮素受体拮抗剂（Endothelin receptor antagonist，ETRA）是近年来出现一类抗心力衰竭药物，动物心衰模型应用 ETRA 可降低 PCWP、循环阻力和左室舒张末压，改善血流动力学、减缓左室重构、减慢心力衰竭的进程，同时还能每搏心输出量和心脏指数，而无诱导心律失常和严重的低血压发生，是一种安全有效的治疗心力衰竭的新型药物。

Moe等在狗的心力衰竭模型实验中发现，ETRA LU 135252安慰剂比较可减缓平均肺动脉压和左室舒张末压的升高，并可使得用药组循环中去甲肾上腺素水平升高减慢，延缓心搏出量的减低的进程。Sakai等报道，在鼠的心力衰竭模型中，ETRA阻止心肌重塑，改善心功能，提高充血性心力衰竭患者的长期生存率。ENABLE研究（endothelin antagonist bosentan for lowering cardiac events in heart failure）是研究小剂量非选择性内皮素受体拮抗剂Bosentan在严重心力衰竭患者（LVEF＜35％，NYHA分级在Ⅲb～Ⅳ级）中的疗效。对象共1 616人，在充分应用ACEI、利尿剂、洋地黄和β阻滞剂的基础上，分别加用Bosentan 25 mg/(kg・d)起始，增至25 mg/(kg・d)2次或安慰剂治疗。一级终点即所有原因的病死率和因心力衰竭的入院率分别是321/808（安慰剂组），312/805（治疗组）。因此，Bosentan未能降低总病死率和心力衰竭恶化导致的住院率，同时Bosentan组因有体液潴留，心力衰竭能在治疗早期加重。结合上述结果，内皮素受体拮抗剂的治疗结果仍然喜忧参半，等待进一步的研究结果。

七、高同型半胱氨酸与心力衰竭

同型半胱氨酸（homocysteine，HCY）即2－氨酸－4巯基丁酸，又名高半胱氨酸，是蛋氨酸代谢的重要中间产物。冠心病和高血压病是心力衰竭最常见的病因，不论是冠心病导致心肌缺血缺氧的损伤，还是高血压导致心脏前后负荷增加，均可使心肌发生包括心肌细胞大小、几何学、质量和功能上的重构变化，进而使心脏泵功能减弱；出现心力衰竭。近些年来研究表明，高同型半胱氨酸血症是高血压、冠心病的独立危险因素，既然冠心病和高血压病是心力衰竭最常见的病因，那么高同型半胱氨酸与心力衰竭发生、发展有关，关于这一点目前研究已得到初步证实。同型半胱氨酸血症可能通过引起内皮细胞损伤，平滑肌细胞增殖，诱导应激蛋白、氧自由基、炎性介质和促凝物质的产生等，导致心肌及血管重构和功能障碍，影响心脏的舒张功能，进一步影响其收缩功能，最终导致灌注量减少，促进心力衰竭形成。研究发现HCY可以诱导血管组织产生MMPs，体外实验表明HCY能使MMP－1与TIMP－1的比例明显失衡，从而抑制了胶原降解导致胶原积聚，这可能是HCY促发心室重构的原因；且MMP－1与TIMP－1随着HCY浓度的增加而加强，呈剂量依赖趋势，与对照组相比差异显著；由此说明了HCY在心室重构中起一定的作用。

还有临床研究显示HHCY并不只与心力衰竭的发生有关，而且还与其严重程度有关。这项研究发现HCY中位数随着心衰分级的增加逐步增加，相关分析表明（包括病例组和对照组）HCY与最大氧摄入量、6 min步行试验、NT－proBNP、左室舒张末期内径（LVEDD）、EF之间存在显著相关性。在校正年龄、肌苷酸、NT－proBNP及LVEDD后HCY与心衰存在显著相关性。这表明HCY与心力衰竭严重程度有关。此研究没能说明心力衰竭患者的原发病，只是笼统地讲心力衰竭，而HHCY影响因素很多，其中很可能混杂了其他影响HCY水平的因素。另外Bokhari等也报道通过多变量回归分析HCY是EF的独立预测指标。

叶酸、VitB6及维生素B12是HCY代谢过程中的关键物质，有研究显示急性心肌梗死患者补充叶酸和维生素 B 可以改善血管内皮功能，逆转心室重构，但对收缩功能的影响不大。另外有研究报道长期服用叶酸和维生素 B6 干预治疗，可降低轻中度 HCY 血症者血中 HCY 和血管内皮素的含量，降低心脑血管病的发生率。亦有实验表明叶酸可通过降低 MMPs 的活性及胶原表达、增加转化生长因子的表达，降低左室重构并改善心功能。但能否应用叶酸、B 族维生素用于心力衰竭患者来降低增高的 HCY 水平，并作为心力衰竭的一级和二级预防，尚缺乏临床证据。

八、高尿酸血症与心力衰竭

高尿酸血症是一种嘌呤代谢障碍性疾病，是指各种原因导致体内尿酸生成过多或排泄减少而出现的尿酸升高的疾病。尿酸一直被认为是氧化应激的代谢产物，不仅是反应痛风等关节病变及肾脏损伤的指标，还与年龄、高血压、肥胖等心血管病危险因素关系密切。慢性心力衰竭患者常伴有高尿酸血症，而高尿酸血症是慢性心力衰竭患者死亡和预后不良的独立预测因子。

通过对高尿酸血症与慢性心力衰竭的相关性及预后的关系进行分析，结果发现，在射血分数保留的心力衰竭患者中，高尿酸血症组心力衰竭严重程度及脑钠肽水平均明显高于正常尿酸患者组($P<0.05$)；高尿酸血症在非心力衰竭、EF 保留的心力衰竭患者、EF 低下的心力衰竭患者三组间患病率分别是 9%、23.5%及 34%。在 EF 保留的心力衰竭患者中，高尿酸血症组和正常尿酸组死亡率分别为 27.6%、50.8%，差异具有统计学意义($P<0.05$)；这也进一步证实了高尿酸血症可能是独立于 EF 之外的心力衰竭发生的危险因素，EF 保留的心力衰竭患者合并高尿酸血症者远期死亡率更高。

心力衰竭时血尿酸增高可能与某些病理生理因素影响密切相关：① 心力衰竭患者存在低氧血症，无氧代谢增加，三磷腺苷生成减少，ATP 的耗竭促使腺嘌呤降解为肌苷、黄嘌呤和尿酸，尿酸生成增多；② 无氧代谢增加，乳酸产生增多，乳酸抑制肾小管分泌尿酸，尿酸排出减少，使血尿酸水平增高；③ 心力衰竭患者心排出量显著减少，肾脏灌注不足，肾小球滤过率下降，尿酸的排泄减少，亦导致血尿酸水平增高。高尿酸血症反过来也通过增加氧化应激、损伤内皮细胞、激活炎性细胞因子等机制参与心力衰竭的发生与发展。

积极降低血尿酸水平是治疗心力衰竭合并高尿酸血症患者的重要步骤之一。临床常用来降低血尿酸的药物主要包括增加尿酸排泄和抑制尿酸合成两类。抑制尿酸合成的药物以别嘌呤醇为代表；增加尿酸排泄的药物则以苯溴马隆为代表。苯溴马隆与别嘌呤醇均能很好地降低血尿酸。Ogino 在 14 例 CHF 患者中进行双盲、安慰剂对照的苯溴马隆治疗组中发现，苯溴马隆能明显降低尿酸水平，但对脑钠肽、左室射血分数无明显影响。Guedes 的一项长期应用别嘌呤醇降低血尿酸的回顾性研究中总结出，长期高剂量的别嘌呤醇治疗可能与高心血管风险的人群的发生率和病死率降低有关，但需要更多关于别嘌呤醇减少患者的心血管事件疗效评价的研究。

苯溴马隆的降尿酸作用虽强，但由于没有抑制黄嘌呤氧化酶的作用，在改善心功能、心肌能量代谢、内皮细胞功能上，没有比别嘌呤醇更具优势，但是，别嘌呤醇的不良反应较多，指南并未推荐，加之降低血尿酸治疗与改善心功能的关系需要更多的研究结果，故限制了其在临床的进一步使用；所以安全并有效控制尿酸可能是今后治疗的趋势。

九、胆红素与心力衰竭

胆红素是血循环中衰老红细胞的代谢产物。长期以来，一直被人们看作是一种有害代谢产物。现证实胆红素是体内天然的抗氧化剂，并参与慢性心力衰竭的发生及发展。

心力衰竭患者常合并高胆红素血症，高胆红素血症可能使肌力收缩力增加进而导致心肌发生急性失代偿。胆红素水平与左室舒张功能不全患者左心室射血分数呈负相关。心力衰竭时血清胆红素水平较健康人明显升高，心力衰竭症状越重，血清胆红素水平越高，心力衰竭症状缓解，胆红素水平亦随之下降。心力衰竭时血清胆红素增高可能有 2 个原因：① 肝源性，右心衰时过程中体循环淤血，肝脏肿大，血运减少，缺血缺氧加重，致肝功能受损，影响间接胆红素转化成直接胆红素，间接胆红素增高；肝肿大时肝内毛细胆管受压直接胆红素流入血液循环，直接胆红素增高；间接胆红素和直接胆红素同时升高，因此总胆红素增高；② 机体的一种保护反应，现在认为胆红素是一种内源性强抗氧化剂，能够抗脂质过氧化，保护细胞避免氧化损伤。

Gilbert 综合征(GS)是一种比较常见的情况，导致一个良性的、非溶血性高胆红素血症。血中胆红素因尿苷葡萄糖醛酸转移酶 1A1(UGT1A1)基因启动子的激活，降低 UGT1A1 活性，通常形成结合胆红素的方式使其从血液中清除。故胆红素可能作为一种抗血栓剂，可抑制血小板活化及器官梗死，可有助于降低轻度高胆红素血症患者死亡率。

缺血再灌注损伤会导致器官移植的实质性损伤。动物实验证明，胆红素漂洗有助于心脏移植前减轻缺血再灌注损伤，为心脏移植手术治疗提供了一种简单而有效的工具。心力衰竭高胆红素血症患者死亡率增加，而早期使用美托洛尔可使患者获益。进一步的研究还需深入。

十、重组β型钠尿肽与心力衰竭

将利钠多肽类似物用于临床是心力衰竭排钠利尿治疗上的又一重大进展。利钠多肽是人类体内分泌的一种重要的血管活性物质，在心力衰竭中具有重要的代偿作用。利钠多肽与其效应受体结合后的主要生理效应是排钠利尿作用和扩血管作用。心力衰竭时，利钠多肽分泌增加具有重要的代偿作用；但心力衰竭时利钠多肽分泌仍较少，所发挥的作用有限。而在心力衰竭时输入外源性的、人工合成的、治疗量的利钠多肽，可在心力衰竭时发挥重要的排钠利尿作用。奈西立肽(nesiritide)是利用重组 DNA 技术从大肠杆菌(escherichia coli)中获得的合成型人类 BNP，其作用与人类 BNP 极其相似。

VMAC(vasodilation in the management of acute congestive failure)研究是一项比较奈西立肽和硝酸甘油治疗急性失代偿性心力衰竭疗效和不良反应的随机、双盲、对照临床研究。489 例 ADHF 患者随机分为 3 组：对照组、奈西立肽组和硝酸甘油组。研究的主要终点是给药后 PCWP 的变化、对呼吸困难和全身状况的改善以及其安全性。结果显示奈西立肽降低 PCWP、右房压、肺动脉收缩压和平均肺动脉压，改善全身状况的效果均优于硝酸甘油和安慰剂，而对血压的影响与硝酸甘油相似。VMAC 研究结果表明：静脉注射 2.0 μg/kg 的负荷量后持续给予 0.01 $\mu g \cdot kg^{-1} \cdot min^{-1}$ 的维持量是一个对大多数 ADHF 患者比较合适的剂量方案，按该方案给药，起效迅速，可以持续而稳定的改善血流动力学和临床状况，不良反应少，低血压的发生率低。VMAC 研究结果证明了奈西立肽治疗 ADHF 的有效性和安全性。因此，2001 年 8 月美国 FDA 批准了奈西立肽用于临床心力衰竭的治疗。奈西立肽在美国上市后报告了 FUSION Ⅰ 和 ADHERE 两个临床研究阶段性成果。FUSION Ⅰ 结果显示，与对照组相比，两种剂量的奈西立肽治疗组高危患者的病死率、各种原因引起的住院率显著降低，而存活率明显升高；各组不良事件的发生率无明显差别。ADHERE 研究的部分结果显示，在急性失代偿性心力衰竭发病最初 24 h 之内使用血管扩张剂奈西立肽或硝酸甘油，与同期使用正性肌力药（米力农或多巴酚丁胺）比较，能显著降低住院病死率。奈西立肽的主要不良反应是与药物剂量呈正相关的低血压，但在减量后血压都可以很快恢复正常。但目前奈西立肽对肾功能和病死率的影响还有争议。

十一、伊伐布雷定的心力衰竭

伊伐布雷定是窦房结起搏电流 I_f 的一种选择性特异性抑制剂，以剂量依赖性方式抑制 I_f 电流，降低窦房结发放冲动的频率，从而减慢心率。由于心率减缓，舒张期延长，冠状动脉血流量增加，可产生抗心绞痛和改善心肌缺血的作用。

在 2012 年欧洲颁布的心力衰竭治疗指南中明确表明：伊伐布雷定是抑制窦房结通道的一种药物，其唯一已知的药理作用是减缓患者窦性心律。2008 年公布的一项随机、双盲、安慰剂对照、平行组研究，纳入了 10 917 例患有冠状动脉疾病且左心室射血分数＜40％的患者，随机分入伊伐布雷定治疗组和安慰剂对照组，主要观察心血管意外等复合终点，结果表明在窦性心律≥70 次/min 患者的亚组分析中，伊伐布雷定对于复合终点无显著影响，但有下降趋势。根据该结论再次进行了 SHIFT 研究，并将结果发表在 2010 年的《柳叶刀》杂志上。SHIFT 研究纳入了 6 588 例患者（按照 NYHA 分级为Ⅱ～Ⅳ级，窦性心律≥70 次/min 且 LVEF≤35％），同时这些患者因心力衰竭入院治疗。随机分到伊伐布雷定治疗组或者安慰剂对照组，并进行跟踪随访，发现伊伐布雷定组的首要终点事件（心血管死亡）的发生率和心力衰竭的再住院率明显低于对照组。研究结果表明：窦性心律≥70 次/min 的心力衰竭患者的并发症发生率在使用伊伐布雷定后可以明显下降。2011 年 SHIFT 研究又公布了两个亚组的研究结果，证明伊伐布雷定能够降低左室收缩末期容积与舒张末期容积，改善心力衰竭患者的生活质量。故伊伐布雷定在新的欧洲治疗指南中为二线用药，当有使用 β 受体阻滞剂和 ACEI 的禁忌证时可以考虑使用伊伐布雷定。

十二、肾素抑制药与心力衰竭

近年来研究证实 RAAS 在参与心力衰竭的发生、发展中起重要作用，抑制 RAAS 的激活是治疗心力衰竭的重要途径，现阶段的药物治疗主要以血管紧张素转化酶抑制剂、血管紧张素受体拮抗剂类药物来阻断 RAAS 从而达到改善心功能、抑制心室重构的目的，延缓心力衰竭的进程，但近年来发现 ACEI、ARB 均不能完全阻断 RAAS，肾素作为 RAAS 的起始步骤，可通过直接抑制其活性而阻断 RAAS，研究表明肾素活性可损害心脑血管系统，而阿利吉仑作为直接肾素抑制剂从源头抑制肾素对 RAS 系统的阻断更完全。

至于心脏保护作用，目前尚无研究证实阿利吉仑可在传统治疗的基础上进一步改善临床终点。“ALOFT”研究纳入了 302 例纽约心脏协会心功能分级Ⅱ～Ⅳ级、有高血压病史、BNP＞100 pg/mL 且正在接受 RAS 抑制剂和β受体阻滞剂治疗的有症状的心力衰竭患者，他们随机接受阿利吉仑(150 mg/d)或安慰剂治疗 3 个月，结果发现治疗组患者的 N-末端 BNP 水平得到显著的改善，提示心力衰竭患者在传统治疗的基础上加服阿利吉仑可能对拮抗神经内分泌激活更加有益。不过，BNP 只是心力衰竭的一种间接标志物。“ALLAY”研究表明，对高血压合并左心室肥厚患者，加用阿利吉仑并不能在氯沙坦治疗的基础上进一步减少左心室的肥厚。在 2010 年 3 月美国心脏病学学会大会上公布了“ASPIRE”研究结果。该研究纳入了 820 例急性心肌梗死后 2～6 周的患者，所有患者的左心室射血分数均＜45%，他们在接受 RAS 抑制剂治疗的基础上再随机分为阿利吉仑和安慰剂两治疗组。“ASPIRE”研究显示，阿利吉仑并不能进一步减少左心室舒张期末的容积，两治疗组的总死亡率以及因心力衰竭再次住院、再发心肌梗死和卒中的发生率均相当，而阿利吉仑组的高钾血症、低血压和肾功能不全的发生率更高。在 2013 年 ACC 大会上又公布了不利于阿利吉仑的“ASTRONAUT”研究结果。

“ASTRONAUT”研究共纳入了来自全球 319 个临床中心的 1 639 例因心力衰竭而住院的患者，他们在接受传统抗心力衰竭药物治疗的基础上再随机加服阿利吉仑或安慰剂治疗，结果显示两治疗组的心血管死亡率或因心力衰竭的再住院率没有差异，但阿利吉仑治疗组的肾功能不全和低血压发生率更高。需注意的是，该研究中 41%的患者合并糖尿病、21%的患者肾功能不全，84%的患者在使用 ACE 抑制剂或 ARB、83%的患者在使用β受体阻滞剂、57%的患者在使用醛固酮拮抗剂。“ASTRONAUT”研究显示，阿利吉仑治疗会提高糖尿病患者在 1 年内的全原因而死亡的风险，但非糖尿病患者却能在终点事件(如心血管死亡、因心力衰竭再入院或因任何原因死亡)上明显获益。

第二节　中医防治心力衰竭前沿与展望

一、近年慢性心力衰竭证候和证素的进展与变迁

1. 慢性心力衰竭中医证候演变进展　由于对心力衰竭的辨证认识多源于个人经验和较为简单的病例总结，从而导致了临床慢性心力衰竭的辨证方法不统一、证候分型不一致等问题，极大地影响了中医药防治慢性心力衰竭临床研究的规范化。现有的研究对中医证候的辨识主要从病因病机、证素、证型分布规律、心功能分级以及客观化指标几个方面对慢性心力衰竭证候的辨证进行分型，各有特点。

(1) 通过病因病机总结慢性心力衰竭证候的辨证分型：根据慢性心力衰竭相关临床表现，多数学者认为本病属本虚标实，本虚以心气虚、心阳虚为主，血瘀水停、痰湿内阻为标。近年来，不少医家亦根据自己临床经验对慢性心力衰竭病机进行补充，并根据患者的不同临床表现对慢性心力衰竭进行辨证分型。结合多数学者的观点我们总结后发现，慢性心力衰竭的病机以本虚标实为主，本虚主要以心气虚为主，标实以血瘀多见。但不同医家对病机的认识亦存在差异：有医家认为本虚只是单一证素，或单纯气虚，或单纯阳虚；也有医家认为慢性心力衰竭本虚的病机是多种证素结合，包括气虚、阳虚和血虚等；标实也不仅仅包括血瘀，亦存在水饮、痰湿；此种认识差异可能由于各医家临床经验不同所致。

(2) 根据证素、证型分布规律对证候进行辨证分型：“证候要素”是辨证的基本要素，

是根据中医学理论而提炼出的具体诊断单元。“证素”，即辨证的基本要素。“证素”是通过对“证候”(症状、体征等病理信息)的辨识，而确定的病位和病性，是构成“证名”的基本要素。目前，中医对心力衰竭证候规律的认识多源于个人经验判断和简单的病例总结，缺少大样本的群体研究资料，尚缺乏全面的认识。目前大部分临床研究多参照 2002 年修订——卫生部颁布的《中药新药临床研究指导原则》慢性心力衰竭诊断标准将分为心肺气虚证、气阴两亏证、心肾阳虚证、气虚血瘀证、阳虚水泛证、痰饮阻肺证、阴竭阳脱证 7 种中医证型。此 7 种证型的分类方法无法应对慢性心力衰竭患者因个体差异、发病节气、不同的原发病及合并病、地域等因素，而出现纷繁证型，存在局限。

(3) 按照心功能分级对证候进行辨证分型：NYHA 心功能分级是评估慢性心力衰竭患者心功能严重程度的指标，随着 NYHA 级别的升高，心功能逐渐向恶化的方向发展。慢性心力衰竭临床上具有病情迁延、反复发作等特点，故可将其分为急性期、缓解期。根据慢性心力衰竭患者临床症状的不同，亦可总结规律对证候进行辨证分型。梁蕴瑜等对 217 例慢性心力衰竭患者进行调查研究总结出，慢性心力衰竭急性发作期中医证候的病性要素以气虚、阳虚、痰浊、血瘀为主，病位要素与心、脾、肺、肾、肝相关，不同时期表现为不同病性要素与病位的结合。赵志强等认为慢性心力衰竭急性加重期最基本的中医证候特点为气虚血瘀兼水饮或痰浊，病位以心肾为主，五脏皆可累及。蒋梅先教授认为慢性心力衰竭属本虚标实之证，在临床上有稳定期和急性加重期之分。辩证首先要明确分期，在此基础上进一步辨清本虚标实孰轻孰重。稳定期以扶正固木为主，在辨证论治的基础上参以活血通络、宽胸利水之品；急性加重期宜及时祛除诱因，加强祛邪扶正，遵循“急则治标”的原则。

按照心功能分级进行辨证分型更加符合临床实际，可能更加容易操作，但心功能分级主要依靠临床医生的主观判断，缺乏客观指标的支持；按照发作的急缓进行辨证分型可指导短期内临床治疗，证候的演变相对迅速，需要密切观察。

(4) 将证候与客观指标相结合：中医证候辨别标准即中医辨证客观化研究是现代中医药研究的重要内容。目前广泛开展慢性心力衰竭的中医辨证分型与现代实验指标的相关性研究可以为慢性心力衰竭中医辨证分型提高客观实验参考依据，有助于揭示慢性心力衰竭的证候本质，指导临床治疗，发挥中医治疗慢性心力衰竭独特的优势。

LVEF、NT-ProBNP、BNP、C-反应蛋白、尿酸等都有人进行了相应的研究工作，观点也各抒己见，缺乏标准化。中医辨证具有明显的整体性，客观指标因具有专一性、针对性，不能完全体现其整体性，两者存在矛盾。中医辨证分型不统一也使得研究指标与慢性心力衰竭患者的中医分型之间缺乏特异性和相关性，极大影响了临床研究的质量。

2. 近 20 年慢性心力衰竭证候分布规律变化分析：我们还采用一定的纳入及排除标准对 1995 年 1 月～2014 年 12 月近 20 年间内发表相关慢性心力衰竭辨证分型的文献进行总结分析，其结果共检出文献 554 篇，符合纳入及排除标准最后获得 74 篇合格文献，病例 6 746 例，覆盖全国 20 个省市地区。此后我们进行了中医证候类型频数、中医证候因素、慢性心力衰竭中医证候类型频数、不同时期慢性心力衰竭中医证候类型和证素分布以及不同地区慢性心力衰竭中医证候类型进行分析，结果发现：

(1) 中医证候类型频数：6 746 例慢性心力衰竭患者中，证候类型统计结果前 7 位的为：气虚血瘀 1 782 例，占 26.42%；气阴两亏 1 680 例，占 24.90%；痰淤互阻 743 例，占

11.01%；气阳两虚 672 例，占 9.96%；阳虚水泛 484 例，占 7.17%；心肾阳虚 408 例，占 6.05%；心肺气虚 332 例，占 4.92%。

(2) 慢性心力衰竭中医证候因素：占总例次 5%以上的病性证素有血瘀、气虚、饮、痰、阴虚、阳虚，其中血瘀>气虚>饮>痰>阴虚>阳虚；虚证(气虚、阴虚、阳虚、血虚)占总例次的 44.87%，实证(血瘀、气滞、痰、饮、热、湿)占总例次的 55.13%；占总例次 5%以上的病位证素有心、脾、肾、肺，其中心>脾>肾>肺。

(3) 不同时期慢性心力衰竭中医证候类型分布：选取慢性心力衰竭中医证型出现频率较大的前 7 位证型进行 2 个时间段变迁的分析研究，阳虚水泛，心肾阳虚及心肺气虚证 1995～2004 年所占比例较 2005～2014 年有明显下降；气虚血瘀，气阴两亏，痰瘀互阻及气阳两虚证 1995～2004 年所占比例较 2005～2014 年有明显上升。

(4) 不同时期慢性心力衰竭中医证素类型分布：选取慢性心力衰竭中医病性证素占总例次 5%以上的 6 种证素进行 2 个时间段的变迁分析。阴虚、阳虚证 1995～2004 年较 2005～2014 年时间段所占比例明显下降，血瘀、饮、痰证 1995～2004 年较 2005～2014 年时间段所占比例明显升高。

(5) 不同地域慢性心力衰竭中医证型分布：选取慢性心力衰竭中医证型出现频率较大的前 7 位证型进行不同地区的分析研究，华东、华中、华南、华北、西南地区均已气虚血瘀证最多见；西北地区以气阴两亏证最多见；东北地区以痰瘀互阻证最为多见。

上述结果提示，慢性心力衰竭临床上常见的证候类型常见的有气虚血瘀、气阴两亏、痰瘀互阻、气阳两虚、阳虚水泛；证候因素以血瘀、气虚、水饮、痰浊、阴虚多见。近年来痰瘀互阻、气阳两虚证的患者显著增加，实性证素所占比例也不同程度的升高。结论：慢性心力衰竭以本虚标实多见，本虚以气虚为主，标实以血瘀多见，近年来水饮等实性证候因素在慢性心力衰竭中所占比例有所提高。

对慢性心力衰竭中医证型及证素按时间变化规律的研究结果显示，气阴两虚、心肾阳虚等虚性证型已不再是慢性心力衰竭近年来的主要证型，气虚血瘀证等虚实夹杂的患者显著增加；证素中气虚、阳虚证素 1995～2004 年较 2004～2014 年时间段明显下降，而血瘀、痰等实性证素则有不同程度的升高，这与证型变化趋势基本一致。将慢性心力衰竭患者按不同地区进行比较得出，西北地区以气阴两亏证最为多见，东北地区痰瘀互阻证居首位，其他地区均以气虚血瘀证最多。

二、近年慢性心力衰竭中医药诊疗的变迁

1. *中医药加载已经成为中西医结合防治心力衰竭的一种基本模式*　伴随着循证医学的发展，以循证研究结果为基础的各种心力衰竭防治指南应运而生并不断完善，西医药治疗慢性心力衰竭已逐渐步入规范。就目前来说，中医药加载治疗方案的确立、规范和推广是进一步提高心力衰竭临床疗效的关键技术。来自中医界和中西医结合领域的心血管专科医生基于临床实践的共识是，可以根据心力衰竭不同病期、病变部位、心功能分级和基础病因等形成了几种比较一致认可的中医药加载治疗方案，并常联合应用。

(1) 按心力衰竭不同病期加载治疗方案：分心力衰竭病期进行中医药加载治疗是目前业内较普遍被认可和接受的方案。由于心力衰竭稳定期和急性加重期临床表现不同而证候不同，一般来说稳定期多见“气阴两虚”“气虚血瘀”“心肾阳虚”和“肾精亏损，阴阳两

虚”等证候，也可见到数脏同病（包括“心肺气虚”“心脾不足”和“心肝血瘀”等）；而急性加重期常则因多种诱因（痰热壅肺、肝阳暴亢、心脉痹阻、饮食过咸等）而有心气暴伤、饮邪暴盛或者心阳欲脱等变证出现，故常见证候主要为“痰浊壅肺”“心血瘀阻”“阳虚水泛”和“阳虚喘脱”等证候，并且常因严重消化道瘀血饮食少进、药汁难入，需要静脉给药等。据此选择相应治则和方药，形成慢性心力衰竭分期中药加载治疗方案。

（2）按心力衰竭不同病变部位加载治疗方案：根据病变部位不同，心力衰竭有左、右心衰和全心衰之分，临床表现不同而各具证候特点。右心衰以体循环静脉淤血和肺循环低灌为主，突出表现为下垂性水肿和肝肿大等消化道瘀血引起的症状和体征，严重者可发生心源性低排，常见证候为“阳虚饮停”“心肝血瘀”“心阳欲脱等”；而左心衰则以肺循环瘀血和体循环低灌为主，突出表现为呼吸困难、咳嗽咯血、乏力易倦和重要脏器功能减退等表现，常见证候为“心肺气虚，痰瘀交阻”“气虚血瘀”“心肾阳虚，饮凌心肺”等；全心衰则常以一侧心力衰竭为主要表现，一般都有肝大、肢肿，但呼吸困难可轻可重，“心肾阳虚，饮瘀交阻”则是其最典型的证候类型。据此选择相应治则和主方，形成按病变部位中药加载治疗方案。

（3）病证结合的加载治疗方案：慢性心力衰竭可由多种基础心脏病引起，目前最常见的病因是高血压、冠心病，其次则多为扩张性心肌病、心脏瓣膜病、慢性肺心病和快速心律失常（如慢性房颤）等。在辨证论治的同时，针对基础病因选择有效验方、古方或根据药理作用选加药味，有益于进一步提高疗效。如高血压性心脏病者，素体多有“阴虚阳亢”，常需合用平肝潜阳法；在心力衰竭症状稳定时，可先按高血压病辨证治疗，获得降压效果同时常可改善心衰症状。冠心病者，多兼痰瘀，证候常见“气虚夹痰”“心脉瘀阻”或“痰瘀互结”等，宜合用瓜蒌薤白类方或温胆类方，并注意加用活血通脉之品；该类患者常伴血脂紊乱，可加用具调脂药理作用的药物（如何首乌、泽泻、决明子、生蒲黄等）以辨病用药。风湿性心瓣膜病者多伴房颤，易并发动脉栓塞等，治疗上应加用活血通络之品；有风湿活动时还应重视祛风胜湿、宣痹止痛。扩张性心肌病则以心腔扩大，心肌收缩无力、心室整体收缩明显减弱和 LVEF 低下为特征，且常伴严重心律失常，可酌选中医痿证方药，并注意养心安神、通阳复脉。肺源性心脏病者，多有咳喘咯痰、动则气急、口唇发绀、面色晦暗等，临证要注意痰瘀同治；因痰浊壅肺而心力衰竭急性加重者，则应清肺涤痰以急则治标；对于肺心病水肿要注意利水而不伤阴，避免反复逐水竣下。综上，形成了在辨证论治基础上的病证结合中药干预方案。

（4）据不同心功能分级中医药加载治疗策略：近年来国内外相继发布的心力衰竭防治指南对不同心功能分级（NYHA 心功能Ⅰ～Ⅳ级）的患者都提供了相应的防治对策，基于辨证论治的中药干预方案亦应随 NHYA 心功能分级而变。近 20 余年来，在大量临床实践中已经发现，中医药干预在心力衰竭治疗中的地位因不同 NYHA 心功能分级而异。除基础病因治疗外，关于心力衰竭的中医药加载干预策略，比较一致的看法是：NYHA 心功能Ⅰ级患者可单纯予中医药治疗；血流动力学稳定的 NYHA 心功能Ⅱ、Ⅲ级患者给予基础治疗（干预神经内分泌的 ACEI 或 ARB 和β受体阻滞剂等）后，可以中医药治疗为主；NYHA 心功能 Ⅳ级或血流动力学不稳定的 NYHA 心功能Ⅱ、Ⅲ级患者则应以中、西医药并重，除基础治疗外常须加改善血流动力学药物（利尿、扩血管和必要时给予正性肌力药物），以维持血流动力学状况稳定；而难治性心衰多有利尿剂抵抗、严重低蛋白血症或难以纠正的严重心律失常等，中、西药物疗效均差，应及时考虑机械或外科治疗；所有因种种原因无法接受西医药治疗的患者，均可给予中医药辨证治疗，并均可不同程度获益。

2. 传统汤剂应用广泛，中药制剂形成系列　有学者采用文献分析方法从中国期刊全文数据库以“心力衰竭、中医、喘证、心悸、水肿”作为检索词检索 2002～2007 年文献，发现出现频率较高的前 10 味药物依次为：黄芪、丹参、附子、葶苈子、人参、茯苓、红花、桂枝、白术、川芎。亦有学者采用回顾性和前瞻性方法，对符合条件的充血性心力衰竭患者的用药进行分析，表明心力衰竭的常用单味中药有甘草、茯苓、黄芪、白术、白芍、半夏、当归、桂枝、丹参、附子、党参、柴胡、大枣、陈皮、川芎、杏仁、麦冬、葶苈子等。这些药物频次或有不同，但能反映出心力衰竭的用药特点及规律，总体不外益气、养阴、温阳、活血、利水等。

根据现有中药制剂说明书统计，静脉注射中药制剂中有心力衰竭适应证的主要有参麦注射液、生脉注射液和参附注射液，口服中药制剂有心力衰竭适应证的主要有用于治疗气阴两虚型心力衰竭的补益强心片和生脉胶囊以及治疗气阳两虚型心力衰竭的芪苈强心胶囊、参附强心丸和心宝丸。

目前中医药治疗心力衰竭多是基于“病证结合”理念，在形式上多为在西药规范治疗的基础上加载中医药，医生选择中药的依据多是基于临床辨证、药品说明书或临床报道。对国内近 20 年中医药治疗心力衰竭文献进行统计，显示用于治疗心力衰竭的中药静脉制剂主要有参麦注射液、生脉注射液、黄芪注射液、参附注射液和丹红注射液等；各种口服中药制剂芪苈强心胶囊、通心络胶囊、利心丸、稳心颗粒、麝香保心丸和芪参益气滴丸等；中药汤剂以真武汤应用相关文献最多，其次为生脉散、血府逐瘀汤、保元汤、桃红四物汤等，这些用药选择基本体现了益气、养阴、温阳、活血、利水为主的心力衰竭中医治法，可以形成系列，与心力衰竭的中医证候特征对应。通过专家问卷调查对心力衰竭用药规律进行统计得出的结果，与上述结果类似。此外，新近研发的补益强心片、注射用益气复脉（冻干）及心脉隆注射液等具有明确心力衰竭适应证的中药制剂，也被广泛地应用于心力衰竭的加载治疗。

有针对中医药治疗心力衰竭相关的临床报告进行的系统评价研究表明，治疗心力衰竭常用中药如生脉注射液、参麦注射液、参附注射液、心脉隆注射液、丹红注射液、芪苈强心胶囊、真武汤等不仅可改善临床症状，增加活动耐量，提高生活质量，而且具有改善血流动力学，减少恶性心律失常发生等作用，为这些中药的有效应用提供了参考和支持。尽管鉴于目前中医药治疗心力衰竭临床研究质量的原因，这些系统评价也存在一些共性问题，如纳入的文献质量普遍较低、研究设计欠严谨、缺乏严格质控、疗效评价多采用短期主观性指标和理化指标、缺乏长期终点随访、对安全性评价重视不够，但也不失为现阶段的证据。这些研究反映出的共性问题，正是今后临床试验中应该去认真对待的技术问题。

3. 温补法在慢性心力衰竭现代中医治疗中独树一帜　祖国传统医学虽无心力衰竭病名，却有大量关于心力衰竭症状的描述及治疗的方药，最早可以追溯到《黄帝内经》时代。而在心力衰竭中医治法中，温补法已成为慢性心力衰竭中医治疗的高频治法，并在相应的病机、方药等方面逐渐完善。为何出现这个现象，有以下几个方面原因。

（1）病机演变，气阳虚衰贯穿始末：慢性心力衰竭虚实夹杂、以虚为本是大多数现代中医持有的观点。《素问》讲：“阳气者，若天与日，失其所则折寿而不彰，故天运当以日光明”，《类经附翼》云：“凡万物之生由乎阳，万物之死亦由乎阳。非阳能死物矣，阳来则生，阳去则死”，都是极言阳气之于人体的重要性。因此，现代社会以老年人为主的慢性心力衰竭群体，将气阳虚衰作为其病机演变的基础，在理论上是合理而中肯的。

(2) 辨证论治，气阳虚衰是慢性心力衰竭的常见证型：辨证论治是中医学的精髓，现代中医尤其强调这一点。当然，根据经验，慢性心力衰竭的气、阳虚衰往往不是单独出现，常常与其他证型同时出现而形成“相兼证”，但由于相兼证仍然保持着气、阳虚衰证本身的特点，并且大多数同样需加用温补法治疗。目前中医界治疗慢性心力衰竭的辨证分型主要采用两种方式，一种是根据经验或个人习惯自拟证型，另一种则是根据相关规范或标准进行分型，但无论何种分型方法，阳气虚衰都是慢性心力衰竭常见的证型，至少在辨证分型中占据突出的地位。

(3) 名家经验，温补理论受到重视：与现代医学不同，名家经验在中医界具有举足轻重的地位。中医名家在一个地域内，即使不能形成流派，其学术影响力也能引领当地中医的发展方向。如邓铁涛、严世芸等。

(4) 方药研究，温补方药切实有效：基于以上 3 点，温补法在慢性心力衰竭治疗中应用广泛，形成了一系列有效方剂，并进行了相关的临床及科研研究。在慢性心力衰竭现代中医治疗中，经方真武汤原方及化裁方是一组使用频率较高的方剂群，尤其在心力衰竭分期属中晚期，出现心肾阳虚证或阳气虚脱等危证时，常被用作首选或加载方。

应该说，无论是从中医病机角度、辨证分型角度、名家经验角度或者方药研究角度，温补法在慢性心力衰竭现代中医治疗中都具有举足轻重的地位。虽然目前温补法体系尚未完善，但是随着温补法的地位逐渐受到重视，加之扶阳学派的兴起，慢性心力衰竭的中医治疗必将有新的突破，在将来的医学模式中占据一席之地。

三、中医诊疗共识与中西医结合诊疗共识的简析

中医中药是心血管病防治的“中国特色”，在改善慢性心力衰竭患者临床症状、生活质量、维持心功能及减少再住院率方面有一定优势，但在西医指南中却鲜有提及。在 2014 年《中国心力衰竭诊断和治疗指南》中，中药被列在有争议、正在研究或疗效不能肯定的药物中。在这种背景下，2014 年《慢性心力衰竭中医诊疗专家共识》出台，系统地总结、归纳了心力衰竭的中医证候特征、辨证分型及治疗，对进一步规范慢性心力衰竭的中医治疗起到了重要作用。

中医共识中的证候分布规律认识，指出慢性心力衰竭为本虚标实之证，本虚主要指气虚，常兼有阳虚、阴虚；标实则主要指血瘀，其次为水饮、痰浊，反映了慢性心力衰竭“虚”“瘀”“水”的核心病机。这一点在中西医结合诊疗共识中也被采纳。中西医结合诊疗共识仅对慢性心力衰竭 A、B、C、D 4 个不同阶段证候特点进行了梳理和归纳：A、B 阶段时患者尚无心力衰竭的临床表现，故其证候以原发病的证候，但 B 期已发展成结构性心脏病，强调了心气虚证；进展至临床心力衰竭即阶段 C 时，其核心证候则为气虚血瘀证，常兼见水饮、痰浊证；病情进一步发展至难治性终末期心力衰竭阶段时，其核心证候虽仍以气虚血瘀证为主，但更常兼见阳虚、水饮，为临床分阶段论治慢性心力衰竭提供了依据。

中医诊疗共识将心力衰竭中医证型可概括为气虚血瘀、气阴两虚血瘀、阳气亏虚血瘀 3 种基本证型，均可兼见痰饮证；并对每一种证型的主症、次症、舌脉特点均进行了详细描述。中西医结合共识则将证候诊断标准也采用了宏观微观辨证相结合的原则，如将胸片

显示肺淤血、凝血检测异常等检查结果列入慢性心力衰竭“血瘀证”的诊断标准之中，胸水或腹水列入慢性心力衰竭“水饮证”的诊断标准之中，都为临床医生提供了更为直观的辨证依据，使诊断标准更加客观化。

基于心力衰竭的辨证分型，中医诊疗共识对不同类型心力衰竭患者的基本治疗原则进行了总结。在把握上述基本原则的情况下，可酌情辨证加用中成药或中药静脉制剂，如对于气阴两虚型心力衰竭患者，中医诊疗共识推荐应用中成药补益强心片。本《共识》充分考虑到上述实际情况，对慢性心力衰竭常见证候都给出了代表方（汤剂）、中成药及静脉注射制剂等 3 种药物剂型的推荐，如气虚血瘀证推荐的代表方为桂枝甘草汤、保元汤加减，中成药为芪参益气滴丸（推荐用于冠心病），心力衰竭急性加重推荐用黄芪注射液；阳气亏虚血瘀证推荐的代表方为参附汤、四逆汤加减，中成药为芪苈强心胶囊、参附强心丸、心宝丸，心力衰竭急性加重推荐用参附注射液、心脉隆注射液；气阴两虚血瘀证推荐的代表方为生脉散加味，中成药为生脉胶囊、生脉饮口服液、补益强心片，心力衰竭急性加重推荐用生脉注射液、注射用益气复脉，非常切合临床实际。同时还参考现代药理研究结果及中西药相互作用。推荐用药也按照循证医学原则对证据水平较高者给予优先推荐。

四、展望

中医药为我国独有，充分发挥中西医结合的诊疗特色，重点优化慢性心力衰竭的中西医结合诊疗方案和评价方法，充分发挥中医药“简、便、验、廉”的优势是符合我国基本国情的。针对慢性心力衰竭的不同阶段，在积极应用西医治疗方法的基础上，发展中医特色治疗技术和综合性防治方案；在临床实践中，总结疗效确切的中药验方，制定特色技术和特色疗法的操作规程、适应病症、疗效评价体系，通过临床前研究开发新型中药制剂都是今后中西医结合防治慢性心力衰竭的方向和策略，也必将能进一步提高中西医结合防治慢性心力衰竭的总体疗效，造福于广大慢性心力衰竭患者。

第十一章　心力衰竭患者的调护

第一节　心力衰竭的预防及运动康复治疗

一、心力衰竭的预防

心力衰竭的防治模式在近几十年来发生了非常大的变化，从最初的心力衰竭终末期的治疗，转向了前阶段的预防。同时，心力衰竭的预防也从单一学科到多学科的合作，注重多重的危险因素，从三级医院为主的治疗中心转而以社区服务中心为主的预防策略。心力衰竭的预防以分阶段预防为主要策略，着重点不同，预防得当可能阻止心脏原发病的发展、减少心肌损害，避免病情的进一步加重。

1. 心力衰竭A阶段的预防　该阶段患者还未有器质性心脏病、心肌损伤和心室重构发生。该阶段的预防关注点为可能引起心肌损伤的危险因素，通过对危险因素（如高血压、糖尿病、高龄等）的积极干预，可以在初期达到预防心力衰竭发生的目的。此类危险因素可分为主要危险因素和次要危险因素。主要危险因素包括：年龄、高血压、糖尿病、冠心病、心脏瓣膜疾病及肥胖等；次要危险因素包括：吸烟、血脂代谢异常、心脏毒性危险因素等。

（1）年龄：心力衰竭发生率随着年龄的增长而增长。虽然对于年龄无法干预，但是对于年老心脏病患者可以更加关注其心力衰竭的疾病进展，尽早予以干预治疗，延缓疾病发展。

（2）各类疾病：高血压患者的心力衰竭发生率大大增加，高血压病成为公认的导致心力衰竭的主要原发疾病之一。高血压可以导致神经内分泌系统过度激活、胰岛素抵抗、心室肥厚及心肌舒张功能降低等，从而引发心肌重构，如前文所述，心肌重构可导致心力衰竭的发生。因此积极控制血压，将血压长期稳定控制在标准范围内，是预防心力衰竭发生的重要措施。

糖尿病史无症状性左室功能障碍患者发生心力衰竭的预测因素，糖尿病合并心力衰竭的发生率和死亡率明显大于非糖尿病患者。众所周知，糖尿病会引起微血管及大血管的并发症，也会引起心肌结构改变，同时胰岛素抵抗的存在也加重了心脏血管内壁增厚，从而进一步加重了心力衰竭的进展。对于糖尿病患者，除了积极控制血糖，同时加强并发症的控制，对于心力衰竭的预防有着十分重要的作用。

冠心病患者心力衰竭发生风险也明显增加。冠心病患者心肌缺血、心肌坏死引起心肌损伤、心肌重构，从而导致心力衰竭的发生。对于冠心病患者，平时应积极治疗原发病，长期药物治疗维持，并且进行积极的血运重建，与预防心力衰竭的发生有着积极的作用。

心脏瓣膜疾病患者血流动力学易发生改变，心脏瓣膜狭窄引起心脏压力负荷改变，心脏瓣膜关闭不全引起心脏容量负荷改变，长期的心脏负荷改变，引起心肌损伤，且失代偿最终导致心力衰竭的发生。针对此类患者，进行二尖瓣或主动脉瓣的置换治疗是较有效的治疗方法，对于改善预后、延长患者生命起着较重要的作用。

肥胖患者逐年增多，该类患者最终导致心力衰竭的机制可能是心输出量减少，外周阻力增加等多种原因导致左心室肥厚。肥胖患者本身会伴随胰岛素抵抗等，也会导致心力衰竭的发生。应注意积极控制体重，平时注意饮食、适当运动，预防心力衰竭发生。

(3) 心脏毒性危险因素：心脏毒性危险因素主要包括心脏毒性药物、过量食盐摄入、精神压力等。此类危险因素可以是引起心力衰竭的因素，同时也是心力衰竭进展的危险因素，因此在心力衰竭的四个阶段都应对其积极控制，以延缓甚至控制心力衰竭的发生和发展。

心脏毒性药物主要包括以下几类：① 化疗药物，此类药物引起的心脏毒性可以发生在用药后数周、1 年或数年后，主要以充血性心力衰竭为主要表现。尤其对于未有明显心力衰竭症状体征的患者，易于被忽视。因此应用化疗药物前后应评估患者的心脏功能以及心脏毒性发生的风险指数，注意药物的使用剂量及给药方式等，并且在用药过程中，做心超、BNP 等检测，以及早发现心力衰竭的发生。可以在首次用药前使用右丙亚胺药物以预防蒽环类药心脏毒性；② 噻唑烷二酮类药物，其中，对于罗格列酮的心血管风险的研究较多，许多研究表明罗格列酮的应用可以增加心力衰竭、心梗、中风及全因死亡的风险。因此，在我国建议对于心力衰竭患者或心力衰竭高危人群、有心血管疾病史的患者，不使用罗格列酮，对糖尿病患者调整治疗方案。

(4) 吸烟：吸烟为心力衰竭的次要危险因素，烟草中的成分可引起血压升高、心率增快、冠脉血流减少、组织缺氧等情况，且刺激儿茶酚胺的释放、引起胰岛素抵抗、引起血脂代谢异常、血管内皮功能障碍、氧化应激等效应，引起心肌损伤及心室重构，最终导致心力衰竭的发生。因此戒烟在心力衰竭的预防中也占据较重要的地位。

2. 心力衰竭 B 阶段的预防　该阶段为临床心力衰竭的前期，虽有器质性病变，但是无心力衰竭的症状或体征。虽然此阶段已经出现心肌的损伤，且神经内分泌系统激活，最终引起心肌重构。心力衰竭病情的进展是连续的渐进的，因为无症状和体征，对于心力衰竭 B 阶段的识别和筛查是比较困难。从心力衰竭高危人群进展到心力衰竭的 B 阶段，如果早期可以识别这些患者，那么就可以从早期的药物干预中获益，减少心力衰竭患者进一步发展到 C 阶段，甚至 D 阶段，从而降低死亡风险。国内外的相关指南中也并没有明确提出识别方法，所以如何识别和筛选成了临床亟须解决的问题。多项研究显示，出现在本身有危险因素的患者为 B 阶段的心力衰竭的高危人群，如高血压、糖尿病、冠心病、心脏毒性药物应用史等患者。目前筛选 B 阶段心力衰竭患者的较可靠的方法为测定 BNP。即使是无症状心力衰竭患者，心肌收缩功能正常，如果 BNP 水平的增高，预示着其预后与 EF 低的收缩功能不全心力衰竭患者相同。因此，对于高 BNP 水平的无症状心力衰竭患者，应在早期就予以适当的治疗，可以延缓疾病进展，改善预后，降低死亡率。

对于 B 阶段心力衰竭患者，一方面要积极控制危险因素，一方面药物干预治疗是改善其预后的重要手段。如前所述，此阶段神经内分泌系统激活，抗肾素-血管紧张素-醛固酮系统药物及抗交感系统治疗可阻断相关神经内分泌细胞因子对心肌重构的促进作用，改善患者预后，显著降低患者死亡率。常用的药物有 ACEI、ARB、β 受体阻滞剂等。

此阶段应关注心梗患者冠心病的二级预防。心梗溶栓治疗或冠脉成形术使心肌再灌注，缩小梗死范围，补救心肌损伤，降低心力衰竭危险。心梗后及早预防心室重构是降低心力衰竭发生的关键，常用药物如前所述。此阶段患者左心室肥厚出现，常合并高血压，导致心室舒张功能降低，应积极控制血压，改善心室舒张，对预防心力衰竭发展起重要作用。

3. 心力衰竭C阶段的预防　该阶段为临床心力衰竭阶段，既有心脏器质性病变，又出现了心力衰竭的症状、体征。如前所述，此阶段如按照前一阶段预防方案运用神经内分泌系统抑制药物治疗后，可在较长时间内稳定心力衰竭病情，患者生活质量也明显改善，心功能维持稳定。但是一旦有加重诱因的情况下，则会进一步加剧心力衰竭进展，因此在此阶段对于诱因的防治尤为重要。

体液潴留是心力衰竭的首要加重因素，同时也是心力衰竭的主要临床表现。大部分心力衰竭患者在临床上有水肿(体液潴留)的症状出现，体重也随之增加，长此以往，诱发心力衰竭的急性发作，即出现心力衰竭的失代偿发作。因此，心力衰竭患者应关注体重情况，患者应每天测体重，一旦发现体重增加，应用利尿药物等消除潴留体液，避免心力衰竭的急性发作。

感染是心力衰竭加重的第二位诱因，而呼吸道感染又是其中最主要的感染因素。心力衰竭患者，尤其是老年患者，更容易发生呼吸道感染。发生感染后，儿茶酚胺物质增多，进一步加重心悸损害，也是心力衰竭急性发作的原因之一。因此，尤其对于老年患者应预防感染发生，一旦感染发生积极控制。

心律失常也是诱发心力衰竭加重的常见因素，尤其以房颤的发生居多，心力衰竭患者发生心律失常应用β受体阻滞剂可有效减少心力衰竭的死亡率。

综上所述，积极控制诱发因素，对于防止心力衰竭从C阶段发展到D阶段有着十分积极的作用。

因此，心力衰竭患者的防治除了进行正规治疗外，也应积极预防各阶段的进展。A阶段评估危险因素，并予以积极控制，防止进展至B阶段；B阶段应有效识别，并予以药物干预，防止进展至C阶段；C阶段积极控制诱因，防止进展至D阶段。

4. 心力衰竭患者的中医预防保健　中医学在疾病预防方面向来十分重视，有“未病先防，既病防变”的防治原则，中医养生理论在治未病领域有着较强的优势。《黄帝内经》记载：“上工不治已病治未病”。此防治原则同样适用于心力衰竭患者，针对心力衰竭患者特点，发挥中医药治疗辨证论治个性化的治疗优势，以中草药、针灸、推拿、功法等各种治疗方法综合治疗，辅以食疗、情志疗法等，发挥中医综合治疗特殊优势，为心力衰竭患者制定防治方案。

二、心力衰竭的运动康复治疗

对于心力衰竭患者除了关注药物治疗以外，也应关注疾病早期、患者出院后的康复治疗，心力衰竭患者的康复治疗可以降低再住院率和死亡率，同时降低医疗费用，提高生活质量。在我国心力衰竭患者康复治疗起步较晚，重视不够，认识度较低。因为心力衰竭疾病涉及多个系统，其康复应是综合的、多学科合作的。

1. 心力衰竭患者运动康复的意义　传统认识上，心力衰竭患者被要求限制运动，以免增加循环负荷。但是随着临床实践及研究发现，适合的运动康复对心力衰竭患者是有益且安全的，通过运动康复可以帮助心力衰竭患者提高运动耐力。

运动康复可以改善心力衰竭患者的运动耐量、呼吸功能、神经激素功能以及生活质量。患者通过适当的康复运动，可以增强肌肉纤维的强度增加肌纤维细胞的氧化能力，从而改善患者的运动耐量。心力衰竭患者轻体力活动即可感觉呼吸困难且易疲乏，影响患者的生活质量，通过运动康复可以改善患者的最大心排血量，对于呼吸肌的针对性康复训练可以提高呼吸肌的耐力，从而改善呼吸功能。运动康复中的有氧运动可以改善患者体力活动后的呼吸困难的情况。心力衰竭患者交感神经系统、RAAS和抗利尿激素活性增加，康复运动可以是神经激素功能改善，交感神经激活减少、迷走神经激活增加，同时可以降低 AngⅡ、心钠素、醛固酮及抗利尿激素的水平。运动康复除了可以改善心力衰竭患者的运动耐量、呼吸功能、神经激素功能，一定程度上也可改善患者的心理情绪，从而提高患者的生活质量，减少患者再住院率，降低死亡率。

2. *心力衰竭患者运动康复的安全性*　运动康复给心力衰竭患者带来较大的益处，但是在给该类较高风险的患者制定运动康复方案时首要考虑安全性问题。美国及欧洲心脏病协会都建议，对于病情稳定的慢性心力衰竭患者都适用运动训练。心力衰竭患者进行运动康复安全性的重要因素包括年龄、病情是否稳定以及运动强度是否匹配。因此，在制定运动康复方案之前对心力衰竭患者进行评估，掌握适应证和禁忌证尤为重要。

(1) 心力衰竭患者运动康复的适应证：一般认为心功能Ⅱ～Ⅲ级、临床症状、体征稳定1个月以上的心力衰竭患者推荐进行运动康复。

(2) 心力衰竭患者运动康复的禁忌证：不稳定型心绞痛，静息时收缩压>200 mmHg或静息时舒张压>110 mmHg，应逐个病例评估；体位性血压降低>20 mmHg，并伴随症状；严重主动脉狭窄(收缩压峰值梯度>50 mmHg，且对于中等体型的个体主动脉瓣口面积<0.75 cm^2)；急性全身系统疾病或发热；未控制的房性或室性心律失常；未控制的室性心动过速(>120 次/min)；失代偿的心力衰竭；Ⅲ度 AVB(未安装起搏器)；活动期的心包炎或心肌炎；近期栓塞史；血栓性静脉炎；静息时心电图表现 ST 段移位>2 mm；未控制的糖尿病(静息时血糖>22.2 mmol/L)；严重的体位改变性低血压、导致禁止运动的问题；严重的精神障碍；其他代谢问题，如急性甲状腺炎、低钾血症、高钾血症或血容量不足。

3. *心力衰竭患者运动康复方案的制订*　运动康复方案的制订之前，医务人员需与心力衰竭患者进行充分的沟通，取得患者的合作和信任后，方可实施运动处方。运动康复方案的内容主要包括运动种类、运动强度、运动时间和频率。

(1) 康复运动的种类：分为耐力运动、抗阻力运动、弹力运动。

1) 耐力运动：耐力运动主要以氧运动为主，可以最大限度地增加患者的最大耗氧量，从而改善心肺功能、躯体功能、运动能力等，因有氧运动相对安全有效，因此心力衰竭患者更倾向于有氧运动的形式。主要运动形式有步行、跑步、游泳、骑车、健身操、太极拳等，在国内最多采取的形式是步行。有氧运动又可以分为连续性和间歇性两种，间隙性有氧运动更为安全，在心力衰竭患者运动锻炼的早期采用。高强度间歇运动方式优于中等强度持续运动方式。

2) 抗阻力运动：抗阻力运动是有氧运动的有效补充，且简单易行，是指在运动过程中重复应用低中度阻力而进行的运动，通常借助哑铃、弹力带等器械进行，抗阻力运动包括举重、腿部推举、扩背拉伸、划船等，可以与有氧运动联合进行。抗阻力运动可以改善心力衰竭患者的肌肉力度、可能增加患者机头体积和基础代谢率。但有观点认为抗阻力运动对于高危的心力衰竭患者的风险较大，因此需要在医师指导下进行。也有研究证明心力衰竭患者选择适当的动态抗阻力康复运动是安全有效的。关于抗阻力康复运动的安全性问题需要得到更多的文献支持。

3）弹力运动：心力衰竭患者的关节活动度较差，活动能力低，弹力运动主要是改善心力衰竭患者关节的运动范围，从而改善患者的运动能力、临床症状。

（2）康复运动的强度：康复运动强度是运动处方最核心的内容，是直接决定患者运动处方的安全性和有效性的关键。运动强度的制定尚无统一标准，应综合患者各方面的情况，如患者心功能情况、疾病是否稳定、患者的体力及心理情况、患者运动锻炼的既往经历等等，为心力衰竭患者制定个体化的运动处方。其中最主要的客观依据为运动试验的结果，涉及指标有如下几个。

1）心率：心率的指标有最大预测心率（HRmax）、储备心率（HRR），两者都可以作为心力衰竭患者康复运动目标心率的测算依据，HRmax为220与年龄（岁）的差值，HRR为最大运动心率与静息心率的差值。考虑到心力衰竭患者的安全性及部分患者服用β受体阻滞剂的情况，有专家建议在运动的开始阶段将运动目标心率定为HRmax的50%～60%为宜，或者运动目标心率＝静息心率＋（40%～70%×HRR），根据患者的情况进行调整。也有专家提出因为心力衰竭患者应用β受体阻滞剂的普遍性，心率指标的参考价值将减弱。

2）最大耗氧量（VO_2 max）或无氧代谢阈值（AT）：一般心力衰竭患者的运动强度参照VO_2max的40%～80%，视患者具体情况而增减。AT作为心力衰竭患者运动强度制定的标准室安全有效的，因此可运用AT作为心力衰竭患者的运动强度的标准。

（3）康复运动的时间和频率：对于心力衰竭患者康复运动的时间和频率可以分阶段确定，初始阶段单次运动时间可以为10～20 min，逐渐增加至20～40 min，后期至40～60 min。运动频率。运动频率为每周3～5天。单次运动准备活动为10～20 min，最后结束活动为5～10 min。

（4）康复运动的实施：其实施可分阶段进行，一般分为三个阶段。第一阶段：间断性康复运动。在心力衰竭患者康复运动早期间断性运动是安全有效的，运动形式以步行为主。起始阶段的运动强度为低度至中度，一般建议为VO_2max的20%～60%，运动单次时间为15 min，频率为3～4次/周，时间持续3周。间断性运动方式可为持续原来强度为VO_2max的50%的康复运动30 s，休息60 s交替进行。此阶段需要对患者进行生命体征的监测，并准备好心肺复苏设备及急救药品，及时停止运动并予以急救处理。第二阶段：重新测定VO_2max，予以中等强度的康复运动。依据重新测定的VO_2max的60%为运动强度，单次康复运动时间可从20 min依据患者的耐受程度逐渐增加至40 min，运动频率为3次/周，此阶段的持续时间为4～8周。此阶段可在医院完成，也可在远程监护下完成，两种形式都仍需监测患者的生命体征。第三阶段：家庭康复运动。心力衰竭患者顺利完成前两个阶段的康复运动，未出现不良事件，则该患者康复运动安全性已经建立，进入家庭运动计划。此阶段单次运动时间可为40～60 min，长期坚持进行，医师定期电话随访记录或患者门诊随访。医师随访或门诊随访可以通过CPET或6MWT、心超等方法检测患者心肺功能的改善情况，根据患者运动耐力和生活质量的改善情况来判断康复运动实施的效果。患者在康复运动实施过程中出现不适应及时至门诊，由医生判断是否降低运动强度和时间，甚至终止康复运动。

(5) 中医传统养生运动：心力衰竭患者对于康复运动方案的依从性不高，有时无法做到长期坚持，但是很多患者虽然无运动习惯，但是对于中医传统养生运动或者传统的健身术有明显的倾向性，且受心功能的影响较小。中医传统养生运动是以肢体动作、呼吸运动结合按摩而成的养生运动方法，有强身健体、宁心安神、舒展筋骨、助气血的运行等作用，达到防病治病的目的，对于心力衰竭患者的预防和康复也有很大的益处。中医传统养生运动是基于中医基础理论为指导的健身运动，如中医整体观、阴阳学说、形神相因学说等，通过调心、调息、调身三者的和谐统一，即意念的专注、呼吸的调节、形体的运动三者合一，达到调整患者机体精气神的和谐统一，而达到强身健体，提高患者运动能力，改善生活质量的目的。中医传统养生运动要求长期坚持，不宜运动过度。中医传统养生运动分为调形为主及调息为主的运动形式。调形为主的运动有五禽戏、太极拳、八段锦、易筋经、气功等，对于心力衰竭患者的中医传统养生运动中太极拳研究最多，应用最广。太极拳是一种低强度的有氧运动，有调节身心的作用，对于心力衰竭患者是安全有效的。太极拳可以与其他康复运动相结合，一定程度上提高心力衰竭患者康复运动方案的训练效果，改善患者的身心和生活质量。

4. 运动康复的注意事项　心力衰竭患者康复运动方案的实施强调个性化、循序渐进，并且需要患者长期坚持，依从性高。患者依从性低的原因有交通不便、经济条件差、对康复运动缺乏信任度、时间缺乏等。要提高心力衰竭患者依从性必须在治疗前及治疗过程中对患者进行心理疏导，建立患者对康复运动方案的信任度，坚持康复运动。医师在给心力衰竭患者制定康复运动方案是应体现个体化，结合患者的生活习惯、经济条件等，实施过程中进行监督，提高患者依从性。康复运动制定和实施必须确保患者的安全性，心力衰竭患者多为老年患者，在制订方案前充分评估、教育，预防心脏病事件的发生。

第二节　心力衰竭患者的饮食调护

一、饮食调护的原则

心力衰竭患者由于心循环和运化功能减退，饮食应少食多餐，不宜过饱，做到低盐、低脂、低蛋白饮食，多食维生素，以清淡，易消化，营养丰富为总的饮食原则。

1. 限制钠盐的摄入　心力衰竭的基本病理学特点是钠水潴留、神经调节和激素激活。心力衰竭患者由于钠盐排泄受损，在摄入钠的同时减弱了利尿剂的作用，左室收缩和舒扩末容积随钠盐的摄入而提高，因此维持钠盐的平衡在心力衰竭治疗中起着重要作用，低钠限水以成为临床上控制心力衰竭加重，改善患者症状，减轻水肿的重要举措。2010 年美国心力衰竭学会的心力衰竭指南中指出所有的心力衰竭患者均应将每天饮食中的钠盐控制于 2～3 g，中重度心力衰竭患者则控制于 2 g 以下为宜。2014 年中国心力衰竭指南也提出对于急性加重的心力衰竭以及液体负荷加重的心力衰竭患者应积极控制钠盐的摄入，每日钠盐摄入量应限制为 2 g 以下。但是钠盐的摄入量是否应根据心力衰竭的严重程度做相应调整，或者做多大调整，目前尚未可知，需要进一步临床观察对比证实。

但是，随着近年来心力衰竭相关的病理生理学的深入研究发现，在患者使用利尿剂的同时，低钠饮食并不能完全降低其死亡率和再入院率。如 Paterna 等对 232 例代偿性心力衰竭患者使用同等剂量的呋塞米进行治疗，其中治疗组正常钠盐饮食，对照组给予低钠饮食，结果发现治疗组患者的 BNP、醛固酮和血管肾素水平均有所降低，再入院率也明显降低，而对照组则相反。Damgaard 等则声称高钠饮食反而可以改善心力衰竭患者的心功能，诱导其外周血管的扩张，并可抑制与血管收缩相关的激素的释放。由此，并不赞同对心力衰竭患者进行限钠饮食。Khalid 等还做了大量的临床研究，共纳入 2 747 例收缩性心力衰竭患者，采用荟萃分析的方法将低钠饮食与正常饮食对患者预后的影响进行对比，结果显示低钠饮食(1.8 g/d)组较正常饮食(2.8 g/d)组的死亡率和再住院率反而有所升高。因此，在临床工作中不能一味地限制心力衰竭患者的钠盐摄入，而要根据患者的具体情况进行个体化的治疗，以免造成神经内分泌和电解质的紊乱，使病情持续恶化。

2. 限制水的摄入　心力衰竭患者的液体摄入量一般限制为 1 000～1 500 mL/d，夏季可增加至 2 000～3 000 mL/d，根据患者病情和个人习惯可以做出相应的调整。对于病情严重，尤其是出现肾功能衰退的患者，其排水能力会有所降低，在限制钠盐摄入的同时更应该减少水分的摄入，以防发生稀释性低钠血症，导致顽固性心力衰竭。而稀释性低钠血症一旦发生时，患者的水分摄入量应减少至 500～1 000 mL/d，并进行相应的药物治疗。

3. 调节钾的摄入　作为人体内一种重要的离子，K^+ 具有参与代谢和维持心脏舒缩功能的作用。在心力衰竭患者中，K^+ 可以通过细胞内、外的转移来稳定细胞膜电位，从而减少恶性心律失常的发生，同时它还通过降压作用限制左心室的肥大。而心力衰竭患者中最易出现的电解质紊乱现象就是钾平衡失调，其中最常见的就是低钾血症。当患者出现低钾时可发生肠麻痹、严重心律失常、呼吸麻痹等情况，且可诱发洋地黄中毒，从而加重患者病情。所以，对于长期使用利尿剂的心力衰竭患者，应鼓励其多食用含钾量较高的食物，如香蕉、橘子、菠萝、土豆、玉兰片、萝卜、菇类、木耳、银耳、海带、紫菜、柿饼、黑枣、莲子、杏仁、桃仁、榛子等。必要时应进行补钾治疗，如血清钾低于 3.5 mmol/L 时可口服 10% KCl 或保留灌肠治疗。在使用利尿剂时，可同时服用排钾与保钾利尿剂，也可配合也能够用含钾量较高的具有利尿作用的中草药，如金钱草、苜蓿草、木通、夏枯草、牛膝、玉米须、鱼腥草、茯苓等。另外，严重心力衰竭患者，或伴有肾功能减退以及不合理使用保钾利尿剂的患者也可产生高钾血症，因其钾的排泄量低于其摄入量所致。此时，轻度者只需停用保钾利尿剂并限制钾、钠的摄入量即可，而中重度者宜立即采取药物治疗。

4. 热量和蛋白质不宜过多　对于心力衰竭患者蛋白质的摄入量一般来说并没有严格的限制，以 1 g/kg/d 为宜。但在病情加重时，则应减少至 0.8 g/kg/d。蛋白质的特殊动力学作用有可能会增加心脏额外的能量需求以及机体的代谢率，因此应给予不同程度的限制。Aquilani 等研究结果提示，蛋白质配合必需氨基酸的使用能够有效提高心力衰竭患者的营养和代谢状态，改善其生活质量，对于老年人尤为适宜。因此，心力衰竭患者在饮食中需要保证足够的蛋白质和必需氨基酸的摄入，但不宜过量。

5. 摄入适量碳水化合物　心力衰竭通常会伴有心肌细胞氧化供能的减弱。Chess 等通过研究发现摄入过多的果糖和蔗糖会引起心脏舒张末期和收缩末期压力的升高，并降低左室的射血分数。且高果糖饮食还会使 β-肌球蛋白重链 mRNA 的表达增加。而高纤维素饮食则可以改善心肌的收缩能力，从而降低心力衰竭的远期死亡率。Sharma 亦做了类似的研究，结果表明高果糖和高蔗糖的摄入可引起心脏信号传导系统的紊乱，增加前房促尿钠排放因子 mRNA 的表达，最终导致左心室的肥大和心力衰竭的发生。因此，在心力衰竭患者中应减少果糖和蔗糖等单糖的摄入，以免加重病情，而适量的高纤维和淀粉饮食则可抑制心肌重塑，降低患者的死亡率并提高其生活质量，有利于心力衰竭患者的恢复。一般认为每天摄入 300～350 g 碳水化合物为宜，因其易于消化，故在胃中停留的时间较短，排空较快，可有效减轻胃膨胀对心脏的压迫。另外，蔗糖以及甜食等若过量食用，易引起胃胀气、肥胖及三酰甘油的升高，故饮食中应当注意，而宜选用淀粉类和多糖类食物。

6. 限制脂肪　饱和脂肪酸具有致心律失常，促进动脉粥样硬化的形成，促进炎性因子的生成，致内皮细胞功能障碍的作用，这些因素均可导致心力衰竭病情的恶化，其摄入量与心力衰竭病理变化的严重程度呈正相关。而与之相反的是，低脂肪酸和多不饱和脂肪酸或者鱼油则具有改善心力衰竭病理生理变化的作用。在 2008 年欧洲心脏病学会上，GISSIHF 进行了一项研究报道，该研究共纳入心力衰竭患者 7 000 多例，通过随机、双盲、安慰剂对照的试验研究结果表明，n－3 不饱和脂肪酸具有抑制心力衰竭患者远期的死亡率和心血管事件的作用。其后期研究亦证实，n－3 不饱和脂肪酸可以减少平均 3.9 年的心力衰竭死亡及其累积的心血管事件。另外，鱼油还可以降低血管紧张度和恶性心律失常的发生率，Shah 等则将鱼油和高饱和脂肪酸进行了对比研究，结果发现 EPA 和 DHA 能够延缓心肌细胞膜磷脂的衰竭，抑制心室的肥大，调节异常基因的表达，减少促炎性因子如花生四烯酸和血栓烷素等的释放。同时，以 α-亚麻酸为代表的多元多不饱和脂肪酸亦具有降低心力衰竭远期死亡率的作用。

而近来，有研究者通过生化代谢来研究饮食与心力衰竭的关系，发现饱和脂肪酸对于心力衰竭并没有明显的损害作用。Rennison 等在其动物模拟实验中发现，即使始终暴露在高浓度神经酰胺中，高饱和脂肪酸饮食对于左心室的收缩功能以及心室重塑并没有产生不利作用。随后的研究却发现，高脂肪酸饮食不仅可以促进心力衰竭大鼠心肌细胞的线粒体呼吸作用，还可以改善(脂)酰基辅酶 A 脱氢酶的活性以及心肌细胞的能量代谢紊乱。此项研究结果与既往的实验结果截然相反，因此对于饱和脂肪酸对于心力衰竭的作用，以及其在降低心力衰竭患者死亡率和提高其生活质量中的远期效益还有待进一步深入研究。

7. 补充维生素　心力衰竭患者常会出现机体氧化与抗氧化屏障、氧自由基生成和清除失衡的状况，而某些维生素则具有清除自由基及抗氧化的作用。如 B 族维生素，维生素 C、D 和 E 等。

二、饮食调护的误区

心力衰竭为各种心脏病的终末阶段，其主要常见病因有高血压、冠心病、肺心病等，而这些疾病的发生与动脉粥样硬化密切相关，随着人们对这些疾病认知度的提高，多数患者会坚持做到清淡、低脂饮食，甚至完全奉行素食主义。但是过度的素食主义会导致患者营养摄入不足，胆固醇水平过低，维生素 B12 缺乏，以及同型半胱氨酸的升高，这些反而会增加心血管疾病的风险。因此，在日常饮食中，心力衰竭患者可以适度食用一些鱼、蛋和牛奶等动物食品，以保证体内营养均衡，促进身体健康。

三、定时三餐

重症心力衰竭患者，由于活动能力较差，长期卧病在床，又因为肝脏和胃肠道淤血，导致患者食欲和消化能力较差，易出现腹胀、恶心、呕吐等消化道症状，因此在就餐时不宜吃得过饱，以免胃部膨胀，影响膈肌运动，导致心脏功能活动受限，不利于心脏的康复。所以，对于心力衰竭患者，应采用少食多餐的饮食习惯，每日可食 4～5 餐，且饮食应以流质或半流质为佳，如粥、蛋花汤、牛奶、细面条等便于消化的食物。此外，患者在空腹时应避免食用生冷、油腻及刺激性食物，土豆、南瓜、地瓜等易产生胀气的食物也应少吃或不吃，以免加重胃肠道负担。

第三节　心力衰竭患者的食疗药膳

一、食疗

食疗，即饮食疗法，又称为食治，是根据中医饮食疗法的基本理论来指导饮食，利用食物的不同性味作用于不同脏器来发挥其调理和治疗作用，是以饮食形式进行养生和治疗疾病的一种方法。它是中医“辨证论治”的重要组成部分，是中医临床治疗中的一个特点。早在春秋战国时期，祖国医学就已经开始重视饮食调养与健康、疾病之间的关系了，并提出饮食节制才可以健康，如《素问・上古天真论篇》曰：“上古之人，食饮有节……而尽终其天年”。除了饮食节制外，饮食调养还包括食疗以及药膳。中医学认为“药食同源”“医食同源”，食物亦是药物，若使用得当，亦可延年益寿，中医食疗理论即是这样形成的。唐代孙思邈在《千金要方食治》中说：“夫为医者，当须先洞晓病源，知其所犯，以食治之，食疗不愈，然后命药”“食能排邪而安脏腑，悦神爽志以资血气”。在中医整体观念和辨证论治的基础上做到药食相须，寒温相宜，五味相适，便可提高临床疗效，使疾病尽快向愈。反之则可影响药物疗效，从而加重病情。因此在临床上如何指导患者进行正确的饮食调护是非常重要的。

1. *食疗的特点*　中医食疗的特点可以概括为以下几个方面。

(1) 整体观念，辨证施膳：在长期的临床实践中，医学家发现人们平时所吃的食物和中药一样，同样具有不同的性味，即酸、苦、甘、辛、咸和寒、热、温、凉、平之性，我们称之为“食性”，其具有调节机体功能和治疗疾病的作用。

(2) 谨守四气五味：在运用中药时我们通常运用四气五味、性味归经等理论来分析药物的功效，食物亦然。《素问・至真要大论》曰：“寒者热之，热者寒之”，是使用中医药治疗疾病的基本原则，也是选择食物的重要依据。《黄帝内经》有曰：“五脏所入，酸入肝，辛入肺，苦入心，甘入脾，咸入肾”，表明食物及药物五味各与其相对应的脏器有特殊的亲和力，性味相合才能更好地发挥其调理和治疗的作用。

(3) 重视顾护脾胃：脾胃乃人体“后天之本”“气血生化之源”，在治疗疾病的过程中，尤其要注意顾护脾胃之气。脾胃之气充足才能保证其功能正常，受纳腐熟水谷，化生精微，益气生血，滋养五脏六腑及四肢百骸，扶正以助祛邪，助药祛病。以药治病如此，以食疗病亦当如此。

(4) 注意饮食宜忌：饮食宜忌主要是在辨证施膳以及四气五味理论的基础上，根据人体的不同体质特点和不同疾病的不同症候来选择不同性味的食物。如阳虚体质或阳虚症患者，应选择具有温补作用的食物，如羊肉、鸡肉、狗肉、牛奶、荔枝、桂圆等，而忌食生冷瓜果、冷饮等寒凉之品以及葱、姜、蒜、辣椒、烟酒等辛辣刺激食物。

2. 心力衰竭患者的辨证饮食　辨证论治为中医药应用中总的治疗原则，在饮食调护方面也应遵守辨证论治的法则。心力衰竭主要分为了 7 个证型：心肺气虚证、气阴两亏证、心肾阳虚证、气虚血瘀证、阳虚水泛证、痰饮阻肺证、阴竭阳脱证。根据这 7 个证型，我们可以对相应证型的心力衰竭患者给以个性化的饮食调护。

(1) 心肺气虚证：临床上多以神疲乏力、心悸怔忡、短气自汗为见证，活动后尤甚，患者多面色苍白，舌质淡或边有齿痕，脉沉细或虚数。此类患者在饮食调护时应以调补气血、益气养心为原则，可服用大枣、党参汤等，或黄芪、人参煎水代茶饮，多食用猪肺、糯米、小麦等补益心肺之品。

(2) 气阴两亏证：临床上以心悸怔忡、气短乏力、口干舌燥、心烦失眠为见证，患者多两颧暗红，舌红少苔，脉细数无力或结代。辨证施护应以益气养阴。镇心安神为主。气短乏力、头昏目眩明显者可多食山药、大枣、桂圆等益气养阴之品，或加西洋参、党参等泡饮；口干舌燥明显者可饮用天冬、麦冬、玉竹等益气养阴生津之品；心烦失眠者可以莲子、百合、红枣等煎汤睡前服用以养心安神；便秘者可以玄参、生地、决明子煎水代茶饮，滋阴通便以防大便用力过大而诱发心力衰竭。切记饮食宜清淡，多食青蔬，忌食辛辣温燥伤阴之品。

(3) 心肾阳虚证：临床以心悸怔忡、气短乏力、动则气喘、形寒肢冷、尿少浮肿、腹胀便溏为见证，患者多面色灰青，舌淡胖或有齿痕，脉沉细或迟。辨证施护应以温补心肾，助阳益气为主，平时可多食用羊肉、狗肉、核桃仁、栗子、牛肉等温肾壮阳的食物，忌食生冷寒凉之品，以免损伤阳气。

(4) 气虚血瘀证：临床以心悸气短、胸胁疼痛、颈部青筋显露，下肢浮肿为见证，患者多面色晦暗，唇颊青紫，舌质紫暗或有瘀点、瘀斑，脉涩或结代。辨证施护应以补气活血化瘀为主，平时可进食三七、黄芪、党参、当归、山楂、桃仁、陈皮、萝卜等行气活血之品，忌食生冷、甜腻之品以防气血凝滞。胸痛甚者，可遵医嘱口服麝香保心丸、静滴丹参注射液，或以桃仁、红花、赤芍、水蛭煎水足浴以活血通脉。

(5) 阳虚水泛证：临床以心悸气喘不能平卧、面浮肢肿、畏寒肢冷为见证，患者多面色灰白，口唇青紫，尿少腹胀，舌质暗淡或暗红，苔白滑，脉细促或结代。辨证施护应以温补阳气、利水消肿为主。饮食中可选用鲤鱼、狗肉、生姜、玉米须、冬瓜、薏苡仁、赤小豆等温阳散寒、淡渗利水之品，并限制水和钠盐的摄入，饮食有节。

(6) 痰饮阻肺证：临床以心悸气短、咳嗽喘促不能平卧为见证，患者多胸闷脘痞，尿少浮肿，或伴有痰鸣，舌暗淡或绛紫，苔白腻或黄腻，脉弦滑或滑数。辨证施护应以健脾利湿祛痰为主，饮食上可选用薏苡仁、茯苓、白扁豆、赤小豆等，应清淡饮食，少食多餐，忌食肥甘厚腻之品。

(7) 阴竭阳脱证：临床以心悸喘憋不得卧、呼吸急促、张口抬肩为见证，患者多烦躁不安，大汗淋漓，四肢厥冷，精神萎靡，颜面发绀，唇颊青紫，尿少或无，舌淡胖而紫，脉沉细欲绝。此证为慢性心力衰竭急性发作的危急证候，应以救急为主，调护为辅。可予患者静注参附、参麦、生脉注射液或急投人参、附子、肉桂等回阳救逆之品，结合生脉散固护阴液，并可隔盐艾灸神厥、关元、气海等加强回阳。

二、药膳

药膳，是在中医药理论的指导下，将中药与具有某种药用价值的食物相配伍，采用传统烹饪技术和现代加工方法，制成的色香味形俱佳，具有养生保健和防治疾病作用的食品。由于很多食物具有药食同用的功效，因而食疗与药膳常相互包含。食疗与药膳的主要区别在于二者的原料有所不同。前者的原料多属于“食物中药”，有许多食物既是食品又是药品，如姜、葱、椒、桂、谷、肉、果蔬等，不但能充饥调味，还因其自身阴阳属性之不同，具有调和阴阳，防病治病的作用，故称“食药同源”“药食同功”。而药膳中所使用的原料，主要是指既是食品又是药品以外的药物，如天麻、三七、人参、虫草、当归、地黄、茯苓等。故药膳主要以药物为主，通过药物的药理作用对人体起到调节机体和治疗疾病的作用。药膳由于其加工方法之不同，具有形式多样，种类繁多的特点，主要有菜肴、药粥、药茶、药酒、面点、膏滋等。其使用原则可概括为整体调节，辨证施膳，具体方法主要有平调阴阳、调理脏腑、扶正祛邪、三因制宜、配伍禁忌等。在开具药膳处方时一定要做到谨和五味，均衡搭配；食不欲杂，防有所犯；剂量适中，宁少勿多。

1. 慢性心力衰竭患者谷物的选用　中医认为，脾胃为后天之本，气血生化之源，因此在对心力衰竭患者进行饮食调护时一定要注意顾护脾胃，选择一些具有健脾益气的食物以培补后天之本。对于心力衰竭患者来说宜选用一些全谷类食物，如糙米、玉米、燕麦、荞麦等等。每周食用 2～6 次谷物类早餐的男性与没有食用谷类早餐者相比，其心脏衰竭的风险降低了 21%，而食用 7 次以上者则降低了 29%。进一步的研究还发现，定期食用的谷类食品中能起到保护作用的只有粗粮，而精制谷物则没有降低心力衰竭风险的作用。

(1) 芹菜荞麦面条

成分：荞麦面 500 g，鲜芹菜 150 g，植物油 15 g，精盐 1 g，酱油 5 g，葱 10 g，生姜 10 g。

制法：将荞麦面加水调和成面团，制成面条，鲜芹菜洗净切成 2 cm 小段，葱切末，生姜切细末。锅烧热植物油，油八成热时入葱、生姜、酱油、精盐，翻炒几次，加入 1 500 mL 水，水沸时入面条，再入芹菜，10 min 后入味精，起锅即成。

功效：健脾和胃、降血糖、降血脂、降血压。

应用：可当主食食用。

(2) 南瓜燕麦粥

成分：燕麦片(半碗)，老南瓜 2 片，米 1～4 碗，食盐适量。

制法：把南瓜洗净去皮切 1 cm 见方的块，米洗净、燕麦片备用。烧半锅水，水开后把南瓜放进去煮，南瓜变软了之后就放米和燕麦，然后再煮 15 min，最后撒上盐即可。

功效：补中益气、降糖降脂。

应用：可作点心或早餐食用，每日 1～2 小碗。

(3) 玉竹燕麦粥

成分：燕麦片 100 g，玉竹 15 g。

制法：玉竹冷水泡发，沸煮 20 min 后沥出药汁，再加清水沸煮 20 min，合并两次药汁。将药汁与燕麦片倒入锅中，用文火熬煮成粥，加适量蜂糖调味即成。

功效：滋阴清热，益脾养心。

应用：可作早餐，亦可作为点心服用。

2. 慢性心力衰竭患者蔬菜的选用　心力衰竭患者宜食用新鲜蔬菜，以补充足够的维生素、矿物质及纤维素等等。由于不同种类的蔬菜所含的营养成分不同，因此，并不是所有的新鲜蔬菜都适合慢性心功能不全患者食用，一般而言，慢性心力衰竭患者由于水钠潴留的存在以及长期使用利尿剂导致血钾偏低，故应多选用含钠量低、含钾量较高的蔬菜食用。

(1) 马铃薯：马铃薯含有丰富的维生素C，维生素B1、B2、B3、B6等，其中的维生素C能降低血液中的胆固醇，使血管具有弹性，从而防止动脉硬化。此外，钾的含量在马铃薯中最为丰富，是少有的高钾蔬菜，心脏病特别是心功能不全的患者，多伴有低钾倾向，可以常吃马铃薯。不过，食用过多马铃薯后容易导致胃肠胀气，应予以注意。

1) 土豆烧牛肉

成分：土豆200 g、牛肉200 g、骨头汤100 mL，豆瓣、橄榄油、酱油适量。

制法：选用未发芽、皮色不青绿的土豆洗净去皮，切块，牛肉洗净切块，锅中下橄榄油烧至七成熟，下豆瓣炒香，再下牛肉块炒，加酱油，注入骨头汤100 mL，加盖焖煮至牛肉八成熟再加土豆煮到烂熟即可。

功效：健脾益肾、补气养血。

2) 洋葱炒土豆片

成分：洋葱(白皮)150 g、土豆(黄皮)500 g、香菜5 g、植物油、食盐、胡椒粉适量。

制法：将洋葱剥去老皮洗净，切成碎末；香菜择洗干净切成碎末备用；土豆带皮洗净，放入锅里加水，上火煮沸，加上锅盖把土豆煮至嫩熟为止(不要煮得太熟，以免炒时土豆碎烂)；把煮好的土豆晾凉，去皮后切成小薄片待用；在煎盘内放入植物油，置火上烧热，先下入薄薄的一层熟土豆片，不停地转动煎盘，使土豆片在煎盘里转动；使其一面呈金黄色时，翻个，此时加入洋葱末、香菜末继续转动，再撒匀盐和胡椒粉；然后使其土豆再翻个，待其两面都呈金黄色时，洋葱发出香味，即可用铲子铲入盘中。

功效：健脾开胃、降低血脂、软化血管。

(2) 海带：海带，又名海带、昆布、海草等，中医认为海带性寒味咸，归肝、肾经，具有祛痰软坚、利水消肿、延年抗癌、去脂降压等功效。多适用于甲状腺肿大、夜盲症、高脂血症、动脉粥样硬化、冠心病、高血压病、肥胖等。海带中含有丰富的钾、钙、镁等，还富含牛磺酸，可降低血脂、降低血压、能增强微血管的韧性、抑制动脉粥样硬化，对动脉血管具有保护作用；海带还含大量的膳食纤维、不饱和脂肪酸和胶质，不含脂肪，能清除附着在血管壁上的胆固醇，调顺肠胃，促进胆固醇的排泄，并能促进肠道蠕动，起到清肠、排毒、防止便秘等作用；海带是水肿、小便不利患者的食疗佳品。它含有一种叫做甘露醇的物质，是一种渗透性利尿剂，具有降低颅内压、眼内压、利尿消肿等功效。所以，对于小便量少、水肿、血钾偏低的心衰患者来说，海带为其首选的食物之一。

1) 海带木耳羹

成分：干海带15 g、黑木耳15 g、瘦猪肉60 g。

制法：将海带及木耳洗净后发透，切成细丝；并将瘦猪肉切丝，将海带丝、木耳丝、猪肉放入锅内，加入适量水及料酒、生姜等一起煮沸后，加入水淀粉勾芡，再加入食盐适量，搅拌均匀即可食用。

功效：滋补肝肾、软坚消积。

2）海带冬瓜苡仁汤

成分：海带 30 g、冬瓜 100 g、薏苡仁 30 g，砂糖适量。

制法：将海带洗净后切丝，冬瓜洗净后切成小块，薏苡仁洗净备用，上述原料入锅中并加适量水，用武火烧开后，文火再煮 20 min，加入适量砂糖拌匀即可，每日 1～2 小碗。

功效：益气健脾、利水消肿。

3）海带山药粥

成分：水发海带 300 g、山药 100 g、粳米 50 g。

制法：先将山药去皮洗净，切成碎末，海带洗净放入清水锅中，用文火煮至熟烂，捞出，切成碎末。再将淘洗干净的粳米放入砂锅内，加清水适量，先用旺火烧开，再改用文火煮，待粥快熟时，加入山药末、海带末，稍沸即成。每日 1～2 小碗。

功效：益气健脾、降压降脂。

（3）黄瓜：黄瓜肉质脆嫩，味甜多汁，系果蔬两用佳品。具有除热、利水、解毒、清热利尿的功效，适合于慢性心功能不全、冠心病、高血压、高血脂、糖尿病等患者。黄瓜具有明显的利尿作用，且钾的含量也比较丰富，非常适合于慢性心功能不全患者食用。

1）黄瓜汤

成分：老黄瓜皮 50 g。

制法：老黄瓜皮 50 g，加水 2 碗，煎至 1 碗即可。

功效：清热利水，适合于慢性心功能不全患者出现肢体浮肿、小便量少，并伴有烦渴、舌红者，脾胃虚寒者忌服，每日 2～3 次，连续服用。

2）黄瓜鸭肾汤

成分：老黄瓜 2 根，陈皮 25 g，粳米 25 g，鸭肾 2 只，盐少许。

制法：老黄瓜去头尾和籽，切成大块，陈皮用清水泡软，刮去白囊，鸭肾洗净飞水、切成片；粳米淘洗干净。瓦煲内注入适量清水，放入老黄瓜、陈皮、粳米和鸭肾，加盖大火煮沸，改小火煲 2 h，加盐调味即可。

功效：健脾助运、清热利尿。

（4）冬瓜：中医认为冬瓜性凉，味甘淡，具有利水、消痰、清热、解读等功效，对于动脉硬化、冠心病，高血压、水肿腹胀等疾病，具有良好的治疗作用。冬瓜是一种高钾低钠食物，每 100 g 冬瓜含钾 78 mg，含钠仅 1.8 mg，所以非常适合慢性心功能不全、高血压患者食用。冬瓜能有效控制体内的糖类转化为脂肪，防止体内脂肪堆积，还能把肥胖多余的脂肪消耗掉，对防治高血压、动脉粥样硬化、减肥有良好的效果。冬瓜中的膳食纤维含量很高，能降低体内胆固醇、降血脂，防止动脉粥样硬化。由于其水分大，热量低，既能减肥，又能降低血中胆固醇，促进体内脂肪的消耗，故对中老年肥胖者尤其有益。

1）冬瓜银耳羹

成分：冬瓜 250 g、银耳 30 g。

制法：先将冬瓜去皮、瓤，切成片状；银耳水泡发，洗净；锅放火上加油烧热，把冬瓜倒入煸炒片刻，加汤、盐，烧至冬瓜将熟时，加入银耳、味精、黄酒调匀即成。

功效：清热生津、利尿消肿。

2）冬瓜薏米汤

成分：冬瓜 400 g、薏米 60 g，适量糖或盐调味。

制法：将冬瓜和薏米洗净后共水煎，加糖或盐调味即可

功效：健脾利水、清热解暑。适合于腹水、膀胱湿热等患者，可时时服用。

3. 慢性心功能不全患者肉类（包括肉、禽、鱼、蛋等）的选用　对于慢性心功能不全的患者，应当进食一定量的肉类（包括肉、禽、鱼、蛋等），以保证足够的蛋白质供给。选用的原则是低脂肪、优质蛋白。在畜肉、家禽类的食物中，尽量避免食用动物内脏和肥肉。在蛋类的选择上，应当避免食用蛋黄，但是蛋清是很好的优质高蛋白食物，完全可以选用。在鱼类方面，因为海水鱼中钠含量较高，容易导致水钠潴留，慢性心功能患者应尽量少食海水鱼类，可以多食用淡水鱼类。

（1）泥鳅：泥鳅，亦称“鳛”，又叫“鳅鱼”，不仅是一款佳肴，而且是一味良药，有“水中人参”之称。中医认为，泥鳅性平、味甘，入脾、肝、肾经，具有补中益气、祛邪除湿、养肾生精、祛毒化痔、保肝护肝之功能。泥鳅肉质细嫩，味道极为鲜美，是一种高蛋白、低脂肪食品，泥鳅可食用的部分每 100 g 含蛋白质 9.6 g，远比一般的鱼、肉类要高，人体所需的氨基酸如赖氨酸等含量则更高；泥鳅所含脂肪成分较低，胆固醇则更少，再加上泥鳅具有一定的利尿功效，故非常适合于慢性心功能不全患者食用。

1）党参泥鳅汤

成分：活泥鳅 100 g、党参 20 g，生姜、料酒、食盐、葱花适量。

制法：将泥鳅洗净弃头尾及内脏，入少许食盐及姜腌制 15 min。锅内放油烧七成热，入泥鳅炒至半熟，入清汤或开水，加入党参同炖至熟烂，加入姜末、盐等佐料，起锅前再加葱花即可。

功效：益气健脾、利尿祛湿。尤宜于脾虚有湿，而见心悸气短、身体困重、大便不实的慢性心功能不全患者佐餐食用。

2）泥鳅炖豆腐

成分：活泥鳅 500 g、豆腐 250 g，生姜、料酒、食盐、葱花适量。

制法：泥鳅洗净，去头及内脏；豆腐洗净切块备用。将在锅中放入泥鳅，加适量水、食盐、料酒，炖至五成熟，加入豆腐，再炖至鱼熟烂即可。

功效：清热利湿和中。尤其适用于湿热中阻，而见口渴心烦、心悸气短、身体困重、大便不实、小便量少、舌红的慢性心功能不全患者佐餐食用。

3）玉须泥鳅汤

成分：泥鳅 300 g、鸡胸脯肉 150 g、猪小排骨 100 g、玉米须 15 g，生姜、料酒、食盐、葱、麻油适量。

制法：泥鳅洗净，去头及内脏；猪小排洗净切块备用；鸡胸脯肉洗净切丝；玉米须洗净用纱布包好备用。在锅中盛入清水，烧开，将泥鳅入沸水氽过后沥干；同样方法将猪小排入沸水氽过后沥干。将沥干的猪小排放入砂锅中，上置泥鳅，再加入清水、生姜、葱适量，并放入包有玉米须的纱布包。用文火煲至五六成熟时，放入鸡胸脯肉丝，继续煲至熟烂为度。食用时除去姜、葱、玉米须，加入盐、麻油调味。

功效：补中益气、清热利湿。尤宜于湿热中阻，而见口渴心烦、心悸气短、身体困重、大便不实、小便量少、舌红的慢性心功能不全患者佐餐食用。

（2）鲫鱼：鲫鱼，又称鲋。中医认为，鲫鱼性味甘，平，入脾、胃、大肠经，具有补虚羸、温中下气、利水消肿的功效。鲫鱼营养丰富，含蛋白质、脂肪、维生素 A、B 族维生素及大

量的铁、钙、磷等矿物质等。每100 g黑鲫鱼中，蛋白质含量高达20 g，仅次于对虾，且易于消化吸收，经常食用能够增强抵抗力。鲫鱼中还含有大量的不饱和脂肪酸，有助于降血压和降血脂，再加上鲫鱼具有一定的利尿功效，所以，非常适合慢性心功能不全患者食用。不过食用鲫鱼需要注意的是，鲫鱼不宜和大蒜、砂糖、芥菜、沙参、蜂蜜、猪肝、鸡肉、野鸡肉、鹿肉，以及中药麦冬、厚朴一同食用。

1）茶叶鲫鱼汤

成分：150～200 g的鲫鱼1条，绿茶6～9 g，生姜、料酒、食盐、葱花适量。

制法：鲫鱼洗净去内脏，但不刮磷；将茶叶塞进鱼腹中，用线捆好；将鱼放入锅中，加水适量料酒、生姜，并倒入500～600 mL清水，文火熬至水量为400 mL左右时，取出鱼中茶渣，饮汤食肉。

功效：益气健脾、强心利尿。

2）赤豆鲫鱼汤

成分：赤豆30 g、鲫鱼300 g，生姜、料酒、食盐、食油、葱花适量。

制法：鲫鱼刮磷洗净去内脏；赤豆洗净备用。红豆入汤煲，倒入1 500 g水，浸泡30 min。把浸泡好的红豆，连同泡红豆的水一起煮沸，转文火煲30 min，直到红豆酥烂。烧热锅子，加入适量食油及姜末爆香，放入鲫鱼，改中火，一面煎2 min。把煎好后的鲫鱼，放入红豆汤中，再次煮到沸腾后，并加入适量料酒。转文火煲15 min，最后加入盐调味即可。

功效：健脾利水，清热消肿。尤其适合于湿热中阻，而见口渴心烦、心悸气短、身体困重、大便不实、小便量少、舌红的慢性心功能不全患者佐餐食用。

3）黄芪山药鲫鱼汤

成分：鲫鱼1条，黄芪15 g、山药15 g，生姜、料酒、食盐、食油、葱花适量。

制法：将鲫鱼去除鳞、内脏，清理干净，然后在鱼的两面各划一刀备用。姜洗净、切片，葱洗净，切丝。将黄芪、山药放入锅中，加入适量水煮沸，然后再转文火熬煮大约15 min。再转中火，放入调味料和鲫鱼煮约8～10 min。鱼熟后加入食盐盐料酒，并撒上葱花即可。

功效：益气健脾、利水消肿。

4）蘑菇鲫鱼

成分：鲫鱼300 g、鲜蘑菇100 g、笋片5 g、清汤200 g、大蒜片5 g、油菜心10 g，生姜、料酒、食盐、食油、葱花适量。

制法：将鲫鱼去鳞、腮、内脏，洗净血污，入开水锅中烫过。鲜蘑菇洗去杂质，用手撕成大片，葱姜切末，油菜洗净。炒勺内加植物油，烧至五成热时加葱姜末烹出香味，加入清汤、鲫鱼和蘑菇同炖，加精盐、笋片，炖至鱼肉熟时，加油菜、大蒜片，盛入汤盆中即成。

功效：理气开胃、利水消肿。尤其适合于脾胃虚弱，而见饮食减少、胃纳不馨的慢性心功能不全患者佐餐食用。

4. 慢性心力衰竭患者常用药膳

(1) 益气活血

人参三七鸡汤：取生晒参3 g或党参15 g，三七5 g，鸡肉100 g，放在一起隔水炖一个半小时，食鸡，饮汤，每日1～2次，每周2～3次。

参芪炖乌鸡：生晒参3 g或党参15 g，黄芪30 g，麦冬30 g，丹参20 g，乌鸡100 g，料酒

5 g，葱姜少许。先将黄芪、麦冬、丹参煎汤取汁，再加入鸡肉、人参、料酒同炖，至鸡肉烂熟时加入少量食盐即可。每日 1～2 次，每周 2～3 次。

人参莲肉炖瘦肉汤：生晒参 3 g 或党参 15 g，干莲子 10 枚，瘦猪肉 100 g，先将莲子泡发后再与人参、瘦肉一起隔水炖一个半小时，食肉，饮汤，每日 1～2 次，每周 2～3 次。

人参升麻粥：生晒参 3 g 或党参 15 g，升麻 10 g，大米 50～100 g。若选用生晒参，则先将升麻煎汤取汁，再与生晒参、大米同煮。若选用党参，则先将党参和升麻煎汤取汁，再与大米同煮成粥。可每日食用，也可每周食用 2～3 次。

参苓粥：其做法有 3 种，可每日食用，也可每周食用 2～3 次。生晒参 3 g 或党参 15 g，白茯苓 15 g，大米 50～100 g，生晒参、茯苓研为细末，大米淘净煮粥，粥成后加入生晒参、茯苓末。先煎茯苓，取汁与生晒参、大米共煮成粥。若使用党参则先将茯苓、党参煎汤取汁，再与大米共煮。

人参粥：生晒参 3 g 或党参 15 g，大米 50～100 g。生晒参可与大米同煮。若用党参可先煎党参取汁再与大米同煮。每日 1 次，每周 2～3 次。

黄芪粥：黄芪 30 g，大米 50～100 g，水煎黄芪，取汁煮米。每日 1 次，每周 2～3 次。

山药小米粥：鲜山药 50 g，小米 25～50 g，共入锅内，加水适量煮粥。每日 1～2 次，每周 2～3 次。

参枣饭：党参 30 g，红枣 20 g，糯米 100～200 g。党参、红枣泡发后煮半小时，糯米蒸熟后放盘中，将枣摊于其上，汤液加白糖熬成稠汁，浇于饭上。每日 1 次，每周 1～2 次。

丹参粥(《东方药膳》)合山楂粥(《粥谱》)：丹参 30 g，黄芪 15 g，大枣 5 枚，山楂 15～20 g，糯米 50 g，红糖适量。每日 2 剂，早晚各 1 剂，温热食用。

人参茶：生晒参 3 g，切薄片放入保温杯内，用开水闷泡半小时，早晨空腹或晚上临睡前温饮之。初次引用的 2～3 天内，忌食萝卜、浓茶、螃蟹、绿豆等物。可天天饮用。

人参三七饮：生晒参 3 g，三七末 3 g，生晒参用炖盅隔水炖，取汁送服三七末，每日 1 次，可天天饮用。

参枣汤：党参 30 g，大枣 10 枚，加水共煮，吃枣，饮汤，可天天饮用。

(2) 益气养阴

党参淮山薏米煮排骨：党参 30 g，山药 15 g，薏苡仁 30 g，排骨 200 g，排骨洗净切段，各药洗净，共入锅加水煮汤，饮汤吃肉。每日 1 次，每周 2～3 次。

黄精炖猪瘦肉：黄精 30 g，猪瘦肉 100 g，猪瘦肉洗净切片，与黄精共入炖盅，加水适量炖服。每日 1 次，每周 2～3 次。

黄芪洋参煲鸡：黄芪 30 g，西洋参 5 g，鸡肉 100 g，鸡肉洗净切片，黄芪、西洋参洗净，共入锅加水煮汤，饮汤吃肉。其中西洋参可用太子参 15 g 代替。每日 1 次，每周 2～3 次。

莲子百合煲猪瘦肉：莲子、百合各 30 g，猪瘦肉 100 g，猪瘦肉洗净切片，莲子、百合洗净泡发，与猪肉入锅共煲。每日 1 次，每周 2～3 次。

双耳汤：白木耳、黑木耳各 10 g，冰糖 10 g。木耳温水泡发洗净，与冰糖放入碗中，加水适量，隔水炖 1 小时，1 次或分次食用。每日 1～2 次，每周 2～3 次。

银耳莲子羹：白木耳 20 g，莲子 30 g，红枣 5 枚，冰糖 10 g。先将莲子、银耳分别用清水泡发，捞起。再把莲子、银耳、冰糖放入碗中，加水适量，隔水炖，半小时后加冰糖、红枣继续炖一个小时即可。每日 1～2 次，每周 2～3 次。

落花生粥：红皮花生 45 g，新鲜淮山药 50 g，鲜百合 50 g，大米 50～100 g，山药削皮，与花生、百合、大米共煮成粥。每日 1～2 次，每周 3～4 次。

猪肉粥：猪肉 50 g，大米 50 g～100 g，生姜适量，猪瘦肉洗净切片，与大米共煮，粥成时加姜丝、食盐适量。可天天食用。

生脉粥(《富贵病家庭药膳》)：红参 6 g，麦冬 15 g，五味子 10 g，粳米 50 g，冰糖 15 g。每日 1 剂，分 2 次于早晚温热食用，连用 2～5 天。

西洋参茶：西洋参 3～5 g，切薄片放入保温杯内，用开水闷泡半小时，晚上临睡前温饮之。可每日饮用。

西洋参麦冬代茶：西洋参 3 g，麦冬 15 g，水煎代茶饮。可每日饮用。

西洋参三七饮：西洋参 3～5 g，三七末 3 g，西洋参用炖盅隔水炖，取汁送服三七末，每日 1 次，可天天饮用。

人参麦冬茶：生晒参 3 g，麦冬 10 g，2 味共入锅加水煎，代茶饮，可天天饮用。

(3) 温阳活血

人参圆肉炖瘦肉：红参 5 g，桂圆 10 g，猪瘦肉 100 g。猪瘦肉洗净切片，与红参、桂圆共入炖盅，加水适量炖服。每日 1～2 次，每周 2～3 次。

黄芪红枣圆肉堡乌鸡：黄芪 30 g，桂圆 10 g，红枣 5 枚，乌鸡肉 100 g。各料洗净共入锅内，加水适量，煲至乌鸡肉熟烂，盐调味，饮汤，吃肉。每日 1～2 次，每周 2～3 次。

板栗煮瘦肉：鲜板栗肉 100 g，猪瘦肉 100 g。板栗剥皮洗净，猪肉洗净切片，两者共入锅内，加水适量，盐调味，饮汤，板栗与瘦肉皆可食用。每日 1～2 次，每周 2～3 次。

冬虫夏草煲瘦肉：冬虫夏草 2 条，猪瘦肉 50～100 g，共入炖盅，加水适量炖服，饮汤，嚼服冬虫夏草。每日 1 次，每周 1～2 次。

杜仲黄芪瘦肉汤：杜仲、黄芪各 30 g，瘦肉 100 g。猪肉洗净切片，与杜仲、黄芪共入锅内，加水适量，盐调味，饮汤，食用瘦肉。每日 1 次，每周 2～3 次。

黑豆鲤鱼汤：黑豆 50 g，鲜鲤鱼 250 g，鲤鱼去肠脏洗净与黑豆共入锅，加水适量，盐调、姜丝调味，饮汤，食用鱼肉。每日 1 次，每周 2～3 次。

桂附鲤鱼汤：桂枝 10 g，附片 10 g，鲤鱼 250 g，葱、姜适量。先煮附片 1 小时以上，加入桂枝，小火煎煮 10 min，滤去药澄，取药液 100 mL，鲤鱼宰杀洗净，切块，加水煮沸后，加入药液及调料。每日 1 次，每周 1～2 次。

参姜鸡清汤：人参 3 g，生姜 6 g，鸡蛋 1 个。将人参及生姜切碎，入锅中，加水煎煮至 150 mL，去渣待沸腾时将蛋清加入药液中，调匀，空腹饮用。常食之对于以下肢水肿为主的心肾阳虚的右心衰患者有一定益处。

人参桂枝红枣粥：红参 5 g 或党参 30 g，桂枝 10 g，红枣 5 枚，大米 50 g。红参或党参、桂枝先煎取汁，与大米同煮粥食用。每日 1 次，每周 2～3 次。

桂圆莲子粥：莲子 10 g，桂圆 10 g，红枣 5 枚，大米 50～100 g。莲子、桂圆、红枣、大米淘净，入锅加水煮粥。每日 1 次，每周 3～4 次。

苁蓉羊肉粥：肉苁蓉 15 g，精羊肉 50 g，大米 50～100 g，葱白 2 条，生姜 3 片，盐适量。肉苁蓉先煎取汁，与大米同煮粥食用。每日 1 次，每周 2～3 次。

龙眼粥：桂圆(干)10 g，大米 50 g，桂圆、大米淘净，入锅加水煮粥。每日 1 次，每周 3～4 次。

苓桂术甘粥：茯苓 15 g，白术 6 g，桂枝 6 g，冬瓜皮 20 g，白芍 10 g，甘草 6 g，干姜 6 g，粳米 50 g。将茯苓、白术、冬瓜皮、桂枝、白芍、甘草、干姜煎汁，共煎 3 次，去渣取汁，与淘洗干净的粳米共煮成粥，缓缓饮用。常服此粥，可有效改善心力衰竭患者的下肢水肿、心悸气短症状。

人参酒：生晒参 30 g，白酒 500 mL，浸泡 7 日后饮用，睡前饮用 30～50 mL。每周 2～3 次。

乌豆桂圆肉大枣茶：黑豆 50 g，桂圆 15 g，红枣 10 枚，加水煮服。每日可饮数次。可天天饮用。

人参核桃煎：红参 5 g，核桃肉 3 枚，共入锅加水煎水饮。每日可饮数次。可天天饮用。

（4）养心安神

酸枣仁粥：酸枣仁 30 g，生地黄 30 g，大米 50 g～100 g，酸枣仁、生地黄煎取浓汁，加入大米，共煮成粥。每日 1 次，每周 2～3 次。

小麦红枣粥：小麦 50 g，红枣 5 枚，桂圆肉 15 g，糯米 50～100 g，共入锅中，加水适量，煮粥。每日 1～2 次，每周 3～4 次。

安神二枣粥：酸枣仁 30 g、核桃 3 枚、大枣 5 枚、大米 50～100 g，共入锅中，加水适量，煮粥。每日 1～2 次，每周 3～4 次。

薏米莲子粥：薏苡仁 30 g，莲子（去芯）30 g；冰糖适量。薏苡仁、莲子洗净，放入锅内，加水适量，武火煮沸，文火熬制成粥，待将出锅时加入冰糖。具有健脾祛湿，养心安神的功效，对于痰湿体质的失眠、心悸具有良效。

茯苓粉粥：茯苓粉 30 g，粳米 30 g，红枣 7 枚，先将粳米、红枣放入锅中熬制，粥将成时加入茯苓粉搅匀，稍煮即可。具有健脾祛湿，养血安神功效，适宜于各种体质尤其是痰湿体质失眠者。

绞股蓝茶：绞股蓝 15 g，沸水冲服，代茶饮，具有清热化湿，益气安神之功，适用于痰湿体质人群失眠的调理。

肉桂鸡肝汤：肉桂 10 g，鸡肝 200 g，料酒、精盐、葱段、姜片适量。肉桂洗净，切块。鸡肝洗净，一破四块，将鸡肝、肉桂放入砂锅中，再加入适量的水和料酒、精盐、葱段、姜片。武火煮沸，改文火炖至鸡肝熟透入味，出锅即成。对于阳虚体质的失眠患者效佳。

龙眼莲子粥：龙眼肉 15 g，莲子（取芯）5 枚，粳米 60 g，三者同入锅中，加水适量，熬制成粥。具有温阳健脾，养血安神的作用。对于阳虚或血虚体质的失眠患者具有较好的疗效。

甘麦大枣汤：小麦（连皮者佳）30 g，甘草 10 g，大枣 5 枚。将上述食材洗净，大枣切开，入锅，加水 2 碗，文火熬制 1 碗，去渣饮汤，每日 2 次。具有养心安神，除烦止渴的功效，用于心血不足之失眠、盗汗、神经衰弱及更年期综合征等。

大枣龙眼粥：大枣 15 枚，龙眼肉 15 枚，粳米 100 g，将大枣切开，一起放入锅中熬制成粥，每日早晚服。具有补气养血，宁心安神。用于血虚体质人群失眠的调理。

枸杞莲子银耳羹：枸杞 15 g，莲子 20 g，干银耳 20 g，冰糖适量。银耳泡发，枸杞、莲子洗净。一起放入锅内文火炖制，待将出锅时加入冰糖即可。具有滋补肺肾，养心安神的功效，适宜于心血不足者失眠的调治，尤宜于女性患者，长期服用还有较好的美容、延缓衰老之功效。

(5) 利水消肿

鲤鱼赤小豆汤：赤小豆 30 g，鲤鱼 250 g，将鱼去鳞及内脏洗净，与赤小豆同入锅中，加水煮熟。忌用油、盐、醋等调料。每日 1～2 次。

鲤鱼冬瓜汤：鲤鱼 250 g，冬瓜(不去皮)200 g，葱白 3 条，生姜 5 片，将鱼去鳞及内脏洗净，与冬瓜同入锅中，加水煮熟。每日 1～2 次。

赤小豆冬瓜煲乌鱼：乌鱼 100～200 g，冬瓜(不去皮)200 g，赤小豆 10 g，葱白 3 条，生姜 5 片，将鱼去麟及内脏洗净，与冬瓜、赤小豆同入锅中，加水煮熟。每日 1～2 次。

茯苓粳米粥：茯茶 30 g，大米 50 g，获等研末，先将大米煮粥，半熟时加入茯苓末，和匀后煮至全熟。每日 1～2 次。

冬瓜粥：生冬瓜(不去皮)60 g，大米 50 g，将冬瓜洗净，切成小块，与大米煮粥。每日 1～2 次。

瓜豆消肿粥：冬瓜 500 g，赤小豆 60 g，薏苡仁 30 g，冬瓜洗净，去瓤和子，切成小块。将赤小豆、薏苡仁用清水冲洗干净，将上料共入砂锅内，加水适量，旺火煮沸，文火煮至豆烂。每日 1～2 次。

赤小豆茅根汤：赤小豆 100 g，白茅根 50 g，加水适量，煮至豆烂。每日可饮数次。

白术茯苓粥：白术、茯苓各 10 g。将二药水煎取汁，加大米煮稀粥服食，每日 2 剂，连续 5～7 天。可健脾利湿，适用于脾虚湿盛所致的水肿。

泽术附片粥：泽泻、白术、附片各 10 g，大米 50 g。将三药水煎取汁，加上法煮粥服食。可温肾健脾，适用于脾肾阳虚型水肿。

薏仁鲫鱼汤：鲫鱼 200 g，白术 15 g，薏仁 15 g，胡椒粉适量。将白术、薏仁加水煮熟备用；鲫鱼洗净后下油锅煎一下，加料酒、药汁和薏仁后煮至汤浓，最后加胡椒粉调味即可。有助于温中和胃、健脾利水。

薏仁鲫鱼汤：鲫鱼 200 g，白术 15 g，薏苡仁 15 g，胡椒粉适量。将白术、薏苡仁加水煮熟备用，鲫鱼洗净后下油锅煎一下，加料酒、药汁和薏苡仁后煮至汤浓，最后加入胡椒粉调味即可。有助于温中和胃、健脾利水。

鲜椰子汁：适量，经常饮服，可利尿消肿。

(6) 和胃降逆

旋覆降气汤：旋覆花 12 g(包)，莱菔子 10 g，代赭石 20 g，清半夏 3 g，陈皮 3 g，生姜 6 g，白糖适量。代赭石先用水煎 10 min 后，将包好的旋覆花和莱菔子、清半夏、陈皮入锅中再加水，煎至 500 mL，去渣取汁，最后加入 6 g 生姜，略煮后，加白糖少许即可饮用。此方具有下气行水，消食化痰止呕的作用，对于心力衰竭患者，并有胃纳差、恶心呕吐者，常饮之有益。

(7) 补气定喘

蛤蚧人参粥：蛤蚧粉 2 g，人参粉 2 g，粳米 50 g。先将粳米淘洗净后煮成米粥，待熟时加入蛤蚧粉、人参粉搅匀，趁热服之。本方具有补益肺肾，纳气定喘的效果，对于心气弱而引起的肺肾虚损性的喘咳效佳。

生脉银耳羹：人参 3 g(或党参 15 g)，麦冬 10 g，五味子 3 g，银耳(干)10 g。将人参、麦冬、五味子洗净煎汁约 200 mL。将银耳泡发去蒂，与药汁文火炖软烂，食用。对于以气急咳喘为主的左心衰、气虚、失眠、久咳、血脂高的患者最为适宜。

在服用药膳的过程中需要注意的是：① 服用药膳过程中若原来阳虚的患者出现口干、失眠多梦、大便干结、心悸等不适或气阴两虚证患者出现畏寒怕冷，四肢不温，不思饮食，晨起多痰等其他症状时应及时与就诊医生联系，重新进行体质辨识及中医辨证；② 服用华法林者应尽量避免服用含有“三七”的药膳；③ 高脂血症、高尿酸血症及痛风患者应避免食用“肉汤类”药膳。

5. 药膳食用禁忌　祖国医学认为“是药三分毒”。任何中药都有其性味、归经、主治和用量禁忌，人们应掌握药膳配伍原则，根据季节、气候和地域的不同，自身的虚实寒热、体质盛衰、病情等对症食之，才能真正达到治疗疾病及强身健体的目的。药膳是在中医学基本理论的指导下辨证实施的，中医学非常重视中药之间、中药与食物之间、食物与食物之间的配伍禁忌，如《素问・宣明五气》曰“五味所禁”，《素问・五藏生成》中有“五味之所伤”，是现存文献中最早对饮食禁忌的论述。药膳的配伍禁忌，也是十分严格的，必须特别注意，以免发生事故。药膳食用，根据中医的辨证施治的理论并请专家进行相应的论证，通过科学的毒理，药理的检测和主要成分的测定，按照国家食品标准规定进行配制生产。所以，可确保食用无不良反应，尽可放心食用。药膳中常遵循的配伍禁忌有以下几个方面。

(1) 中药配伍禁忌：药膳的主要原料之一是中药。目前临床应用的 5 000 多种常用中药中有 500 余种可作为药膳原料。如冬虫夏草、人参、当归、天麻、杜仲、枸杞子等。这些中药在与食物配伍、炮制和应用时都需要遵循中医理论，使它们之间的作用互相补充、协调，否则就会出现差错或影响效果。因此，中国传统医学对药膳应用有严格的禁忌。药膳的中药配伍禁忌，遵循中药本草学理论，一般参考“十八反”和“十九畏”。“十八反”的具体内容是甘草反甘遂、大戟、海藻、芫花；乌头反贝母、瓜蒌、半夏、白蔹、白及；藜芦反人参、沙参、丹参、玄参、苦参、细辛、芍药。“十九畏”的具体内容是硫黄畏朴硝，水银畏砒霜，狼毒畏密陀僧，巴豆畏牵牛，丁香畏郁金，川乌、草乌畏犀角，牙硝畏三棱，官桂畏赤石脂，人参畏五灵脂。以上配伍禁忌，可作为用药参考，但非绝对如此。在古今配方应用中也有一些反畏同用的，如党参与五灵脂同用可以补脾胃、止疼痛，这些必须要在有经验的临床医师的指导下应用。

(2) 中药与食物配伍禁忌：药物与食物的配伍禁忌是古人的经验总结，后人多遵从于此。其中有些禁忌虽还有待于科学证明，但在没有得出可靠的结论以前还应参照传统说法，以慎用为宜。一般用发汗药应禁生冷，调理脾胃中药禁油腻，消肿理气中药禁豆类，止咳平喘中药禁鱼腥，止泻药禁瓜果。这些禁忌主要包括猪肉反乌梅、桔梗、黄连、百合、苍术；羊肉反半夏、菖蒲，忌铜、丹砂；狗肉反商陆，忌杏仁；鲫鱼反厚朴，忌麦冬；猪血忌地黄、何首乌；猪心忌吴茱萸；鲤鱼忌朱砂；雀肉忌白术、李子；葱忌常山、地黄、何首乌、蜜；蒜忌地黄、何首乌；萝卜忌地黄、何首乌；醋忌茯苓；土茯苓、威灵仙忌茶等，这些在药膳应用中作参考。

(3) 食物与食物配伍禁忌：古人对食物与食物的配伍也有一些忌讳，其道理虽不充分，但在药膳应用中可作参考。这些禁忌是猪肉忌荞麦、鸽肉、鲫鱼、黄豆；羊肉忌醋；狗肉忌蒜；鲫鱼忌芥菜、猪肝；猪血忌黄豆；猪肝忌荞麦、豆酱、鲤鱼肠子、鱼肉；鲤鱼忌狗肉；龟肉忌苋菜、酒、果；鳝鱼忌狗肉、狗血；雀肉忌猪肝；鸭蛋忌桑葚子、李子；鸡肉忌芥末、糯米、李子；鳖肉忌猪肉、兔肉、鸭肉、苋菜、鸡蛋等，这些禁忌的应用主要是使人气滞、生风、生疮、发病等。

(4) 患者忌口：忌口是中医理论与实践的一个内容。主要包括两类：一类是某种病忌某类食物。如肝病忌辛辣；心病忌咸；水肿忌盐；骨病忌酸甘；胆病忌油腻；寒病忌瓜果；疮疖忌鱼虾；头晕、失眠忌胡椒、辣椒、茶等。另一类是指某类病忌某种食物。如凡症见阴虚内热、痰火内盛、津液耗伤的患者，忌食姜、椒、羊肉之温燥发热食品；凡外感未除、喉疾、目疾、疮疡、痧痘之后，当忌食芥、蒜、蟹、鸡蛋等发风动气之品；凡属湿热内盛之人，当忌食饴糖、猪肉、酪酥、米酒等助湿生热之饮食；凡中寒脾虚、大病、产后之人，西瓜、李子、田螺、蟹、蚌等积冷之饮食当忌之；凡各种失血、痔疮、孕妇等人忌食慈姑、胡椒等动血之饮食；妊娠期禁用破血通经、剧毒、催吐及辛热、滑利之品。忌口之说有些已被证明是有道理的，有些则不合实际，在药膳应用中可资参考。

第四节　心力衰竭患者的情志调护

一、情志调护的意义

中医学认为情志活动与脏腑密切相关，两者在生理上相互联系，其必须以五脏之精气作为物质基础，如《黄帝内经》曰："人有五脏化五气，以生喜怒悲忧恐"。在《素问·阴阳应象大论》中亦指出，情志源于五脏精气的活动，是五脏功能的外在表现，如"肝在志为怒，心在志为喜，脾在志为思，肺在志为忧，肾在志为恐"。在病理上两者又相互影响，强烈而持久的情志刺激，若超越了人体的生理和心理的适应能力，则可损伤机体脏腑精气，导致脏腑功能失调，或人体正气虚弱，脏腑精气虚衰，对情志刺激的适应能力下降，均可引起脏腑精气功能紊乱而导致疾病的发生，从而成为一种致病因素，即情志病因，亦即我们通常所说的"七情内伤"，如"肝气虚则恐，实则怒……心气虚则悲，实则笑不休"。

《素问·灵兰秘典论》曰："心者，君主之官，神明出焉。"心对人的精神情志活动具有重要的调节作用。血是机体脏腑功能活动以及精神情志活动的主要物质基础，心主神明主要是以心主血脉为基础的。如《素问·八正神明论》说："血气者，人之神，不可不谨养"，《灵枢·平人绝谷》曰："血脉和利，精神乃居"。可见人体的精神情志活动依赖血液的营养，只有在血气充盛、血脉调和的前提下，人体才能精力充沛，神志清晰，思维敏捷，感觉灵敏。反之，血液亏耗，血行异常时，则可能出现不同程度的精神情志方面的病证，如精神疲惫、健忘、失眠、多梦、烦躁、惊悸，甚至神志恍惚、谵妄、昏迷等。慢性心力衰竭患者常表现为夜间阵发性呼吸困难及劳力性呼吸困难等症状，由于病情缠绵不愈、反复发作，患者频繁住院，昂贵的医疗费用及生活能力的日益下降，同时对疾病的认识不足，都会使患者容易产生恐怖、焦虑、抑郁等不良情绪，进而导致患者气血失调，影响心力衰竭的预后甚至加重病情。因此，在治疗心力衰竭患者的同时给予其适当的心理调护，多与患者沟通，取得患者的信任，使其保持情志条畅，精神放松，才会有利于病情的稳定。这些亦是当今生物-心理-社会医学模式观点的体现，正如《素问·灵兰秘典论》曰："精神不进，志意不治，故病不可愈。"

二、情志调护的常用方法

注重情志护理，运用各种情志调护方法调畅患者的情志。《灵枢·师传》曰："告之以其败，语之以其善，导之以其所便，开之以其所苦。”七情（喜、怒、忧、思、悲、恐、惊）过激可使气机不畅，进一步导致血行受阻及水津失布，心功能受损而发病。正如《素问·举痛论篇》所云：“悲则心系急……惊则心无所倚，神无所归，虑无所定……思则心有所存，神有所归，正气留而不行。”这阐述了情志因素对心功能的影响。医护人员应详细了解患者的病情及思想情况，针对引起情志异常的不同原因，采用针对性的语言给予疏导，或解释病情，或劝慰鼓励，或情境转移，帮助患者消除不必要的顾虑，使患者摆脱喜怒无常，焦虑，多愁善感等不良的心理状态，以积极的心态和信念配合医疗和护理，达到形神共养，身心并治。

对于心力衰竭患者，根据其症候之虚实，可以采取相应的调适方法进行治疗。

1. 实证

（1）情志相胜法：情志相胜法即五志相胜法，是以五行相生相克的理论为依据的，即以一种情志有效地纠正另一种过激的情志。《素问·阴阳应象大论》阐述了情志相胜法的基本原理，即“怒伤肝，悲胜怒……喜伤心，恐胜喜；思伤脾，怒胜思……忧伤肺，喜胜忧……恐伤肾，思胜恐”。之后，张从正在其《儒门事亲·九气感疾更相为治衍二十六》中又对情志相胜法的理论和治法进行了更详细的总结：“悲可以治怒，以怆恻苦楚之言感之；喜可以治悲，以谑浪亵狎之言娱之；恐可以治喜，以恐惧死亡之言怖之；怒可以治思，以污辱欺罔之言触之；思可心治恐，以虑彼忘此之言夺之。”如遇到情绪过于悲伤的患者，除了要与其讲述愉悦之事令其心中喜悦之外，还可以安排一些性格开朗，对疾病治疗充满信心或积极配合治疗的患者与其住在一起，以便相互开导和影响，解除患者之悲忧；若患者心烦易怒较甚者，可运用苦楚之言使其动情，以感其心；而对于思虑过度的患者，则可以以怒激之。在临床上，由于实证之心力衰竭患者多为怒、恐引起的心理问题，故可采用此法治疗，但需要注意的是，在使用此法时要控制刺激的强度，在超过、压倒致病情志的同时又要中病即止，以防刺激太过引起新的不良情志问题，并且要根据患者的病因采取有针对性的情志进行刺激。

（2）移精变气法：即祝由法，《素问·移精变气法》曰：“古之治病，惟其移精变气，可祝由而已”，是指将患者的精神意念进行转移，排遣其思情，转移其心志，从而使其注意力从病所转移至他处，或者改变患者的周围环境使其脱离不良刺激因素，或改变患者内心虑恋的指向性，使其从某种情感转移于另外的人或物上，创造一个能够治愈其病的心理环境，利气血而却病。移精变气的方法主要分为两种：一是将心理疾病转移到躯体上进行排除，如《怪病神医录》记载的“意引于外发内痈”；二是将躯体疾病转移到心理以治愈，如《儒门事亲》中的“聆听趣淡忘洞泄”，《理瀹骈文》的“七情之病者，看书解闷，听曲消愁，有胜与服药亦”。对于心力衰竭患者，常会出现呼吸困难、心悸、胸闷等突出的躯体症状，医生可以通过语言、行为等来转移患者对病痛的注意力，以使患者气机条达，精神内守。运用此法的要点在于进行症状转移或症状转换时要转内病为外病，转重症为轻症，转要害部位之症状至非要害部位。医院还可以定期开展一些健康宣教的讲座活动，给患者讲解一些疾病预防知识，让其说出自己的疑虑，并给以解答，让其主动参与到治疗和护理中，从而转移其不良情绪，促进医患关系的和谐以增强治疗的效果。

（3）解释与诱导法：要根据患者个人的具体情况，使用其可以接受的方式和语言，向患者进行合理的病情解释，提高其对自身病情的认知水平，增强信心，以减轻其躯体症状，并消除其可能出现的焦虑、恐惧等心理障碍。

2. 虚证

（1）共情法：即是对患者进行说理开导，表示同情并给予安慰，以改善患者的不良心理情绪。在一定条件下，语言对于心理、生理都会产生很大的影响。此法的典型例子就是“望梅止渴”的故事。在《灵枢·师传》中对言语开导疗法提出了具体要求、方法和步骤，如“人之情，莫不恶死而乐生，告之以其败，语之以其善，导之以其所便，开之以其所苦，虽有无道之人，恶有不听者乎？”即充分调动和利用人“恶死而乐生”的心态和抗病康复的内在积极因素，对患者进行启发诱导，强化心理效应，并为其分析病因病理，以解除患者的忧虑，提高其战胜疾病的信心，最终促进机体康复。

（2）暗示开导法：由于某种原因使心理受到刺激，虽时隔多年但潜意识里总觉得这种原因仍然存在，而心不得安。“杯弓蛇影”的故事即是如此。对于这类患者可采用暗示开导法进行治疗，就是把某种观念暗示给患者，并使其在患者的意识中发生作用。

（3）顺意从欲法：即顺从患者的意志，满足其正当心理需要。如衣、食、住、行等生活中的必要物质要求是人与生俱来的正当的基本需求。爱情、婚姻、家庭、求学、就业等等，亦是人类社会生活的必然现象。目欲视物、耳欲闻声、饥而欲食、渴而欲饮、寒则欲衣、劳则欲息、病而求医，恶死而乐生等等都是人类最基本的生理需要，都应该得到适当的满足，而不能硬性剥夺。而顺意从欲法就是顺从患者被压抑了的情绪、意志，满足患者心身需要使其心情舒畅而有助于疾病的治愈，它是我国古代医家历来强调的一种心理疗法之一。

除了以上常用的心理调适方法外，其他方法还包括音乐法、艺术法、保证法、厌恶法、松弛法、否定法等方法，在临床工作中，可根据患者自身情况选择合适的方法进行调适，以提高临床治疗效果。

参 考 文 献

陈成，邹襄谷，邱山东，等.丹参多酚酸盐对心力衰竭大鼠心肌肌球蛋白重链的影响.中国中西医结合杂志，2015，35(7)：871－876.

陈弘东，谢雁鸣，王连心，等.参麦注射液辅助治疗慢性心力衰竭的有效性及安全性系统评价.中国中药杂志，2014，38(18)：3650－3661.

程苗苗.翁维良治疗慢性心力衰竭经验.中医杂志，2015，56：1635－1638.

邓颖，江玉，秦佰焰.参附强心丸对慢性心力衰竭神经内分泌及相关因子的调节作用.中国实验方剂学杂志，2014，20(15)：204－207.

杜浩，戴小华.参附注射液治疗心力衰竭的 Meta 分析.中华中医药杂志，2014，29(11)：3643－3646.

贺新荣，李妮妮.补益强心片联合左卡尼汀治疗慢性心力衰竭的临床研究.现代药物与临床，2016，31(10)：1571－1574.

霍艳明，孙伟，王辉奇，等.心力衰竭患者营养状态及相关膳食的研究进展.现代中医临床，2015，22(4)：9－11.

贾若飞，金泽宁.指引导丝并发症的预防和处理.中国介入心脏病学杂志，2015，23(9)：535－537.

江明宏，罗军，汪明慧，等.经皮冠状动脉介入治疗合并急性心包填塞 5 例报告.岭南心血管病杂志，2015，21(03)：422－423，441.

姜婷，王魏魏，梅勇，等.芪苈强心胶囊联合西药治疗慢性心力衰竭疗效的 Meta 分析.临床心血管病杂志，2015，31(8)：868－874.

蒋梅先.浅谈慢性心力衰竭防治中的中医药加载治疗.辽宁中医杂志，2014，41(8)：1553－1555.

老年充血性心力衰竭患者中医护理体会.辽宁中医杂志，2013(3)：544－545.

李金根，徐浩.慢性心力衰竭中西医结合诊疗专家共识：亮点与解读.中国中西医结合杂志，2016，36(2)：142－145.

李威，任建素，倪晖君.丹红注射液联合参麦注射液辅助治疗气阴两虚型慢性心力衰竭 45 例临床观察.中医杂志，2015，56(22)：1942－1945.

连宝涛，徐景利，郭震浪，等.葛根素注射液联合西药常规治疗心力衰竭疗效的 Meta 分析.中国实验方剂学杂志.2016，22(4)：189－194.

刘春玲，徐鸿华，吴清和，等.五指毛桃对小鼠免疫功能影响的实验研究.中药材，2014，27(5)：367－368.

刘德敏，崔炜.风雨 200 年：洋地黄类药物在心力衰竭治疗中的地位.临床荟萃，2016，31(9)：1033－1037.

刘晓妮，温益婷，崔静红.中医情志护理在双心医学模式中的应用.中国实用医药，2015，10(24)：242－243.

卢志强，张艳军，庄朋伟，等.附子对急性心力衰竭大鼠血流动力学影响及其机制研究.中草药，2015，46(21)：3223－3227.

罗时珂，周序锋，谢东明.阿利吉仑对心力衰竭代谢重构的影响.重庆医学，2015，44(21)：2887－2894.

毛静远.中医药在心力衰竭治疗中的应用研究述评.中西医结合心脑血管病杂志，2015，13(1)：3－5，38.

缪萍，裘福荣，曾金，等.四逆汤及其不同配伍方对心力衰竭大鼠的保护作用及机制探讨.中国实验方剂学杂志，2015，21(5)：138－142.

尚亚东，张家美.伊伐布雷定治疗心力衰竭的研究进展.重庆医学，2014，43(21)：2815－2817.

王东伟.护理干预对老年慢性心力衰竭患者的影响.中国当代医药，2012，19(16)：126－127.

王利娜.慢性心力衰竭患者心理干预研究进展.全科护理，2016，14(3)：241－244.

王梦之，姚成增，王龙，等.近20年慢性心衰证候分布规律变化的文献分析.时珍国医国药，2015，26(11)：2784－2786.

王雁冰，苏梅，张希龙等.持续气道正压通气对重叠综合征患者血清中相关炎症因子水平的影响.中华医学杂志，2014，94(6)：416－419.

王喆.《中国心力衰竭诊断和治疗指南2014》解读.中国临床医生杂志，2016，44(5)：14－16.

温雅，徐英，游桂英.芒硝外敷与硫酸镁湿敷用于慢性心衰伴阴囊水肿患者的效果评价.成都医学院学报，2014，9(6)：725－727.

吴鸿谊，周京敏.肾素抑制剂阿利吉仑.上海医药，2013，34(17)：6－9.

杨召伍，陈泽江，钟江华，等.无创正压通气对冠心病合并急性左心衰竭患者呼吸情况及血气指标的影响.中国老年学杂志，2015，35(12)：3289－3291.

姚静松.中医辨证施护在慢性心力衰竭患者护理中的应用及其对患者生活质量的影响[J].现代中西医结合杂志，2015(18)：2037－2039.

俞荣华.呋塞米联合中药外敷治疗慢性心力衰竭水肿的疗效观察.现代中西医结合杂志，2014，23(11)：1222－1223.

中国康复医学会心血管病专业委员会，中国老年学学会心脑血管病专业委员会.慢性稳定性心力衰竭运动康复中国专家共识.中华心血管病杂志，2014，42(9)：714－720.

中国医学会中华心血管病分会.中国心力衰竭诊断与治疗指南2014.中华心血管病杂志，2014，2(42)：98－122.

中华医学会心血管病分会，中华心血管病杂志编辑委员会.中国心力衰竭诊断和治疗指南2014.中华心血管病杂志，2014，42(2)：98－122.

中华医学会心血管病分会，中华心血管病杂志编辑委员会.中国心力衰竭诊断和治疗指南2014.中华心血管病杂志，2014，42(2)：98－122.

Andrew J，Macdonald P. Latest developments in heart transplantation：a review. Clin Ther. 2015，37：2234－2241.

Bart BA, Goldsmith SR, Lee KL, et al. Ultrafiltration in decompensated heart failure with cardio renal syndrome. N Engl J Med, 2012, 367(24): 2296-2304.

Berry GJ, Burke MM, Andersen C, et al. The 2013 International Society for Heart and Lung Transplantation Working Formulation for the standardization of nomenclature in the pathologic diagnosis of antibody-mediated rejection in heart transplantation. J Heart Lung Transplant. 2013, 32(12): 1147-1162.

Bolli R, Tang XL, Sanganalmath SK, et al. Intracoronary delivery of autologous cardiac stem cells improves cardiac function in a porcine model of chronic ischemic cardiomyopathy. Circulation, 2013, 128(2): 122-131.

Bolli R, Tang XL, Sanganalmath SK, et al. Intracoronary delivery of autologous cardiac stem cells improves cardiac function in a porcine model of chronic ischemic cardiomyopathy. Circulation, 2013, 128(2): 122-131.

Bösch F, Thomas M, Kogler P, et al. Bilirubin rinse of the graft ameliorates ischemia reperfusion injury in heart transplantation. Transplant International, 2014, 27(5): 504-513.

Cittadini A, Marra AM, Arcopinto M, et al. Growth hormone replacement delays the progression of chronic heart failure combined with growth hormone deficiency: an extension of a randomized controlled single-blind study. JACC Heart Fail. 2013, 1(4): 325-330.

Dekker RL, Lennie TA, Doering LV, et al. Coexisting anexiety and depressive symptoms in patients with heart failure. European Journal of Cardiovascular Nursing, 2014, 13(2): 168-176.

Dharmarajan K, Hsieh AF, Lin Z, et al. Diagnoses and timing of 30-day readmissions after hospitalization for heart failure, acute myocardial infarction, or pneumonia. JAMA: the journal of the American Medical Association, 2013, 309(4): 355-363.

Fraccarollo D, Galuppo P, Neuser J, et al. Pentaerythritol Tetranitrate Targeting Myocardial Reactive Oxygen Species Production Improves Left Ventricular Remodeling and Function in Rats With Ischemic Heart Failure. Hypertension. 2015, 66(5): 978-987.

Green P, Babu BA, Teruya S, et al. Impact of epoetin alfa on left ventricular structure, function, and pressure volume relations as assessed by cardiac magnetic resonance: the heart failure preserved ejection fraction (HFPEF) anemia trial. Congest Heart Fail. 2013, 19(4): 172-179.

Henkel DM, Redfield MM, Weston SA, et al. Death in heart failure: A community perspective. Am J M, 2015, 128(1): 38-45.

Hojung Lee, Tae-Hun Kim, Jungtae Leem. Acupuncture for heart failure: A systematic review of clinical studies. International Journal of Cardiology, 2016, 222: 321-331.

Huffman MD，Berry JD，Ning H，et al. Lifetime risk for heart failure among white and black Americans：Cardiovascular lifetime risk pooling project. J Am Col Cardiol，2013，61(14)：1510 - 1517.

Khalid U，Deswal A. ACP Journal Club. Review：in systolic heart failure，low-sodium diets increase mortality compared with normal-sodium diets. Annals of Internal Medicine，2013，158(4)：7.

Li X，Zhang J，Huang J，et al. A multicenter，randomized，double-blind，parallel-group，placebo-controlled study of the effects of qili qiangxin capsules in patients with chronic heart failure. J Am Coll Cardiol. 2013，62(12)：1065 - 1072.

Lund LH，Edwards LB，Kucheryavaya AY，et al. International Society for Heart and Lung Transplantation. The Registry of the International Society for Heart and Lung Transplantation：thirtieth official adult heart transplant report—2013；focus theme：age. J Heart Lung Transplant. 2013，32(10)：951 - 964.

Mitchell JE，Hellkamp AS，Mark DB，et al. Thyroid function in heart failure and impact on mortality. JACC Heart Fail. 2013，1(1)：48 - 55.

Poglajen G，Vrtovec B. Stem cell therapy for chronic heart failure. Curr Opin Cardiol，2015，30(3)：301 - 310.

Roger VL. The changing landscape of heart failure hospitalizations. J Am Coll Cardiol，2013，61(4)：1268 - 1270.

Self WH，Storrow AB，Hartmann O，et al. Plasma bioactive adrenomedullin as a prognostic biomarker in acute heart failure. Am J Emerg Med. 2016，34(2)：257 - 262.

Trolese L，Biermann J，Hartmann M，et al. Haemodynamic vector personalization of a quadripolar left ventricular lead used for cardiac resynchronization therapy：use of surface electrocardiogram and interventricular time delays. EP Europace，2014，16(10)：1476 - 1481.

Xian Y，Hammill BG，Curtis LH. Data sources for heart failure comparative effectiveness research. Heart Fail Clin，2013，9(1)：1 - 13.

Yusen RD，Edwards LB，Kucheryavaya AY，et al. The registry of the International Society for Heart and Lung Transplantation：thirtysecond official adult lung and heart-lung transplantation report—2015；focus theme：early graft failure. J Heart Lung Transplant，2015，34：1264 - 1277.

Zakhidova KKh. Correlation between concentration of pathological cytokines and Erythropoietin in patients with chronic heart failure with anemic syndrome. Vestn Ross Akad Med Nauk. 2014，(1 - 2)：32 - 37.

Zuo L，Chuang CC，Hemmelgarn BT，et al. Heart failure with preserved ejection fraction：Defining the function of ROS and NO. J Appl Physiol (1985). 2015，119(8)：944 - 951.

（2012 年及其之前的参考文献略）